KB190654

아브라함 카이퍼의
공공신학과 성령

아브라함 카이퍼의 공공신학과 성령

초판 1쇄 발행 2019년 6월 30일

지은이 빈센트 E. 바코트
펴낸이 이의현
펴낸곳 SFC출판부
등록 제 114-90-97178
주소 (06593) 서울특별시 서초구 고무래로 10-5 2층 SFC출판부
Tel (02)596-8493
Fax 0505-300-5437
홈페이지 www.sfcbooks.com
이메일 sfcbooks@sfcbooks.com
기획·편집 편집부
디자인편집 최건호
ISBN 979-11-87942-36-8 (03230)
값 13,000원

잘못 만들어진 책은 언제든지 교환해 드립니다.

아브라함 카이퍼의 공공신학과 성령

빈센트 E. 바코트 지음

SFC

이 책은 최근 영어권 세계에서 진행되는 공공신학에 관한 탐구와 관련된 아브라함 카이퍼의 생애와 사상에 관해 깊은 통찰을 제공해준다. 그중에서도 특별히 가치 있는 것은 카이퍼의 성령신학에 초점을 맞춘 것이다. 성령님에 관해서 생각을 많이 하는 사람들은 종종 그러한 생각들을 공공의 영역에 연결시키지 못한다. 반면 공공의 활동에 관심이 많은 사람들은 종종 그런 영역에서 성령님의 능력에 호소하지 않는다. 독자들은 이 책에서 카이퍼가 이 두 가지를 어떻게 연결시켰는지 볼 수 있을 것이다.

_리처드 마우 Richard J. Mouw, Fuller Theological Seminary

이 책은 네덜란드의 신칼뱅주의자이자 공공신학을 주장하는 아브라함 카이퍼를 통해 우리에게 성령님에 관해 더 깊고 더 넓게, 심지어 우주적인 차원에서 이해하게 해준다. 또한 이 책은 일반은혜의 보존하는 능력과 성령님의 관계를 보여주는데, 그것은 곧 정치, 과학, 그리고 창조세계의 청지기가 되라는 명령과 같은 섭리적인 차원에서 나타난다. 이는 카이퍼와 신학 일반, 그리고 공통의 삶이 지닌 여러 가지 핵심적인 쟁점들에서 개혁파 전통, 복음주의 전통, 그리고 오순절 전통의 통합을 바라보는 우리의 관점에 실제적인 도움을 줄 것이다.

_맥스 스택하우스 Max L. Stackhouse, Princeton Theological Seminary

이 책은 카이퍼를 열렬히 따르는 사람들만이 아니라 오늘날 공공 정책·이론과 신학 사이의 접점에 관해 어떠한 논의들이 이루어지고 있는지를 공부하고자 하는 학생들에게도 매우 유용한 책이다.

_존 볼트 John Bolt, Calvin Theological Seminary

이 책은 일반은혜에 관한 카이퍼의 고전적인 견해를 기독교인이 공공의 삶에 참여하는 데 필요한 신학적인 근거로 매우 균형 있게 제시한다. 저자는 미국과 네덜란드의 신학 역사에도 정통한 매우 창의적인 신학자로서, 카이퍼의 사상을 오늘날 21세기에 매우 성공적으로 적용하고 있다.

_조지 해링크 George Harinck, Free University of Amsterdam

목차

서문

이 기획은 공공公共, public의 영역에 기독교가 참여하는 일과 관련해 신학적으로 유효한 근거를 찾고 설명하려는 노력에서 비롯되었다. 이런 노력은 나의 예비신학교pre-seminary 시절로 거슬러 올라간다. 나는 1990년에 트리니티 복음주의신학교Trinity Evangelical Divinity School에서 목회학 석사과정을 시작하기에 앞서, 기독교가 공공부문에 참여하기 위한 신학적인 논증이 부족하다는 것 때문에 어려움을 겪었다. 나는 네비게이토 같은 선교단체와 미국 복음주의의 하위문화subculture를 경험하면서, 기독교인들과 '세상'이 다르다는 것을 크게 강조하는 기독교적 삶의 방식에 줄곧 노출되어 왔었다. 이러한 기독교적 삶의 방식에서, 문화 활동에 참여하는 일은 그러한 활동이 분명하게 기독교적인 경우에만 장려되었다. 다시 말해 그런 활동에는 복음주의적이거나 영적인 교화를 목표로 하는 분명한 목적이 있어야만 했다는 것이다. 뿐만 아니라 정치적인 행동을 비롯해 여러 방식의 사회적인 참여들이 지닌 가치들에 대해서는 회의적인 태도를 보였다. 이런 상황들에 대해 나는 매우 실망했다. 왜냐하면 나는 스스로를 사회와 문화에 속한 것들에 감사하면서 동시에 그것들에 참여할 만한 가치가 있다고 생각하는 '문화를 긍정하는' 사람으로 간주했기 때문이다.

트리니티에서 공부하는 중간 무렵에, 두 분의 교수님이 문화와 공공의 삶의 신학이라는 주제로 나를 이끌면서 아브라함 카이퍼1837~1920년라는 네덜란드 사람의 책, 특히 *Stone Lectures on Calvinism*『칼뱅주의에 관한 스톤 강연』[1]을 소개해 주었다. 문화신학culture theology에 관한 카이퍼의 텍스트를 읽는 것은 당시 내게 꼭 필요했던 산소로 호흡하는 것과도 같았다. 카이퍼가 완전한 사람은 아니었을지라도―인종에 관한 그의 견해에 있는 문제가 두드러지는 예다―, 나는 칼뱅주의를 공공의 영역에 참여하는 것을 격려할 뿐만 아니라 요구하기까지 하는 삶의 체계로 보는 그의 시각에 매료되었다. 스톤 강연에서, 카이퍼는 창조 질서의 모든 측면에 기독교가 참여해야만 하는 근거와 동력으로서 일반은혜 교리를 제시했다. 이 교리에 관해 읽으면서 나는 창조세계에 관한 기독교의 긍정을 처음으로 접했다. 카이퍼가 타락이라는 언어를 사용하기는 했지만 그것 때문에 그가 운명론에 빠진 것은 아니다. 오히려 그는 세계가 혼돈 속에 있지 않다는 사실과, 기독교인들에게 창조세계 안에 잠재해 있는 가능성들을 개발할 책임이 있다는 사실을 강조했다. 나는 세상의 모든 영역에서 기독교인의 행동을 촉구하는 카이퍼의 요청에 깊이 공감했다.

아브라함 카이퍼는 경이적인 인물이었다. 네덜란드에서 그는 반혁명당Anti-Revolutionary political party과 암스테르담의 자유대학교Vrije Universiteit of Amsterdam의 설립을 도왔고, 주간과 일간 신문의 편집을 맡았고, 지역local과 지방regional 차원에서 두 교회를 모두 섬겼고, 1901년부터 1905년까지 네덜란드의 수상으로 일하기까지 했다. 그야말로 그의 생애는 문화와 정치에 관

---

1. [역주] 이 책은 크리스챤다이제스트 출판사에서 『칼뱅주의 강연』(김기찬 역, 2017)으로 번역 출간되었다.

한 자신의 신학을 구체화한 것이었다.

케빈 밴후저Kevin Vanhoozer는, 내가 성령론pneumatology과 카이퍼의 문화신학 사이에 어떤 관계가 있는지를 찾고 있는 것이라고 했다. 나는 성령님에 관한 교리를 다룬 카이퍼의 책을 읽고서, 창조세계creation에서의 성령님의 사역을 설명하기 위해 사용하는 언어가 스톤 강연에서 카이퍼가 일반은혜의 기능에 관해 설명한 것과 비슷하다는 것을 발견했다. 성령론과 일반은혜 사이의 관계는 이 책에서 다루는 쟁점들의 기준선baseline이다. 나는 1996년에 열린 미국종교학회AAR, American Academy of Religion[2]의 연례회에서 조직신학 그룹에 발표한 자료에 이러한 연관성에 관해 처음으로 글을 썼다. 그 발표 자료의 제목은 "다시 청지기직으로 부름 받음: 아브라함 카이퍼의 우주적 성령론의 회복과 발전"[3]이었는데, 나중에 *Journal for Christian Theological Research*『기독교 신학 연구를 위한 잡지』에 실렸다. 이 책은 그 잡지에 실린 글에서 발견한 개념을 상당히 의미 있게 확장시킨 것이다. 특히 일반은혜와 창조세계에서의 성령님의 사역에 관해 보다 큰 시야를 제시하는 한편, 카이퍼의 공공신학Public Theology에 관해 보다 좋은 이해를 제공하려고 시도한 것이다.

카이퍼가 말한 것을 이해하는 것도 필요하지만, 성령론과 공공신학에 관한 카이퍼의 접근방식을 현재 시대에 비추어 재상황화recontextualization하는 것 역시 필요하다. 카이퍼의 성령론과 공공신학을 일관성 있게 재상황화하는 것은 그의 통찰을 현재로 끌어오는 길을, 그리고 다가올 수십 년 동안 보다 심도 깊게 사용할 수 있게 기초를 놓는 길을 제공하는 것이다. 현재의 책이 과거로 잠깐 외도하는 것 이상의 의미를 갖기 위해서는 이런 시도가 꼭

---

2. [역주] American Academy of Religion은 종교학과 관련해 세계에서 가장 크고 권위 있는 학회다.

3. [역주] 원제는 "Called back to Stewardship: Recovering and Developing Abraham Kuyper's Cosmic Pneumatology"이다.

필요하다.

성령론의 영역에서 나는 특히 창조세계에서의 성령님의 역할을 다루고, 또 그 결과로 문화개발, 환경, 그리고 정치 일반과 같은 영역들에서 공적인 함의에 관해 숙고했던 저자들과 상호작용하는 것에 관심이 있었다. 이것은 성령론에 관한 전형적인, 특히 내게 익숙한 복음주의의 진영에 속한 접근방식이 아니다. 오순절 교회, 은사주의 운동, 그리고 제3의 물결the Third Wave 등이 지난 세기에 성령에 관한 교리에 상당한 관심을 갖게 했다. 하지만 성령론에 관한 책들 대다수가, 또는 조직신학의 책들에서 성령님과 관련된 부분이 다루고 있는 초점은 구원론에서 말하는 성령님의 사역과 관련된 것이다. 좀 더 구체적으로 말하면, 중요한 쟁점들은 성령님께서 그리스도의 구속의 은혜를 신자들에게 적용시키는 방법을 더 잘 이해하게 하시는 일에 초점을 맞춘다.

여기서 내가 초점을 두는 것은 창조세계에서의 성령님의 사역에 접근하되, 분명하게 구속적이면서도 또한 기독교인의 사회참여를 위한 근거를 제공하는 방식으로 접근하는 것이다. 성령님께서 개인들을 구속하는 방식을 새롭게 숙고하는 것은 언제나 현명한 것이기는 하지만, 창조세계에서의 성령님의 사역이 세상의 모든 영역에서—정치에서 문화와 환경 윤리에 이르기까지—책임 있는 참여를 어떻게 촉발시키는지를 이해하고 드러내는 것 역시 똑같이 중요하다. 다르게 말하면 나는 성령님과 자연 사이의 관계를 다루는, 그래서 창조 질서와 신중하게 상호작용하는 데 필요한 신학적인 근거에 도달하는 길을 찾고 있다. 이러한 성령론적인 연구는 나로 하여금 기원에 관한 쟁점과는 다른 면에서 창조 교리를 이해하는 접근방식을 고려하도록, 그래서 창조세계와 역사 사이의 관계를 연구하도록 이끌었다.

현대의 사유 중 위르겐 몰트만Jürgen Moltmann, 게이코 밀러-파렌홀츠Geiko

Müller-Fahrenholz, 그리고 마크 월러스Mark Wallace 같은 인물들은 특히 성령론, 환경, 그리고 사회정치적 참여 사이의 관계에 대한 최근의 접근방식을 밝히는 나의 연구에서 한 줄기를 차지한다. 창조세계에서의 성령님의 사역이 자연세계에 접근하는 특별한 방식을 어떻게 제시하는지 질문하는 것은 매우 중요하다. 왜냐하면 특별히 환경에 대한 관심사가 현대의 사회정치적인 지형에서 너무나도 중요하기 때문이다. 비록 사회정치적이고 문화적인 함의에 관해서는 다소 성찰이 부족하기는 하지만, 콜린 건톤Coin Gunton, 클라크 핀녹Clark Pinnock, 그리고 싱클레어 퍼거슨Sinclair Ferguson은 창조세계에서의 성령님의 사역에 관해 중요한 접근방식들을 설명해 준다. 칼빈신학교Calvin Theological Seminary의 존 볼트John bolt는 제4장에서 주요한 대화 상대자인 아놀드 판 룰러Arnold A. Van Ruler를 내게 소개해 주었다. 그는 창조세계에서의 성령님의 사역에 관해 독특한 성령론적인 관점을 발전시키는 데 필요한 범주들을 내게 제공해 주었다. 비록 그의 책이 구원론에 강조점을 두기는 하지만, 그것은 창조세계에 대한 나의 관심에 적합했을 뿐 아니라 창조세계에서의 성령님에 관한 카이퍼의 교리를 현대화하는 데도 활용할 수 있었다.

한편 이 책에서는 공공신학의 범위를 제한적으로만 다룬다. 공공신학은 신학이 공공의 담론의 형식으로, 또한 공공의 참여를 위한 신학적인 동기를 전개하고 설명하는 형식으로 기능할 수 있는지를 연구하는 것이다. 복음주의 세계에서 저명한 인물들이 지난 이십년간 공공부문의 상당히 많은 부분에—문화전쟁들에서 정지적인 쟁점들에까지—기독교인의 참여를 독려했지만, 정치와 문화 속으로 들어가려는 이러한 시도들에 필요한 적절한 신학적인 근거들은 부재했다. 이는 경건주의적 사고pietistic thinking라는 특정한 형식—정치적인 과정 또는 문화적인 발전에 관여하는 데 필요한 근거들을 적절하게 제공하는 것이 아니라 공적인 인물들의 사적인 도덕성과 같은 사안들에 크게 중점을 두는 형식—에 기인한 것일 수 있다. 특히 창조 질서에 부정적인 견해를 낳는 계시적 종말론이 사회에 참여하는 데 필요한 신학적인 근거들에 상당한 혼란을 야기할 수 있다. 무엇보다 만일 세계가 점점 더 나빠지고 이제 곧 끝나게 될 것이라면, 개인의 영혼들을 구원하는 것 외에 공공부문에 참여해야 하는 타당한 근거가 무엇이겠는가? 이 책에서 공공신학이 염두에 두는 창조세계는 타락을 인정하지만, 그렇다고 공공부문에 참여하는 것과 관련해 숙명론적인 견해를 필연적으로 수반하지는 않는다. 나는 건전한 공공신학의 결과로서 사회가 실제로 개선될 수 있다고 믿는다.

이 책은 '변증적apologetic'이고 '고백적confessional'이라는 꼬리표가 붙을 수 있는 공공신학에 대한 접근방식에 중점을 둔다. 변증적인 접근이 기독교인이 아닌 사람들과 대화하는 방법들과 관련이 있다면, 고백적인 접근은 정치와 사회 질서에 대한 독특한 기독교적인 접근을 강조하는 것이다. 여기서 제시되는 한 가지 중요한 질문은, 과연 카이퍼의 공공신학을 적절하게 범주화categorization할 수 있는지와 관련된다. 이는 공공신학과 관련 있는 카이퍼의 글들과 활동들이 지닌 단편적인episodic 특성들 때문에 받게 되는 도전이다. 제2장과 제3장에서는 카이퍼의 공공신학과 잘 공명하는 변증적인 접근과 고백적인 접근을 모두 제시할 것이다. 더하여 이 두 가지 접근방식들은 명확하게 이해할 수 있는 범주들을 제공할 것이다. 왜냐하면 카이퍼파 학자들과 다른 비평가들이 공공부문에 참여하기 위한 신학적인 근거들로 카이퍼가 제시한 것들에서 뚜렷하게 드러나는 불일치로 인해 좌절과 혼란을 표출해 왔기 때문이다.

신학적인 근거들이 부재함으로써 주목을 받는 것은 다양한 형식의 정치신학들이다. 라틴 아메리카의 해방신학, 흑인신학, 그리고 여성신학들은 모두 소외되어 온 계층들로 하여금 목소리를 내게 하고, 나아가 사회정치적인 변화를 촉진시키고자 하는 의도를 지닌 공공신학의 형식들이다. 이들은 다양한 수준에서 마르크스주의, 포스트모더니즘, 그리고 명백하게 공적인 다른 지성적이고 사회적인 체계들이 지닌 이데올로기들을 반영한다. 카이퍼가 네덜란드에서 사회적으로 무시받던 지지층의 공적인 표현과 참여, 그리고 영향에 관해 관심이 많았던 것은 사실이지만, 그의 공공신학은 종종 이러한 대안적인 신학들이 표현하는 이데올로기들에 반대했다. 만일 이 책의 의도가 카이퍼의 공공신학을 급진적으로 변화시키거나 사회주의적인 행동주의의 신학으로 재구성하려는 것이었다면, 이러한 정치신학들을 포함하는 것이 적절할 뿐만 아니라 필수적이었을 것이다. 그러나 나의 의도는 신칼뱅주의Neo-Calvinism의 정신으로 카이퍼의 공공신학을 명확히 이해하고, 분류하며, 조금 수정하는 것에 이르는 것이기 때문에, 이 책의 내용을 변증적이고 고백적인 공공신학의 영역들로 제한하는 것이 가장 좋다고 생각한다.

나는 이 책이 다음과 같은 세 가지 주요한 영역들에 기여하게 되기를 바란다. 첫째, 나는 아브라함 카이퍼를 연구하는 데 필요한 통찰을 제공하고 싶다. 미국에서 카이퍼는 사상가a man of ideas로 이해되는데 반해, 네덜란드에서 그는 우선적으로 역사적인 인물a historical figure이다. 비록 이 책에서는 주로 카이퍼의 사상들에 초점을 맞추지만, 그 역사적인 인물은 특히 그의 공공신학에 관한 평가에서 나타난다. 나는 이 책이 네덜란드의 유산인 교계와 학계를 넘어 카이퍼에 관해 훨씬 더 많은 것을 들추어 낼 뿐만 아니라 이 복잡한 사람에 관해 훨씬 더 많은 것을 이해시켜 줄 수 있기를 바란다.

둘째, 나는 이 책이 성령론 분야에 기여했으면 한다. 완전한 삼위일체 신학은 성령님의 사역이 단지 구원론에서만이 아니라 다른 모든 영역들에서도 두드러지는 것을 필요로 한다. 창조세계에서 행하시는 성령님의 비구속적인 사역은 중요한 것으로서, 신학적인 성찰과 표현을 필요로 한다. 나아가 창조세계에서의 성령님의 사역에 관해 성찰하는 것만이 아니라 우주적인 성령론과 공공신학 사이의 직접적인 관계를 드러내는 것도 중요하다.

공공신학은 내가 세 번째로 기여하기를 희망하는 영역이다. 공공신학의 개념을 모든 창조 질서의 청지기직에까지 확장시킴으로써, 나는 훨씬 더 많은 기독교인들이 기독교라는 소수거주지enclave에서 살아가는 삶을 넘어서도록 도전하는 공공신학의 발전이—주로 복음주의 영역에서겠지만 또한 그 영역을 넘어서까지—시작되기를 바란다. 만일 기독교인들이 교회나 기독교 기관들 외에 다른 영역들에도 책임 있게 관여한다면, 우리는 모든 사람들을 유익하게 하는 사회의 발전과 출현을 보게 될 것이다. 이러한 열망은 카이퍼의 열망과 매우 비슷한데, 그는 하나님의 법칙들ordinances에 입각해서 조직되는 세계를 상상했었다. 지금의 네덜란드가 카이퍼의 그러한 전망을 거의 닮아 있지 않다는 것은 사실이다. 그러나 그를 따르던 사람들의 실패에서 나는 환멸을 느끼는 것이 아니라 경고를 받는다. 비록 나의 고상한 비전을 불러일으키기 위해서는 이 책의 언어들보다 더 많은 것이 필요하겠지만, 나는 이것이 내가 시작한 지점이며, 또한 내가 1990년에 신학교에 입학하기 전에 직면했던 좌절에서 상당히 먼 길을 걸어온 것임을 깨닫는다.

감사의 글

논문을 쓰고 그것을 출판하기 위해 개정하는 과정에서 나는 많은 사람들의 영향으로부터 혜택을 받는 기회를 얻었다. 논문 위원회의 구성원들은 내가 학위를 마치고자 애쓸 때 내게 귀중한 의견을 제공해 주었다. 도널드 데이튼 Donald Dayton은 신학적인 전통에 관한 나의 견해를 넓혀 주었고, 또한 개혁파 전통에 관한 나의 이해에 독특한 형태를 더해 주는 무수한 도전들과 통찰들을 제안해 주었다. 맥스 스택하우스 Max Stackhouse는 내가 신학과 공공의 삶 사이의 관계를 이해하는 데 도움을 준 귀중한 안내자이자 멘토였다. 그의 의견에 진심으로 감사한다. 데일 어빈 Dale Irvin은 귀중한 친구이며, 드류대학교 Drew University에서 재임하던 기간 내내 유익한 재원이었다. 그가 교회사와 다양한 신학적인 전통들에 관여하고 있는 것은 기독교의 유산에 대해 내가 훨씬 깊게 이해하는 데 도움을 주었다. 나는 그와 같은 유익한 멘토들에게 감사한다.

나는 이 기획을 착수하는 동안 세 번 네덜란드를 방문했는데, 그때 내게 도움을 준 조지 해링크 George Harinck, 코넬리스 판 더 코이 Cornelis van der Kooi,

그리고 신학박사 카이퍼Kuiper에게 감사한다. 그들과 또 내가 화란에서 만났던 다른 사람들은 이 책을 훨씬 더 좋게 만드는 귀중한 방식으로 아브라함 카이퍼와 그의 세계에 대한 통찰을 내게 주었다.

나는 또한 이 개정판의 대부분을 완수하도록 네덜란드로 여행할 수 있는 수단들을 제공해 준 휘튼대학교Wheaton College에 감사한다. 네이선 스미스 Nathan Smith는 나의 연구 조교로서 훌륭하게 나를 도와주었다. 그는 다양한 업무를 수행했으며, 네덜란드로 여행하는 동안에는 토론 상대가 되어 주기도 했다.

나의 부모님이신 제임스 바코트James Bacote와 버멜 바코트Vermell Bacote는 내가 대학원과 그 이상의 교육을 받는 기간 내내 항상 적극적으로 나를 지지해 주셨다. 나는 이 세월 동안 내 뒤에 계셔 주신 그분들께 크게 감사하는 한편, 아버지가 이 책이 출판되어 나오는 것을 보지 못하고 돌아가셔서 매우 슬프다. 마지막으로, 나는 아내인 셸리Shelley와 딸인 로렐Laurel과 줄리아나 Juliana에게 감사한다. 셸리는 결혼한 지 2개월이 되자 시카고에서 드류대학교의 낯선 숲으로 이사했으며, 그녀가 항상 좋아하지는 않았던 일자리를 구했을 뿐 아니라, 내가 교육을 마치는 동안 그녀가 직면해야 했던 유별난 도전들에도 불구하고 나를 지지해 주었다. 나중에 그녀는 내가 논문을 개정하기 위해 해외로 나갔을 때도 나 없이 수 주일을 견뎌냈다. 그녀의 인내, 사랑, 그리고 지원은 내가 여기서 표현할 수 있는 것보다 훨씬 더 가치 있는 것이다. 그리고 나의 두 딸들은 이 책을 마치는 힘겨운 작업 가운데 있는 그들의 아버지에게 셀 수 없이 많은 기쁨의 순간들을 제공해 주었다.

제1장
세 가닥으로 실 짜기

이 책 사이로 통과하는 실은 세 개의 가닥으로 구성된다. 첫째는, 창조세계 creation[1]—역사에 영향을 미치고, 자연 또는 생물물리학적biophysical 질서로 이해되는—와 관련된 것으로서, 성령님에 관한 교리에서 핵심이 되는 주제들을 다룬다. 둘째는 공공신학인데, 이는 특히 정치에서 예술에 이르기까지 삶의 모든 영역에서 기독교인이 공공부문에 참여하는 데 필요한 신학적인 근거를 명확하게 설명하는 것과 관련된다. 셋째는 신학자이자 정치가이며, 기자요 그리고 교회의 지도자로서 그 시대의 교회와 사회를 동시에 섬겼던 네덜란드 사람, 아브라함 카이퍼와 그의 저작이다. 이러한 주제들에 관한 연구와 그것들에 접근하는 다양한 방식들은 어떤 방법이 사용되었는지 명확히 해줄 것을 요구하기 때문에, 그 뒤에 자리한 조직신학systematic theology으로 접근하는 것에서 시작하는 것이 좋겠다.

---

1. [역주] 영어로 creation은 '창조'와 '창조세계'의 의미를 모두 지니고 있다. 이 책에서 저자는 creation의 의미를 주로 두 번째 의미로 사용한다고 밝히고 있기 때문에, 번역 역시 첫 번째 의미를 내포하는 몇몇 경우—예를 들어, '구속'과 대비되는 경우—를 제외하고는 주로 '창조세계'로 번역할 것이다.

조직신학

이 책은 기독교가 주장하는 것들이 지닌 의미와 논리, 그리고 함의를 명확히 해석하며 설명하려고 시도하는 학문 분과인 기독교 조직신학을 다룬다. 조직신학은 역사신학, 철학, 그리고 성경연구와 같은 다른 학문 분과들에 의지하지만, 신앙에 관한 종합적이고, 논리적이며, 현대적인 그림을 제시하는 것에 그 목표를 둔다는 점에서 다른 학문 분과들과 구별된다. 방법론적으로 이 책은 카이퍼의 신학이 기반하고 있는 개념들을 어느 정도 참고하면서 그의 신학적인 관점과 그것과 관련된 핵심적인 신학의 쟁점들과 주제들을 설명하고, 또한 건설적인 신학적 대화에 참여하고자 시도한다. 여기서 신학적인 대화는 현대의 사상가들 및 신학적인 성찰들과 만남으로써 카이퍼의 신학을 현대적으로 고쳐 말하는 것을 목표로 한다. 독자들은 **건설적인** constructive이라는 용어를 창의적이고 공상적인 신학적 사색 활동을 암시하는 것으로 생각하기보다, 창조세계에서의 성령님의 사역—또는 '우주적cosmic' 성령론—과 공공신학 사이의 관계에 관해 논리적이고 현대적인 말로 설명하려는 시도라고 생각해주길 바란다. 카이퍼의 저작처럼, 이러한 고쳐 말하기와 재상황화는 성경적, 철학적, 그리고 역사적이고 현대적인 신학적 요소들로 구성되며, 그럼으로써 현 시대에 충실하고 타당한 것이 되도록 만든다.

창조세계와 역사

공공신학의 쟁점들에 관해 글을 쓰는 사람들은 종종 창조 교리doctrines of creation에 의지한다. 그러나 칼 바르트나 세대주의 신학dispensational theology과 같은 다양한 영향들 때문에, 그동안 창조세계에 관한 대부분의 성찰들은 태초부터 예수 그리스도 안에 있는 구속과 관련된 하나님의 의도에만 초점을 맞춰 왔다. 그러한 강조가 유효하면서도 매우 중요한 것이기는 하지만, 이 책에서는 이와 대조적으로 창조세계에서의 성령님의 사역에 관해 일관되게 기술하는 것에 목표를 둘 것이다. 이는 창조를 구속과 대비시키려는 것이 아니라 기독교 신학의 관심을 창조에 보다 많이 두게 하기 위함이다.

이런 식으로 강조할 때 창조는 어떻게 이해되어야 할까? 신학적인 토론에서 '창조creation'라는 용어는 종종 창조 질서의 기원과 인과관계라는 쟁점과 관련된다. 또 다른 신학적인 용도로 이 용어는 우리가 살고 있는 생물물리학적 우주—신적 인과관계divine causality의 결과로 보이는 것—와 관련된다.[2] 이 책에서는 창조를 주로 두 번째 의미로 이해한다. 이는 자연 또는 자연세계로도 이해될 수 있다. 이 책이 '무로부터의 창조Creatio ex nihilo'를 가정하고, 또한 신의 창조성과 인간의 창조성 사이의 관계를 공공신학에 관한 토론들에서 기초로 삼기는 하지만, 그럼에도 이 책에서 중심이 되는 개념은 생물물리학적 질서 안에서 보존하시고 섭리하시는 성령님의 현존이 창조 질서—문화적인 발전과 정치적인 개입과 같은 식으로 드러나는—에 관해 청지기적으로 참여할 것을 장려한다—초청하며, 촉진하며, 박차를 가한다—는 것이다. 개혁파 신앙의 관점에서, 이것은 창세기 1장 28절에서 발견되는 문화명령의 포괄

---

2. 이러한 두 가지 정의를 채용한 책은 Colin Gunton, ed., *The Doctrine of Creation* (Edinburgh: T&T Clark, 1997)이다. 이 책은 주로 첫 번째 정의와 관련한 쟁점에 중점을 두었지만, 두 번째 정의에 관한 언급도 포함하고 있다. 위르겐 몰트만(Jürgen Moltmann)의 *God in Creation: A New Theological of Creation and the Spirit of God*, trans. Margaret Kohl (Minneapolis: Fortress, 1993)과 *The Spirit of Life: A Universal Affirmation*, trans. Margaret Kohl (Minneapolis: Fortress, 1992), 그리고 *The Source of Life: The Holy Spirit and the Theology of Life* (Minneapolis: Fortress, 1997)에서는 창조를 생물물리학적 질서 또는 자연으로 분명하게 언급한다.

적인 이행이자, 창세기 9장 1절에서 17절까지에 나오는 노아 언약에 함의된 것을 반영하는 것으로 간주된다.[3] 콜린 컨톤Colin Gunton이 말하는 대로, 창조 교리는 실제로는 영원하신 하나님과 그분께서 만드신 세계의 상호작용에 관한 것임에도 불구하고,[4] 그것은 주로 세계가 출현할 때 그 세계가 무엇으로 또 어떻게 구성되었는지에만 관심을 둔다. 그러나 이 책은 '이미 만들어진' 세계 속에서 일어나는 신의 개입과 그것에 뒤이어 참여하고 발전시키는 인간의 반응에 관심이 있다.

어째서 문화와 정치가 생물물리학적 창조세계에 관한 청지기직을 표현하는 것인지를 생각할 때에는 다소 어려움이 따른다. 어떤 의미에서 이런 질문은 창조세계와 역사의 연결을 보여줌으로써 대답할 수 있다. 간단히 말해, 역사는 인간 활동의 지평선이다.[5] 창조세계와 역사의 관계가 중요한 것은, 그것이 신적으로 창조된 생물물리학적 질서에 작용하는 활동들의 의미에 관하여 말하는 방법을 제공하는 한편, 창조세계를 신적인 인과관계의 산물로 논하는 것과 그것을 구별시켜 주기 때문이다.[6]

---

3. 문화명령은 창세기 1장 28절에서 30절까지에 관해 개혁파가 해석하는 한 가지 방식이다. 창조 질서는 발전을 요구하며, 인간은 세계의 작동을 수행하는 협력자로서 봉사한다. 하나님의 창조 사역은 완성된 상태지만, 세상은 잠재성의 상태로 존재하면서 이러한 잠재적인 가능성이 실현되도록 지구를 개발하는 인간—신의 형상으로 창조된—의 활동을 요구한다. 통치, 가족 부양, 일상의 노동, 그리고 결혼 등은 모두 문화명령의 과제들 안에 있다. 이와 관련된 좋은 개요로는 Gordon Spykman, *Refomational Theology: A New Paradigm for Doing Dogmatics* (Grand Rapids: Eerdmans, 1992), pp. 180-182, 256-257, 277-279, 472-474를 보라. 또한 Henry R. Van Til, *The Calvinistic Concept of Culture* (Philadelphia: Presbyterian & Refromed, 2001)도 보라.

4. Gunton, *Doctrine of Creation*, p. 1.

5. 분명히 역사는 거의 대부분의 경우 과거에 관한 것으로 이해되지만, 다음과 어빈(Dale Irvin)의 논평에도 주목하라. "역사를 우리가 현재 그 안에서 사는 매개체(medium)로, 우리가 그 안에서 수영하는 물로 인식하는 것은, 역사가 단순히 과거의 것만은 아님을 의미한다. 물론 역사는 과거의 것이지만, 그것은 우리가 그것 안에 존재하는 과거이며, 현재를 우리가 그 안에 사는 매개체로 만드는 과거이다."[Dale Irvin, Christian Histories, *Christian Traditioning: Redering Accounts* (MaryKnoll, N.Y.: Orbis, 1998), p. 18].

6. 그것에 대한 또 다른 방식은, 역사에 관한 언급은 우주의 기원에 관한 신학적인 토론과는 별개로 창조 질서에

창조세계와 역사의 연결은 이렇게 말할 수 있다. 곧 창조세계에서 성령님의 보존하시는 활동 덕분에 역사가 가능하게 되며, 따라서 문화적인 발전이나 정치적인 개입과 같은 수단들로 창조 질서를 관리할 수 있는 가능성이 생긴다고 말이다. 이것들은 창조세계라는 토양을 문자적으로 쟁기질하는 것을 수반하지 않을 수도 있지만—비록 그것들이 창조세계를 주어진 상태에서 변경하는 것을 포함할지라도—그것들은 생물물리학적 질서 안에 있는 생명이 청지기적인 인간 활동의 도움으로 번성할 수 있게 하는 수단들임에는 틀림없다. 더군다나 창조세계를 생물물리학적 질서로 이해할 때, 창조 질서는 처음부터 발전을 염두에 두고 있었던 어떤 것으로 간주된다.[7] 다시 말해, 문화—또는 지배—명령은 모든 생물물리학적 질서가 잠재적인 가능성의 상태로 창조되었고, 긴 과정의 발전을 위해 준비되었음을 암시한다.[8] 이러한 발전에는 환경의 번성뿐만 아니라 인류의 진보도 포함된다. 실제로 이것들은 서로를 암시하면서 또한 서로를 필요로 한다.

인류humanity의 발전은 일반적으로 문화적 표현, 정치적 개입, 그리고 사회 질서로 나타나게 된다. 대개 이 세 가지 인간의 활동들은 일반적으로 창조 교리와 함께 고려되지 않는 역사적인 현상들로 간주된다. 그러나 만일 창조의 지평에서 작용하는 인간의 활동을 생물물리학적 질서로 정의되는 창조세계에 대한 암묵적인 책임으로 여긴다면, 그 활동들은 창조 질서와 관련해 이

서 인간 중재자에게 초점을 맞추도록 이끈다고 말하는 것이다.

7. 이와 관련해 다음과 같이 말하는 핀녹(Clark Pinnock)에게 주목하라. "사람들의 마음에 '창조'라는 용어는 처음의 창조적인 사건을 언급하는 것이지 이어서 계속되는 역사와 발전들을 언급하는 것이 아니라는 확고하면서도 잘못된 상태로 고정되어 있다. 사람들은 너무나 자주 하나님께서 세계를 창조하신 다음 그것을 거의 그것 스스로 움직이도록 하셨다는, 즉 마치 하나님께서 세계가 시작될 때 활동하셨으나 그 다음에는 활동하지 않으시는 것 같은 인상을 갖는다. 그 결과 자연의 역사에서 성령님의 활동이 가려진다."[Clark Pinnock, *Flame of Love: A Thoelogy of the Holy Spirit* (Downers Grove, Ill.: InterVarsity, 1997), pp. 67-68].
8. 위의 각주 3번을 보라.

해될 수 있다. 역사와 창조세계의 잠재적인 가능성들—하나님의 영에 의존하며 또한 하나님의 목적들에 봉사하는 것—사이의 관계는 여기서 표현된 대로 공공신학을 위한 진입로다.

창조세계에 관한 이러한 정의와 관련해 또 다른 중요한 질문은 그러면 타락 교리the doctrine of the fall는 어떻게 되느냐는 것이다. 타락 교리에 따르면, 문화-지배 명령은 에덴에 죄가 도래하기에 앞서 주어진 것이다. 그러나 타락이 이 명령을 무효화했다는 성경의 증거는 어디에도 없다. 더욱이 노아의 언약, 특히 창세기 9장 1절에서 3절까지의 말씀은 홍수 이야기에 이어서 이 명령을 다시 한 번 확립해 주었다. 일반적으로 그 명령이 타락 교리와는 별개로 어떻게 해석될 것인지에 관해서는 추측만 할 수 있을 뿐인데, 대개 타락 이후 그 명령에 순종하는 것은 창세기 3장 17절에서 19절까지에 나오는 저주받은 인류의 과업과 유사한 노역勞役을 반영하는 것이라고 가정하게 된다. 즉 열매를 맺게 될 것이지만, 많은 노동에 따르는 노력과 고역으로만, 아기를 낳는 것과 같은 고통스러운 노동으로만 가능할 것이라는 말이다. 창조세계에 있는 잠재성들의 발전, 곧 역사적인 진보라는 것이 느리게 진행될 수는 있지만, 그것은 몹시 힘든 과제다.

여기서 우리는 한 가지 자격조건을 만들 필요가 있다. **발전**이나 **진보**와 같은 용어들은 오늘날 몇몇 진영들에서는 부정적인 의미를 지닌다. 그들은 이 용어들이 소외된 집단들 및 지구와 상호작용하는 일에 위계적이며 억압적인 접근을 반영하거나 촉진하는 의미를 내포한다고 우려한다. 물론 그런 방식으로 이런 용어들을 사용하는 사람들과 기관들에 대해서는 그런 우려들이 유효하겠지만, 여기서는 그런 함축적인 의미가 타당하지는 않다. 이 책이 사회의 긍정적인 발전을 지향하는 관점을 지니고 있기는 하지만, '발전'이나 '진보'를 새로운 식민주의자colonialist들의 의제 또는 가장 악한 형태의 억제되

지 않는 자본주의의 팽창이나 생태적인 파괴를 가리키는 것으로 보지는 않
는다.

우주적 성령론

성령님에 관한 교리는 종종 신론神論이나 기독론基督論의 교리에 비해 소
홀히 취급된다. 하물며 성령님의 우주적cosmic 측면에 대한 성찰은 더더욱 말
할 것도 없다.[9] 창세기 1장 2절, 욥기 27장 3절, 33장 4절, 34장 14절에서 15
절, 그리고 시편 33편 6절, 104편 29절에서 30절까지와 같은 본문들이 성령
님의 사역이 지닌 이러한 측면에 관해 말하고 있는데도 불구하고 말이다. 벌
코프Hendrikus Berkhof가 1964년에 이 문제를 지적했는데,[10] 그 이후로도 뚜렷
하게 별다른 진전이 없었다. 1997년에 이르러서야 핀녹Clark Pinnock이 성령님
의 우주적인 활동을 경시하는 것은 성령님의 구속적인 역할을 배타적으로
중시하는 경향과 직접적으로 관련이 있다고 보았다.

창조에서의 성령님의 사역보다 구속에서의 성령님의 사역에 훨씬 더
많은 주의를 기울인다. 레들리Lederle의 말대로, 우리는 성령님을 '경건

---

9. 실제로 경시한다고 해서 우주적 성령론에 관한 중요한 신학적인 성찰이 전혀 없었다는 의미는 아니다.
동방 정교, 경건주의, 또는 요한 블룸하르트(Johann Blumhardt)와 크리스토프 블룸하르트(Christoph
Blumhardt)의 저작에 관한 연구에서 드러나듯이 말이다. 그러나 성령론에 관한 책들의 연구가 보여 주듯이,
성령론의 우주적인 측면은 성령론에 관한 논문들에서 거의 전개되지 않는다. 설령 언급된다 하더라도 말이다
(한 장이 할애될 수도 있지만, 그런 경우에도 좀처럼 분량이 많지 않다). 예외들도 있지만, 성령님에 관해 쓰
인 책들을 모두 대조해 볼 때, 이와 같은 경시는 명백하다.
10. Hendrikus Herkhof, *The Doctrine of the Holy Spirit* (Richmond: John Knox, 1964).

의 장식품'으로 만들었다. 우리는 영적 진리를 위해 성경을 읽으면서 그것의 메시지가 지닌 물질적인 차원을 경시했다. 우리는 그리스도 예수 안에서 우리에게 생명을 주시는 성령님께서 먼저 우리의 죽을 수밖에 없는 몸에 생명을 주신다는 것을 강조하지 않았다. 우주적 차원을 경시하는 것은 무익하다. 그것은 세계 전체에 신의 내주하심을 최소화하는 것이며, 육체에서 분리된 영혼에 주의를 기울임으로써 구원을 반쪽 크기로 축소하는 것이며, 생태학에 관한 하나님의 관심을 소홀히 여기도록 조장하는 것이다. 성령님의 우주적인 기능들을 경시하는 것에는 결과가 따른다—그것들을 회복하도록 하자.[11]

성령님의 우주적인 사역을 적절하게 숙고하기 위해서는 성령님의 사역이 지닌 충만함을 밝히 드러내는 성령론에 접근하는 방식을 숙고하고 고취할 필요가 있다. 이렇게 할 수 있는 한 가지 방법은 성령론을 기독론 아래로 포함시키는 경향에 대응하는 것이다. 이러한 대응은 삼위일체의 사명에서 성령님의 독특한 사역을 직접적으로 강조하게 함으로써 가장 충만한 의미에서 '영적인pneumatic' 성령론을 산출하게 할 것이다. 맥킨타이어John McIntyre는 칼케돈 공회의 기독론과 관련해 성령론의 문제를 숙고하면서 아주 명쾌하게 이러한 점을 진술한다.

기독론적인 정의를 언급하는 것은 성령님을 그것에 맞춰 정의하기 위해 만들어진 문제, 다시 말해 보이는 바와 같이 기독론의 방식과 비슷한 형식으로 성령님에 관한 교리를 끌어옴은 물론, 예수님의 인격에 관

---

11. Clark Pinnock, "The Role of the Spirit in Creation," *Asbury Theological Journal* 52 (Spring 1997): p. 49.

한 교리를 성령님에 관한 교리의 증거로 간주하도록 우리를 곧바로 인도한다. 설령 두 가지 교리들이 명백하게 연결되었다 하더라도, 우리가 관찰하는 바와 같이, 하나의 교리를 오직 다른 하나의 교리와 관련해서만 이해했던 방식은 그 교리가 지닌 분명한 영적인 특성을 제대로 연구하지 못하도록 했다. 뿐만 아니라 성령님을 마치 성육신에 추가된 분으로나 또 다른 그리스도*alter Christus*셨던 것처럼 성령님에 관한 교리를 다루어야 한다는 것은 더 이상 자명하지 않다. 사실 꽤 많은 측면들에서 그것들이 매우 다르다고 간주하는 사유들이 있다. 성령님께서는, 예수님께서 그러셨던 것처럼 '보이시거나 들려지실 수도, 만져지시거나 다루어지질 수도' 없으시다. 성령님께서는 구원의 서정*ordo salutis*, the order of salvation에서 예수님과 다른 역할을 수행하신다. 인간과 성령님과의 관계는 부활하시고, 승천하시고, 영광 받으신 예수님과의 관계와 다르게 보일 수 있다. 결과적으로 기독론에서 수반되는 것과 유사한 방법을 엄격하게 성령론에 적용하는 것은 성령론의 필수적인 특성들의 일부분을 모호하게 하거나 심지어 왜곡하게 될 것이라고 결론 내릴 수 있다.[12]

만일 성령론이 기독론적인 패러다임 안에서만 제시된다면, 성령론의 참된 영적인 특성은 결코 선명해질 수 없을 것이다. 이것은 창조세계에서의 성령님의 사역에 대해 다음과 같은 함의로 이어진다. 즉 성령님의 우주적인 사역을 일관되게 설명하기 위해서는 이러한 성령론의 기능을 영적인 패러다임에 따라 표현하는 방법을 찾아야만 한다는 것이다. 이것은 기독론의 논리를

---

12. John McIntyre, *The Shape of Pneumatology: Studies in the Doctrine of the Holy Spirit* (Edinburgh: T&T Clark, 1997), pp. 18-19.

보완하는 성령론의 논리를 개발해야 한다는 것을 의미한다.[13] 이 지점에서 영적으로 접근하자는 이러한 요청이 성령론은 어떻게든 기독론으로부터 단절되어야만 한다거나, 아니면 성령론은 삼위일체와 상관없이 전개되어야만 한다고 제안하는 것이 아니라는 점에 주목해야만 한다. 그러기는커녕, 성령론적인 논리를 가지고 성령님에 관해 참된 영적인 교리를 개발하자는 제안은, 성령님의 사역은 삼위일체와 관련해서 생각할 때 훨씬 더 명료하게 이해될 수 있다는 희망에 근거한다. 그러나 삼위하나님the Godhead 안에서 성령님께서 지니신 동등성은 신중하게 다뤄져야만 한다.

위에서 말한 대로, 우주적 성령론은 생물물리학적 우주에서 일하시는 성령님의 사역을 다룬다. 이러한 성령님의 사역은 창조 질서와 섭리적이며, 보존적이며, 내주적이며, 생기를 주시는 상호작용을 한다. 이것은 창조세계의 시작으로 거슬러 확장되지만, 현재 안에서 계속되며, 미래를 향해 세상을 형성해 가도록 우리를 초대한다. 이 책의 주된 목적은 이러한 관점을 지닌 성령

---

13. 아놀드 판 룰러(Arnold A. Van Ruler)는 *Clavinist Trinitarianism and Theocentric Politics: Essays toward a Public Theology*, trans. John Bolt (Lewiston, N.Y.: Edwin Mellen, 1989)에서 이렇게 제안한다. 판 룰러가 주장하는 성령론의 논리를 요약한 것에 대해서는 John Bolt, "The Ecumenical Shift to Cosmic Pneumatology," *Reformed Review* 51 (Spring 98): pp. 255-270을 보라. 그의 책에서 표현한 대로, 맥킨타이어도 비슷한 논의를 추구한다. "그러나 성령론에서 식별할 수 있는 '형태(shape)'에 관해 말할 때, 우리는 여기에 암시되어 있는 것이 무엇인지를 나타내야만 한다. 그 주제를 다루는 모든 저자들이 모두 똑같이 뒤따르는 하나의 기획(programme)이 있다고 제시하지는 않겠다. 그러기는커녕 우리는 성령님을 표현하고 설명하는 매우 다양한 방법들을 만나게 될 것이다. 그중에 어떤 것들은 다른 신조(persuasions)의 저자들에 의해서 채용된 것들이고, 다른 것들은 똑같은 저자가 자신의 저술 안에서 여러 다른 경우에 선택적으로 채용한 것들이다. '성령론의 형태'를 찾을 때, 우리는 이처럼 엄청난 다양성의 구성요소들을 발견한다 …… 그때 어떤 의미에서 우리는 우선적으로 분류학(taxonomy) 또는 분류의 과정을 활용하는 데 관여할 것이다. 오직 그때에만 우리는 우리의 연구의 두 번째 부분으로 훨씬 잘 이동할 수 있을 것이다. 그리고 그때 우리는 어쩌면 보다 정적인 '분류학(taxonomy)'에서 훨씬 더 역동적인 '해부학(anatomy)'으로 기본적인 은유(metaphor)를 변화시켜야 할지도 모른다. 왜냐하면 우리는 이렇게 분류되고 분석된 형태(shape)의 다양한 구성요소들이 교회와 세상이라는 살아 있는 실재 안에서 서로서로 관련하여 작동하도록 구체화되는 방법을 생각할 것이기 때문이다." (McIntyre, *Shape of Pneumatology*, pp. 21-22)

론의 기능과 함의를 적절하게 설명하는 것이다. 위에서 제시한 대로, 목표는 성령론적인 논리에 따라 영적인 방식으로 이것을 표현하는 것이다.

공공신학

우주적 성령론과 공공의 영역—정치학에서 교육, 과학, 예술에 이르기까지—에 철저하면서도 활동적으로 참여하는 것 사이의 관계를 공공신학으로 이해할 수 있다. 특별히 이런 의미에서 공공신학은 단지 그런 공공의 영역에 참여하기 위한 근거를 신학적으로 설명하려고 한다거나, 종교적인 헌신이 사회의 구조와 기능에서 역할을 해야 한다고 주장하려는 시도만이 아니다. 신학적인 문제들이 신자들 사이든 불신자들 사이든 동일하게 공공의 토론에서 어느 정도 이해될 수 있을 뿐만 아니라 심지어는 필요하다고까지 주장하는 것 또한 공공신학이다.

이 책은 성령님의 우주적인 사역이 일반은혜common grace와 관련해서 드러나는 것을 보여 줌으로써, 문화와 정치에 관한 카이퍼의 신학이 궁극적으로 그런 성령론에 근거하고 있다고 주장한다. 카이퍼의 저작은 우주적 성령론과 공공부문에 참여하는 것 사이의 관계, 특히 창조세계의 자원들을 청지기적인 방식으로 이용하고 관리할 수 있는 성령님의 능력을 증명하며, 또한 성령님의 사역이 지닌 이러한 측면들에 관해 신학적으로 보다 깊이 성찰하기 위해 참조할 수 있는 틀을 제공한다. 아래에 이어지는 도입부는 우주적 성령론, 공공신학, 그리고 카이퍼의 삶이라는 가닥들strands을 함께 엮어서 이 책의 남은 장들을 위한 길을 준비하는 하나의 실thread을 짜는 작업이다.

현대의 우주적 성령론

최근 수십 년 동안 성령님에 관한 교리를 성찰하는 책들이 다시 부활했다. 이러한 저자들 중 몇몇은 창조세계에서의 성령님의 역할을 중요하게 논하는데, 아마도 이 쟁점을 다룬 여섯 명의 저자들이 쓴 저작들을 요약하는 것이 그 실의 첫 번째 가닥이 될 것이다. 더불어 우주적 성령론에 관한 조직신학적인 성찰을 현대적인 지형에 따라 배치mapping할 때, 이 연구에 보다 큰 관심을 가지게 해줄 적절한 질문들이 제기될 것이다.

1) 게이코 뮐러-파렌홀츠

God's Spirit: Transforming a World in Crisis『하나님의 영: 위기에 처한 세상을 변화시키기』는 부제에서 드러나듯이 지구적인 관심사들—예를 들면 핵 위협, 가난, 그리고 환경의 위험들—에 초점을 맞춘다. 현대적인 우주적 성령론과 가장 관련이 있는 것은 "창조자 성령-세상의 영Creator Spirit-Soul of the World"이라는 제목을 붙인 이 책의 첫 번째 장이다. 거기서 게이코 뮐러-파렌홀츠Geiko Müller-Fahrenholz는 우주적 성령론에 직접적으로 기여하는 네 가지 개념들을 제시한다.

첫째, 그는 하나님의 영에 호소하는 것은 세상이 "'창조'되고, 그럼으로써 자명하고 본질적인 위엄과 가치를 획득한다."[14]라는 세상에 관한 한 가지 관점을 양산한다고 주장한다. 뮐러-파렌홀츠에게 '창조세계'는 '자연'과 '우주'와 같은 용어들과 단순한 동의어가 아닌 신화적인 범주다. 창조세계가 신화

---

14. Geiko Müller-Fahrenholz, *God's Spirit: Transformation a World in Crisis* (Geneva: WCC Publications, 1995), p. 8.

적인 위상을 지닐 경우, 그것은 "모든 사물의 침해할 수 없는 주관성, 그들의 변경할 수 없는 독특한 가치와 태고의 위상을 보호한다."[15] 이러한 범주를 사용함으로써 창조세계를 위한 일종의 보호책이 제공될 뿐만 아니라, 다양한 지구적인 위기들을 해결하기 위해 토론할 수 있는 기회들도 창출된다.

둘째, 뮐러-파렌홀츠는 창조세계의 기본적인 원리로서 성령님에 관해 언급한다. 하나님의 루아흐rûah, 영는 하나님께서 창조의 시작에서 말씀—활동과 과정을 포함하는 말씀의 형태로—하실 때 현존하신다. 이러하신 성령님께서는 생명이 펼쳐지는 공간을 창조하신다. 삼위일체를 생각할 때, 뮐러-파렌홀츠는 상호내주적인perichoretic 관점을 취하는데, 이는 신의 말씀divine speech을 반응, 의사소통, 그리고 교환의 대화 과정dialogical process으로 보일 수 있게 한다. 하나의 과정으로서, 신의 호흡divine breathing은 점점 더 복잡한 생명의 형태들로 이어지고, 그래서 분화가 계속되고, 필연적으로 최종적인 인류의 창조로 이끈다.[16]

뮐러-파렌홀츠는 신의 루아흐의 기능을 논할 뿐만 아니라, 창조세계의 시작과 임신pregnancy 사이의 유사성에 대해서도 다음과 같이 제안한다.

임신한 여성은 그녀 자신 안에 한 생명체, 곧 그녀 자신은 아니지만 그녀로부터 그것의 생명을 끌어내는 생명체를 위한 공간을 준비한다. 이런 의미에서 창조세계의 '원시 공간'을 어머니의 자궁으로 생각하는 것이 훨씬 논리적이다 …… 창조세계의 가장 적절한 유비는 어머니 안에 임신되고 어머니에게서 출산되는 과정의 유비라고 보는 창조세계의 개

---

15. 위의 책.
16. 위의 책, 14쪽.

념을 거절할 만한 이유가 있는가? 말로 표현할 수 없는 창조세계의 개념을 임신의 이미지에 호소함으로써 표현하면 안 될 이유가 무엇인가? …… 결국 무엇으로 존재할지 모르는 것이 아직 출현하지 않았다는 점에서 창조세계의 원시 공간을 임신의 과정으로 생각하면 안 될 이유가 무엇인가?[17]

과정을 언급하고 있지만, 한편으로 이러한 유비에서 사용되는 은유는 자비와 친밀함을 언급하는 것이기도 하다. 이 둘 사이의 연결은 히브리어가 '자궁'과 '자비'에 대해 같은 단어를 사용한다는 사실로 증명되었다. 뮐러-파렌홀츠는 범신론의 영향이 거의 불가피하다는 것을 인정하면서도, 이런 은유가 시편 33편 6절과 시편 104편, 그리고 다른 성경의 본문들에서와 비슷한 방법으로 창조세계의 신적인 기원을 강조하는 유일한 방법이라고 대답한다. 나아가 그는 임신은 명확히 시간적인 결론이 있으며 그 자체가 목적이 아니지만—그것은 계속해서 어머니의 존재에서 점점 더 멀어지는 독립적인 생명의 형태를 초래한다—창조와 종말론적인 성취는 하나님과 지속적으로 의존적인 관계를 유지한다는 점이 임신 이미지의 약점이라고 인정한다. 그러나 우리는 임신 이미지를 포기하기보다는 은유의 한계를 인식하는 것이 필요하겠다. 이런 은유의 목적은 다음과 같다.

[그것은] 모든 창조세계에 하나님의 친밀함과 이타심이 집중되어 있음을 조명하는 것이고, 하나님의 시공간 안에서 창조세계의 시공간의 기능을 명확히 하는 것이다. 또한 그와 같은 은유는 우리로 하여금 하나

---

17. 위의 책, 15쪽.

님의 힘을 강력한 통치자의 강압적인 힘으로가 아니라 전능한 사랑의 힘으로 이해하도록 해 줌으로써, 남성적인 경향으로 편향되게 치우친 하나님에 관한 우리의 이미지를 수정하는 데 도움을 줄 수 있다.[18]

셋째는 비옥함fertility에 관한 전망이다. 창조자의 영을 인식할 때, 우리는 생명의 풍성함fruitfulness, 창조세계에 있는 근원적인 비옥함이라는 축복을 인식하게 된다. 이 축복에는 지배명령까지 포함된다. 뮐러-파렌홀츠는 이 지배명령을 세상을 '형성하는 것shaping'으로 인식하며, 문화 발전을 자연적인 생명 조건들에 인위적으로 적응하는 것이라고 본다.[19] 문화의 발전이 오늘날 위기에 처해 있는 것은 생산과 소비가 모두 파괴적이 되었기 때문이다. 뮐러-파렌홀츠의 관점에서, "질서 없는 생산과 복원 없는 소비는 모두 경작하고 보존하라는 위임을 저버린 제어되지 않는 '비옥함'의 형태들이다. 그것들은 지구를 가득 채우는 것이 아니라 텅 비게 하는 것이다. 그것들은 생명의 구조를 형성하는 것이 아니라 생명 안에 깊은 구멍들을 내는 것이다."[20] 그럼에도 불구하고 희망적인 전망은 비옥함과 창조성을 수많은 사람들이 참여하는 형성하는 힘들shaping forces로 간주할 수 있다는 것과, "자기 보존이 자기 통제로 기능할 것이다."라는 것이다.[21]

마지막으로는 성령님의 유지하시는 사역에 관한 관점이다. "어머니 같은 루아흐는 그 사랑의 에너지로 모든 창조세계를 유지하시며, 그럼으로써 창조 사역과 구속 사역을 통합시키신다."[22] 시편 104편에 표현된 대로, 성령님

---

18. 위의 책, 17쪽.
19. 위의 책, 23쪽.
20. 위의 책, 24쪽.
21. 위의 책.
22. 위의 책, 27쪽.

께서는 "세계의 영혼으로서 모든 사물들에게 생명의 호흡과 질서, 에너지와 사랑을 주시는 무궁무진한 능력이시다. 그분께서는 창조세계를 유지하는 신의 능력이시며 …… 창조세계를 앞으로 유도해 가는 힘이시다. 왜냐하면 창조세계가 아직 그것의 목표에 도달하지 않았기 때문이다."[23] 신의 불어넣음 spiration은 일종의 생명의 입맞춤이자 구강 대 구강 인공호흡mouth-to-mouth resuscitation의 형태와 같은 것이다. 예를 들면, 창세기 2장 7절은 아담이 생명의 호흡을 받는 것과 같이 창조자와 창조세계 사이의 친밀함을 보여 준다. 이런 은유는 하나님과 창조세계의 가까움을 드러낼 뿐만 아니라 창조세계가 계속되고 있음을 강조한다.[24]

뮐러-파렌홀츠는 보다 평화로운 사회를 만들고자 노력하는 우주적 성령론에 대한 접근방식을 제시한다. 그가 제시하는 네 가지 개념들은 성령론과 세상에 대한 인간의 책임 사이의 관계에 관해 질문을 제기한다. 비옥함 및 자궁의 은유와 같은 범주들을 통해, 우리는 성령님의 우주적인 사역이 생태계와 문화 발전에 대해 특별하게 이해하도록 촉진시키는지 묻게 된다. 게다가 이러한 사역에 내재한 범신론적 경향은 하나님과 창조세계의 정체성이 얼마나 근접한지에 관해 질문하도록 재촉한다. 창조세계에 성령님께서 현존하신다고 말하기 위해서는 하나님을 세상의 일부분으로 만드는 것 같은 은유들이나 유비들을 사용해야만 할까?

---

23. 위의 책.

24. 뮐러-파렌홀츠는 'ecodomy'라 불리는 개념을 제안하는데(18장의 제목이 "에코도미-생명의 집짓기"이다), 교회들은 이런 개념을 통해 세상을 보존하고 회복하는 것을 추구한다. 이것은 가난의 근절, 인구 조절, 모계 중심(matriarchal)으로의 이동, 그리고 시민 사회의 보강과 같은 것들을 포함한다(위의 책, 18-23장).

2) 싱클레어 퍼거슨

The Holy Spirit『성령』이라는 책은 두 개의 장에서 우주적 성령론에 관해 논한다. 첫 번째 장인 "성령님과 그분의 이야기The Holy Spirit and His Story"에서, 싱클레어 퍼거슨Sinclair Ferguson은 하나님의 루아흐를 "창조 질서 안에 있는 하나님의 불가항력적인 힘, 전능하신 에너지"로 표현한다. 또한 "그분께서는 사람에게 '길들여질' 수 없으시다. 그 대신, 그분의 루아흐ruach를 통해 그분께서는 그분의 목적을 성취하시기 위해서 모든 사물들을 '길들이'거나 복종케 할 수 있으시다."[25] 보다 단순하게 하나님의 에너지인 루아흐는 하나님께서 창조세계에 인격적으로 확장되시는 것 또는 적극적으로 개입하시는 것으로 묘사된다.

좀 더 특별하게 창세기 1장 2절에 관한 퍼거슨의 해석에 따르면, 성령님의 운행하시는hovering 현존이 우주적 질서를 설립한다.[26] 창조세계에서의 하나님의 활동은 하나님께서 마음에 계획하셨던 것을 명령하시고 완성하시기 위해서 세상 안으로 하나님의 현존을 확장하시는 것이다.[27] 퍼거슨은 하나님의 루아흐라는 언어와 하나님의 얼굴 사이의—시편 104편 29절에서와 같이—상호보완성에 주목하는데, 둘 다 인격적인 신의 현존을 가리키는 것으로

---

25. Sinclair Ferguson, *The Holy Spirit* (Downers Grove, Ill.: InterVarsity, 1996), p. 18. 편의상 퍼거슨은 루아흐를 다른 문자로 바꾼다(רוּחַ를 보다 문법적으로 올바른 rûaḥ 대신에 ruach로).

26. 위의 책, 19쪽. 퍼거슨은 또한 다음과 같이 흥미로운 견해를 밝힌다. "사실, 일반적으로 창세기 1장의 설명에서 간과되긴 하지만, 창세기 1장 2절에서 신의 영의 현존을 인식하는 것은 창세기 1장 26절에서 27절까지의 "우리가 …… 하자"에 관한 해석에서 '잃어버린 고리'를 제공할 것이라고 주장될 수 있다. 그러면 하나님의 **영은 그 설명 자체의 구조 내에서** 이 호칭의 유일하게 가능한 대상(referent)이 될 수 있다. 이런 경우에 창조의 사역에서 성령님의 개입은 창세기 1장의 문학적인 삽입구(*inclusio*)의 시작과 끝을 표시할 것이다."(위의 책, 20-21쪽).

27. 위의 책, 21쪽. 중요한 것은, 퍼거슨은 이 장을 창세기의 이야기는 삼위일체의 구성원들을 언급할 때 이해될 수 있는지에 관한 논의로 구성된다고 말한다는 것이다. 그러므로 그 논의는 성령님의 정체성을 자세히 설명하며, 루아흐(rûaḥ)의 의미에 관한 해석적인 토론과 관련하여 진행된다.

본다. 그 장을 마치면서 퍼거슨은 창조 질서를 명령하고 다스리는 데서 성령님의 '경영자executive'로서의 현존에 관해 언급한다.

퍼거슨의 책에서 마지막 장의 제목은 "우주적 성령The Cosmic Spirit"으로, 창조와 구속에서 각각 행하시는 성령님의 역할을 광범위하게 논한다. 비록 그가 신약성경이 성령님과 세상 사이의 상반된 관계를 드러내고 있음을 발견하지만, 그럼에도 불구하고 그는 창조세계에서 행하시는 성령님의 경영자로서의 역할이 인류에게 존재하는 다양한 역량들capacities과 능력들abilities을 제공한다고 주장한다. 퍼거슨은 다음과 같이 말한다.

[성령님께서는] 정의로운 사람에게든 불의한 사람에게든 똑같이 하나님의 친절하심을 전하는 사역자시다마5:45. 그러나 이것들은 그분의 영께서 사람과 다투시는 동안 하나님께서 스스로를 억제하시는 자비의 표현들이다창6:3. 이것이 없다면 세상은 스스로 파멸하거나 파멸될 것이다. 자비는 실제적이지만, 임의적이지는 않다. 그것은 한계 내에 설정되어 있으며 회개를 목적으로 한다롬2:4, 벧후3:3-9. 이런 맥락에서만 이러한 성령님의 일반적인 사역이 평가되어야 한다. 더군다나 신약성경은 '영적 은사들'의 발휘조차 구원하시는 은혜로 일하시는 성령님의 사역과 결코 동일시되지 않아야 함을 명확히 하고 있기 때문에 더욱 그러하다. 슬프게도 후자[역주] 구원의 은혜가 부재하는 곳이라도 전자[역주] 영적 은사들가 존재할 수 있다.[28]

퍼거슨은 칼뱅에게 동의하면서, 다양한 인간의 재능들과 역량들을 구원

---

28. 위의 책, 247쪽.

과 관련이 없는 성령님의 일반적인 은사들로 본다.[29]

창조세계에서의 성령님의 사역을 서술하기 위해 퍼거슨이 경영자라는 용어를 사용하는 것과 창조세계가 시작될 때 성령님께서 우주적 질서를 설립하셨다고 주장하는 것은 공공신학 및 일반은혜에서의 성령님의 역할이 지닌 의미와 직접적으로 관련된 질문들을 야기한다. 만일 성령님을 하나님의 지시들을 수행하시는 삼위일체의 구성원으로 간주한다면, 그런 대행이 창조세계와 관련한 삼위하나님의 상호작용에서 다른 구성원들의 역할과 어떤 방법으로 관련되는지 질문하는 것이 중요하다. 더군다나 질서의 설립은 창조세계의 구조뿐만 아니라 사회—개혁신학이 문화명령이라고 부르는 것을 인간이 수행함으로써 나타나는 것—의 구조와 관련해서도 질문하도록 한다. 성령님의 우주적인 활동은 경영자로서의 역할로 인해 구별될 수 있는가, 또한 성령님께서는 정말로 창조세계의 일반적인 관리 외에 다른 것들을 지향하도록 하는 수단을 제공하시는가? 문화와 정치를 위한 함의가 가능한가?

3) 콜린 건톤

디즈버리 강의들Didsbury Lectures을 책으로 출판한 *Christ and Creation*『그리스도와 창조세계』는 세 번째와 네 번째 강의에서 성령님과 창조세계의 관계에 관한 통찰을 제시한다. 세 번째 강의인 "성육신, 자기 비하, 그리고 신의 행동 Incarnation, Kenosis, and Divine Action"에서는 창조세계를 삼위일체적으로 이해하는 맥락에서 성령님에 관해 말한다. 먼저, 창조세계는 성령론적이면서 기독론적이라는 사실은 창조세계가 하나의 목적론teleology과 하나의 명확한 방향

---

29. 위의 책, 248쪽. 퍼거슨은 성령님의 우주적 사역이 지닌 사회정치적인 함의에 대해 거의 말하지 않고 그 대신 종말의 때에 인간의 변화에서부터 보다 큰 창조 질서의 변화에 이르기까지 성령님의 재창조의 역할에 주로 초점을 맞춘다.

을 지닌다는 것을 나타낸다. 이 목적론의 결국은 창조세계가 궁극적으로 그것의 창조자를 찬양할 것이고 그것을 만드신 분께로 돌아올 것이라는 것이다.[30] 일반적인 범신론자pantheist와 범재신론자panentheist가 하나님과 세계에 관해 이해하는 것에 반해, 콜린 건톤Colin Gunton은 세계에서의 신의 활동을 특별하면서도 가능한 것이라고 본다. 세계는 성령님의 힘으로 그것만의 독특한 존재가 되는데, 이 권한은 창조세계를, 특히 그것의 목적론의 관점에서, 하나님의 도구나 확장이 아닌 그것 자체가 되도록 한다. 창조세계는 성령님의 지시에 따라 완성perfection을 향해 자유롭게 나아간다는 것이다.

네 번째 강의인 "하나님의 형상과 닮음에서In the Image and Likeness of God"에서는 창조세계에서의 성령님의 역할이 함의하는 것에 관한 성찰을 다룬다. 먼저 건톤은 신의 형상을 만드는 데서 성령님의 역할을 이 땅에서 삶의 특정한 양식을 실현하는 것—특히 기독교인으로서 하나님의 형상의 갱신을 통하여—과 창조세계가 그것의 완성에 도달하는 것을 가능하게 하는 목적telos으로 표현한다.[31] 마지막 장에서는 생태학적인 함의를 포함해서 성령님의 변화시키는 역할에 관해 말한다. 그런 문제들에서, 결코 승리주의자라고 말할 수 없는 건톤은 "이 과정에 관한 기독교의 뚜렷한 공헌은 시공간에 있는 이 세계와 관련한 모든 문제들이 부차성penultimacy을 지님을, 그러나 이러한 부차적인 것penultimate조차에도 그것을 만드신 하나님을 찬양해야 할 능력이 있음을 일깨운 것에 있다."[32]라고 말한다. 인간이 창조세계를 완성할 수는 없

30. Colin E. Gunton, *Christ and Creation* (Grand Rapids: Eerdmans, 1992), p. 77.

31. 위의 책, 103쪽.

32. 위의 책, 124쪽. 건톤은 또한 예술을 성령님께서 창조세계를 그것의 목적으로 인도하시는 방식에 포함시킨다. 또 다른 관점에서, 그는 육류 생산에 대한 산업적인 접근방식을 창조자의 선함을 모욕하는 것으로 비판한다. 비록 그가 동물을 먹는 것을 비난하는 것에는 주저하지만 말이다. 관점에 있어서, 건톤이 기독론적인 렌즈를 통해 성령론적인 변화를 인지하고 있음을 지적하는 것이 중요하다. "성령님께서는 십자가에 달

지만, 성령님의 충동으로 창조세계가 찬양하게 하는 것을 가능하게 할 수는 있다. 목적론에 대한 건톤의 강조는 이 책에 관해 중요한 질문을 제기한다. 찬양의 목적teols과 창조자에게로의 회귀는 성령님으로 말미암아 세계에 참여하는 일이 촉진되는 것을 경시하는 것인가? 이것은 이 세계의 문제들은 부차적인 것penultimate이라는 건톤의 지적으로 훨씬 더 흥미롭게 된다. 창조세계가 하나님을 찬양하는 것이 진전되도록 이끄는 것의 중요성을 건톤이 인식하고 있음에도 불구하고, 부차성penultimacy이라는 용어는 문화적이고 정치적인 참여를 중요치 않은 것으로 간주하는 의도치 않은 결과를 초래할 수 있다. 건톤은 창조세계가 그것의 완성을 향해 나아감으로써 하나님을 찬양할 수 있도록 기독교인들이 행동할 것을 촉구하고 싶어 하지만, 실제로 그가 강조하는 것들은 오히려 어떤 의미에서 이 과정에 우리로 하여금 참여하지 못하도록 방해하는 것은 아닌가?

4) 위르겐 몰트만

위르겐 몰트만Jürgen Moltmann은 우주적 성령론을 언급하는 세 권의 책을 집필했지만, 그중에서 *God in Creation*『창조세계에서의 하나님』이 성령님의 사역에 관한 이러한 관점을 가장 온전하게 다루고 있다.[33] 이 책의 핵심적인 관심은 세계에 관한 인간의 기술적인 착취에 대응하는 창조 교리를 설명하는 것

린 사역과 관련해서만 변화시키신다."(위의 책, 123-124쪽을 보라.) Colin Gunton, *The Triune Creation: A Historical and Systematic Study* (Edinburgh: Edinburgh University Press, 1998)도 우주적 성령론에 대한 건톤의 접근방식으로 가득하다.

33. *Spirit of Life*(『생명의 성령』)과 *Source of Life*(『생명의 근원』, 앞의 각주 4를 보라)은 *God in Creation*(『창조세계에서의 하나님』)의 통찰을 반복할 뿐 그것을 넘어 나아가지 않는다. 앞의 두 권의 책에서 몰트만은 다른 의제들을 다룬다. *Spirit of Life*는 기독교인의 삶과 삼위일체에 좀 더 초점을 맞추고 있고, *Source of Life*는 실천신학을 위한 책이다.

이며, "창조된 모든 존재들 **안에서** 하나님을 발견하고 그들이 공유하는 창조세계의 공동체 **안에서** 생명을 주시는 하나님의 영을 찾는 것이다."[34] 처음부터 몰트만은 성령님과 창조세계의 관계에 관한 자신의 관점이 범재신론적panentheistic임을 인정하는데, 이것은 우리에게 "모든 생명체의 생명에 대한 숭배를 하나님에 관한 경배로 이동시킬" 것을 요구한다.[35] 실용적인 목적에서 보자면, 하나님에 관한 예배를 창조세계에 대한 예배로 확장하는 것이다.

위의 책의 1장과 4장은 몰트만의 우주적 성령론에 초점을 맞춘다, 1장의 다섯 번째 부분인 "성령님 안에 있는 창조세계Creation in the Spirit"는 성령론적인 관점에서 창조세계에 관한 삼위일체적인 이해에 접근한다. 시편 104편을 인용하면서 몰트만은 창조세계와 성령님의 관계를 다음과 같이 설명한다.

> 성부와 성자의 활동을 그것의 목적으로 가장 먼저 이끄시는 것은 언제나 성령님이시다. 결과적으로 삼위일체 하나님 또한 끊임없이 성령님을 그분의 창조세계 안으로 호흡하신다. 존재하는 모든 것은 우주적 성령님의 에너지들과 잠재력들의 끊임없는 흐름 속에서 존재하며 살아간다. 이것은 우리가 모든 창조된 실재를 에너지의 측면에서 이해해야 한다는 것, 곧 그것을 신의 영이 실현된 잠재력으로 이해해야 한다는 것을 의미한다. 창조자는 성령님의 에너지들과 잠재력들을 통해서 스스로를 그분의 창조세계에 나타내신다. 그분께서는 단지 그분의 초월성으로만 창조세계와 대면하시는 것이 아니다. 창조세계 안으로 들어가심으로써 그분은 또한 창조세계 안에 편재하신다.[36]

---

34. Moltmann, *God in Creation*, p. xi.
35. 위의 책, xii쪽.
36. 위의 책, 9쪽.

창조세계에 성령님께서 편재하신다는 것은 존재하는 모든 것에 이분 성령님께서 부어지신다는 가정, 그리고 하나님의 영께서 창조 질서를 보존하시고, 생기를 불어넣으시고, 새롭게 하신다는 가정으로 인도한다.

몰트만은 성령님 안에 있는 창조세계라는 개념에 대해 칼뱅이 기여한 것을 인식하고서,[37] 성령님을 '생명의 근원'으로 인식하는 것에서부터 성령님의 보편적인 부어지심이 하나님과 연합될 뿐만 아니라 서로서로 연합된 창조세계의 공동체를 창조한다는 개념으로 나아간다. 이것은 "모든 것은 '다른 것들 안에서in others', 서로의 안에서, 서로와 함께, 서로를 위해, 하나님의 영의 우주적인 상호관계 안에서 존재하며, 살아가며, 그리고 움직인다."[38]라는 것을 의미한다. 이는 강제coactivity가 창조세계의 본질적인 일부분임을 함의한다. 홀로 존재하는 생명과 같은 것은 없다. 몰트만에게서 이런 종류의 상호관계는 '페리코레시스perichōrēsis, [역주] '상호내주', '상호침투', '상호보완'이란 뜻의 헬라어'라는 개념의 삼위일체에 의해 모형화된다.[39] 이러한 접근은 범신론적이지 않다. 왜냐하면 하나님께서 창조세계 안으로 행동하시고 침투하시는 일은 하나님을 창조세계와 병합시키지 않으면서 일어나기 때문이다. "우주적인 성

---

37. 몰트만이 자각한 것은 칼뱅은 "이러한 개념을 받아들이고 유지한 소수의 사람들 중 하나였다."라는 것이다 (위의 책, 11쪽). 그는 다른 곳에서 성령님의 우주적 사역에 관해 성찰하는 것을 싫어한 것에 대해 다음과 같이 말한다. "한 가지 이유는 확실히 계속된 기독교의 플라톤적인 사상 때문이다. 오늘날에도 이것은 여전히 교회와 종교적인 단체들에서 '영성'으로 일컬어지는 것에 그것의 표시를 붙이고 있다. 그것은 육신에 대한 일종의 적대, 세계로부터 일종의 고립, 그리고 사회와 자연의 감각적인 경험보다 영혼의 내적인 경험을 선호하는 형태를 취한다. 또 다른 이유라고 내가 믿는 것은 '필리오케(filioque, [역주] '성자로부터'. 성령님께서 성부뿐만 아니라 성자로부터도 나오신다는 주장으로, 동방교회와 서방교회가 갈라지는 배경이 된 문구다)'를 지지하는 데 지대한 영향을 미친 결정 때문이다. 이것은 성령님을 오로지 '그리스도의 영'으로만 이해하게 된 동시에 '성부의 영'으로는 이해하지 않게 되었음을 의미했다 …… 만일 구속이 창조와 근본적인 불연속에 놓인다면, 그러면 '그리스도의 영'은 더 이상 야훼의 루아흐와 관련이 없는 것이 된다"(Moltmann, *Spirit of Life*, pp. 8-9).

38. Moltmann, *God in Creation*, p. 11.

39. 위의 책, 16-17쪽.

령님께서는 하나님의 영으로 남아 계시며, 또한 우리를 살게 하시는 능력으로 우리 안에서 행동하시기 때문에 우리의 성령님이 되신다."[40] 창조세계와 성령론에 관한 이런 관점은 지구에 대한 접근을 주관성과 기계적인 세계가 지배하는 시대를 넘어 "평화롭고 생태적인 세계적 공동체의 연대"를 향한 희망으로 나아가게 하는 결과를 낳는다.[41]

　　4장의 다섯 번째 부분은 "우주적 성령님"이라고 제목을 붙였다. 기계적인 세계관―세계는 계산할 수 있으며 인간의 정복에 열려 있다는 관점―에 대한 반응으로, 몰트만은 성령론에 근거한 창조세계의 관점에 관해 분명하게 설명한다. 이런 관점에서 볼 때, 세계는 "성령님으로 말미암아 직조된 구조이고, 따라서 성령님께서 형태form를 만드신 실재이다."[42]

　　우주적 성령론은 자연 속에서 어떻게 가동될까? 몰트만은 다음과 같이 네 가지 길을 제시한다.

1. 성령님께서는 창조성creativity의 원리로서, 새로운 가능성들을 창조하시며, 물질과 살아 있는 유기체에 대한 새로운 설계와 청사진을 예견하신다.
2. 성령님께서는 전체론적인holistic 원리로서, 상호간의 '페리코레시스'로 인도하시며 그리하여 협력과 공동체의 생명이 되신다. 거룩하신 성령님께서는 창조세계의 '공통의 영common Spirit'이시다.
3. 성령님께서는 또한 개별화individuation의 원리로서, 물질과 생명의 특별한 '작업 스케치들'을 그들의 다양한 층위에서 구별하신다. 자기

---

40. 위의 책, 12쪽.
41. 위의 책, 13쪽.
42. 위의 책 , 99쪽.

주장과 통합, 자기 보존과 자기 초월은 생명이 발달하는 과정에서 두 가지 상호보완적인 측면들이다.

4. 성령님의 모든 창조물들은 의도intention의 측면에서 '열려' 있고, 그들의 공통된 미래를 지향한다. 왜냐하면 그들은 모두 그들의 잠재성들을 향해 정렬되어 있기 때문이다. 의도성intentionality의 원리는 물질과 생명의 모든 열린 체계에 내재하는 것이다.[43]

세계 속에 성령님의 작용이 만연해 있다는 것은 각 개인이 전체의 부분으로 보일 수 있음을 의미한다. 창조 질서는 창조세계 공동체의 개체들individuals과 성령님의 징후들manifestations로 구성된다. 모든 창조세계에 성령님께서 현존하심으로써 창조세계는 자기 초월로 가득 차는데, 이는 무한자the infinite가 유한자the finite를 파괴하지 않고—또는 그 반대로도—유한자 속에서 무한자의 현존을 생각하는 유일한 방법이다.

몰트만은 창조세계가 구속을 위해 탄식한다고 말하는 로마서 8장 19절에서 22절까지에 근거해서, 신자들과 다른 창조물들 사이의 연대를 인식한다.

그래서 신자들이 성령님 안에서 경험하고 인식하는 것은 창조세계의 성령님과 인간의 영, 그리고 모든 비인간 창조세계 안에 계신 성령님의 구조를 드러낸다. 왜냐하면 이것이 그들의 경험에 상응하는 것이기 때문이다. 신자들이 성령님 안에서 경험하는 것은 그들을 다른 모든 창조물들과 연대하도록 이끈다. 창조물들은 헛됨transience의 능력 아래 놓인 자연과 '함께' 고통을 받으며, 자유의 징후를 기다리면서 자연에 '대해'

---

43. 위의 책, 100쪽.

희망한다.[44]

창조세계가 고통스러운 역사를 견딜 때, 내주하시는 성령님께서는 그런 역사를 희망의 역사로 바꾸신다. "창조세계에 성령님께서 현존하시는 것은 생명과 고통 사이를 구별함으로써 창조물들의 희망을 발생시킨다."[45]

몰트만은 범재신론panentheism에 관한 질문을 어떻게 바라볼까? 그에게서 범신론과 범재신론의 차이는, 전자는 단순히 신의 현존만을 보는 것이지만, 후자는 미래의 초월, 진화, 그리고 의도성까지 파악한다는 것이다.[46] 성령-지구의 관계에 관한 범재신론자로서의 관점뿐만 아니라, 몰트만은 삼위일체 교리를 이용해 하나님의 초월성과 편재성—또는 내재성—이라는 사실을 표현한다. 삼위일체 교리는 창조세계를 그 과정들이 상호 연관되어 있는 망으로 생각하게 한다. 이런 점에서 성령님께서는 생명체들과 그들의 공동체들을 함께 결합하고 구별하실 뿐만 아니라 그것들을 보존하시며 그것들 너머로 인도하신다. 내주하시는 성령님께서는 창조세계의 공동체에 기초를 형성해 주신다. 또한 기계적인 세계관—기초적인 입자들이 보다 복잡한 실재들의 기본이 된다고 보는—과는 대조적으로 세계의 복잡한 관계들의 조화와 자기를 초월하는 운동들이 기초가 된다. 이런 복잡성에서 아직 도달하지 못한 완성을 향한 성령님의 갈망을 표현할 수 있다. 우주적 성령님께서 하나님의 영이시기 때문에, 몰트만은 우주는 닫힌 체계가 아니라 하나님과 그분의 미래를 향해 열린 체계로 볼 수 있다고 결론 내린다. 이것은 창조세계에 희망이 있으며, 또한 그런 창조세계는 지배되기보다 존중받을 것임을 의미한다.

---

44. 위의 책, 101쪽.
45. 위의 책, 102쪽.
46. 위의 책, 103쪽.

몰트만이 지닌 분명한 범재신론은, 하나님께서 그분의 초월을 유지하시면서 지구에 현존하신다는 것을 분명하게 설명할 수 있는 방법이 있느냐는 질문을 야기한다. 범재신론에 맞는 적절한 범주가 있는가? 몰트만은 세계에 대한 기계적인 접근을 우려해서 지배의 언어dominion language를 사용하는 것에도 조심한다. 우주적 성령론으로 촉진된 세계에 대한 접근방식을 위해 대안적인 언어를 찾아야만 하는가? 게다가 기계적인 세계관으로 양산된 부정적인 결론을 고려할 때, 무엇이 기술과 진보에 적절한 방식으로 접근하는 것인가? 마지막으로, 로마서 8장에 대한 몰트만의 이해와 미래에 대한 그의 열린 관점이 제공하는 희망은 무엇인가? 성령님으로 말미암아 촉진된 공공부문의 참여를 어느 정도 수준으로 낙관하는 것이 적절한가?

5) 클라크 핀녹

Flame of Love 『사랑의 불꽃』이라는 책의 두 번째 장에서는 거의 창조세계에서의 성령님에 관해서만 다룬다. 클라크 핀녹Clark Pinnock은 창조세계의 시작에서 핵심적인 역할을 하셨고 더불어 생명수여자life-giver이신 성령님에 관해 썼다. 또한 그는 "하나님의 풍부함을 이행하고 하나님의 자기 수여self-giving가 넘치도록 촉진시키는 황홀경"으로서 성령님에 관해 언급한다.[47] 이것은 그로 하여금 성령님을 창조의 능력으로 보게 하며, 세계와 역사 안에서, 특히 발전과 완성의 관점에서 성령님의 활동을 인식하도록 이끈다. 우주 전체가 성령님께서 작용하시는 영역이다. 핀녹은 우주적 성령론의 중요성을 다음과 같이 표현한다.

---

47. Pinnock, *Flame of Love*, 50.

생명의 수여자이자 보편적인 하나님의 현존으로서 성령님은, 비록 반복되어 선택되는 주제는 아니라 하더라도 성경에서 무게 있는 개념임에 틀림없다. 하나님께서는 창조세계의 개시자로서 창조세계에 앞서 계실 뿐만 아니라 창조세계의 감독자로서 그 발전 가운데 창조세계와 함께 계신다. 성령님께서는 세계가 형성되는 근거가 되시며, 하나님을 세계와 친밀한 관계 속으로 이끄신다. 성령님께서는 사랑을 세계 안으로 소개하시며, 생명을 유지하시고 의미를 부여하신다. 성령님께서는 시간을 통해 여행하시는 동안 인간과 함께 계시며, 신음하며 구원을 기다리는 창조세계와 함께 계신다. 우리는 하나님의 신비에 둘러싸여 있다. "우리가 그를 힘입어 살며 기동하며 존재하느니라"행17:28[48]

핀녹은 성령-창조세계의 관계를 명확히 설정함으로써 그의 사유를 시작한다. 창세기, 욥기, 시편, 잠언, 그리고 사도행전에서 발견되는 성경 본문들을 참고하면서,[49] 그는 성령님의 역할을 생명과 창조의 수여자, 유지자, 그리고 완성자로 설정한다. 게다가 그는 성령님과 지혜 사이의 연결을 시사하면서, 그 둘이 어떻게 하나님의 창조성의 중개자로 묘사되는지 언급한다. 이는 하나님-창조세계의 관계, 곧 우리로 하여금 창조세계의 구석구석에서 하나

---

48. 위의 책, 51쪽.

49. 핀녹은 이런 측면에 관해 말하는 몇 가지 본문들을 고려하면서, 이렇게 말한다. "그런 본문들이 상대적으로 부족하다고 해서 그 진리가 사소한 것이 되는 것은 아니다. 교리로서 창조는 일반적으로 당연한 것으로 수용되고, 그래서 성경 연구에서 드물게 그리고 피상적으로 다루어진다. 심지어 신학자들이 중요하게 여기는 '무로부터의 창조'조차 성경에 언급되어 있지 않다. 그것은 다른 구절들로부터 유추된 것이다. 그러나 진리의 중요성은 구절들의 숫자로 판단될 수 없다. 창조 교리와 그것에서의 성령님의 역할은 성경 본문들과 그것들에 관한 신학적인 성찰 모두로 말미암아 지지된다는 것이 사실이다. 성경은 하나님께서 모든 것을 창조하셨다는 것과 성령님께서 세계 모든 곳에 현존하신다는 것을 충분할 정도로 분명하게 제시한다. 요점은 진리가 되기 위해서 자주 반복될 필요는 없다는 것이다."(위의 책, 52-53쪽)

님의 현존을 인식할 수 있게 하는 관계를 바라보도록 이끈다. 또한 그것은 섭리의 교리가 지닌 우주적 성령론적인 측면을 드러내는데, 이는 적어도 지속되는 창조세계에서 성령님께서 움직이고 계심을 간접적으로 나타낸다. 핀녹은 다음과 같이 말한다. "성령님께서는 처음부터 창조세계에 대한 하나님의 목적을 시행해 오셨으며, 창조세계가 반드시 회복되도록 하는 데 전념하신다. 창조자 성령님께서는 인류의 범위를 넘어서는 세계에 대한 희망을 고취시키시는데, 그 안에서 하나님의 능력은 죽은 자들을 일으키고 모든 것을 새롭게 한다."[50]

창조세계에서의 성령님의 우주적인 역할을 경시한 것을 반성하면서, 핀녹은 그러한 경시가 낳은 부정적인 결과들을 지적한다.[51] 주요한 결과는 창조와 구속 사이에 선을 그음으로써 서로 다른 영역으로 분리한 것이다. 그 결과로 창조는 구속을 준비하기 위한 사건으로 격하되고 만다. 핀녹은 칼뱅과 카이퍼와 같은 신학자들이 성령님의 우주적 차원을 숙고했음을 인지하고, 사변적인 남용이라는 우려에도 불구하고 우주적인 요소를 포함하는 대담한 성령론을 요청한다.

삼위일체적 관점에서 창조세계를 숙고할 때, 핀녹은 성부, 성자, 그리고 성령의 사랑하는 관계가 창조적인 행위를 낳는다는 삼위일체의 관계적 관점에 대해 설명한다. 창조는 하나님께서 기뻐하시는 행동으로서, 일종의 상대적인 자율성autonomy 내에 존재한다. 핀녹은 창조세계를 하나님과 별개의 것

---

50. 위의 책, 54쪽.

51. 그리피스 토마스(W. H. Griffith Thomas)를 하나의 예로 들면서, 핀녹은 성령님의 사역을 우주적인 규모로 성찰할 경우 제기되는 우려들을 지적하기도 한다. 그러한 우려들은 "이교도의 세상에 있는 사람들이 성령님께서 그들의 마음을 동요시키시는 것을 탐지했다고 생각한다면 어떻게 될까? 성령님의 지구적인 현존에 관해 너무 많이 생각함으로 말미암아 예수 그리스도의 유일하심이 약화된다면 어떻게 될까?"와 같은 질문들에 기초한 신학적 수정주의에 영향을 미친다(위의 책, 54쪽).

으로 간주하며 역사를 임의적이거나 미리 결정된 것으로 보지 않고, 성령님께서 "장엄한 삼위일체의 교제 안에서 그분께서 행하시는 것과 유사한 방식으로 창조세계의 춤을" 연출하시는 극장으로 본다.[52] 교제를 촉진하는 사랑의 결합을 생각할 때, 성령님께서는 하나님과 세상 사이의 관계를 가능하게 하신다. 목적론적으로 보면, 성령님께서는 창조세계가 점점 더 복잡한 독립체들entities이 되도록 인도하심으로써 완전을 향해 나아가게 하시고, 그리하여 세상이 역사 속에서 하나님을 닮은 모습을 훨씬 더 많이 드러내는 방향으로 나아가게 하신다.

핀녹은 창조세계에서 성령님께서 행하시는 삼위일체적인 역할에 대해 좀 더 직접적으로 말하면서, 창조세계가 성자를 통해서 성부에 의해 창조되지만, 또한 그것은 성령님께서 호흡하시는 결과라는 것에 주목한다. 하나님의 호흡은 창조세계 안에 하나님의 현존을 중재하며, 창조물과 하나님의 연합을 가능하게 한다. 핀녹은 삼위일체를 나선형의 행동—그것의 탄력을 밖으로 방출하는 행동—으로 묘사하면서, 성령님께서는 "하나님의 내적 신비를 세상 안에서 재현하고자 시도하시는데, 곧 언제나 세상을 하나님을 향해 거꾸로 나선운동을 하게 하는 것이다."라고 말한다.[53] 로고스Logos를 지시하시는 성자에 비해, 성령님께서는 창조물의 형식들의 도래, 발전, 그리고 성취를 보증하시는 장인匠人, artisan이시다. 창세기 1장 2절에 따르면, 성령님께서는 역사의 처음부터 끝까지 계속해서 세상에 활력을 주시고 세상을 유지하심으로써 안식일의 쉼—새로운 창조—을 목표로 창조세계를 인도하신다. 의미심장하게도, 핀녹은 성령님의 우주적인 사역이 다음과 같은 의미를 함의하고

---

52. 위의 책, 56쪽.
53. 위의 책, 60쪽.

있다고 지적한다. "창조의 능력으로서, 성령님께서는 **우리를 불러 세상으로부터 또는 역사로부터 도피하라고 하시는 것이 아니라**, 창조세계를 미래를 향해 열어 두라고 하시는 것이다."[54]

핀녹은 창조세계에서의 성령님의 역할에 관해 세 가지 함의를 추가적으로 설명한다.[55] 첫째는 창조세계의 충만함에 하나님께서 개입하신다는 것을 인식할 때 자연의 성례聖禮, sacrament로 간주될 수 있는 창조 질서가 드러난다는 것이다. 모든 창조세계는 성령님의 현존하심으로 은혜를 받는다. 둘째는 창조와 구속의 연결은 창조자 성령님을 인식함으로써 가능할 수 있다는 것이다. "성령님께서는 우선적으로 창조의 능력이시기 때문에만 구속의 능력이 되신다. 오직 창조의 성령님만이 부활의 성령님이 되실 만큼 충분히 강하시다."[56] 또한 핀녹에게 창조자 성령님의 지구적인 활동은 은혜의 범위 바깥에 있는 사람은 아무도 없다는 희망의 근원이 되기도 한다. 마지막으로, 창조세계에서의 성령님의 역할은 지구에 관한 생태적인 책임과 관리를 고취시킨다.[57]

핀녹의 책은, 삼위일체 내에서 성령님의 관계, 목적론teleology, 그리고 우주적 질서와 같이 이전에 언급된 쟁점들을 강조하기도 하지만, 특별하게 세계와 역사에 관여하는 방향으로 성령님의 충동을 언급함으로써 공공부문의 참여에 관한 쟁점을 유익한 방향으로 제시한다. 그가 문화적이거나 사회정치적인 제안들을 언급하는 것은 아니지만, 오늘날의 시대에서 목적론과 책임을 보다 직접적으로 연결시킴으로써 공공 활동의 가능성을 제공하고는 있

---

54. 위의 책, 61쪽.
55. 또한 그는 이 장에서 과학과 기원에 관한 쟁점들을 다루지만, 그것들을 직접적으로 연관시키지는 않는다.
56. Pinnock, *Flame of Love*, p. 63.
57. 핀녹은 이 장의 끝에서 생태적인 책임에 관해 좀 더 많은 것을 말하지만, 창조세계를 관리하는 책임에 관해서는 강하게 강조하지 않는다. 그것이 다른 무엇보다도 의미심장하다.

다. 몰트만이나 뮐러-파렌홀츠와 비슷하게, 핀녹 또한 창조세계를 돌보는 것에 대한 관심을 상기시킨다.

마지막으로, 핀녹은 창조와 구속의 관계를 간단하게 다룬다. 창조하시는 하나님의 사역과 구속하시는 하나님의 사역을 경계 짓는 것을 없애고자 하는 핀녹의 열망은 그것들의 관계를 설명하는 최선의 방법이라고 평가되는 질문을 촉발시킨다. 성령님과 구속에 관해 말하면서 동시에 어떻게 성령님과 창조세계에 관해 적절하게 강조할 수 있을까? 창조세계에서의 성령님의 사역은 차이를 필요로 한다. 하지만 상대적으로 독립적인 성령론을 암시하지 않고 이것이 어떻게 가능할까?

6) 마크 월러스

포스트모던적이면서 생태주의적인 입장을 지닌 *Fragments of the Spirit: Nature, Violence, and the Renewal of Creation*『성령의 조각들: 자연, 폭력, 그리고 창조세계의 갱신』의 도입부분에서는 성령님을 "모든 형태의 생명들—인간과 인간이 아닌 것들 모두—의 변형과 갱신의 일을 계속해 가는 우주 안으로 생명을 주시는 루아흐rûah의 능력"[58]으로 정의한다. 마크 월러스Mark Wallace는 성령님을 "모든 생명체들의 사회 안에 생기를 북돋우는 하나님의 현존"으로 제시하면서, "성령님에 관한 이러한 생명 중심life-centered 모델은 '삼위일체 내부에서의intratrinitarian' 역할—전통적으로 성부와 성자 사이를 일치시키는 결합으로서의 역할—을 넘어 모든 창조세계 안에서 치유와 갱신의 능력이 되시는 성령님의 '우주적인' 역할을 포함하는 것으로 확장된다."[59]라고 말

---

58. Mark I. Wallace, *Fragment of the Spirit: Nature, Violence, and the Renewal of Creation* (New York: Continuum, 1996), p. 1.
59. 위의 책.

한다. 이러한 우주적인 성령론은 이 책의 5장, "성령과 자연: 치유되는 야생의 새The Spirit and Nature: The Wild Bird Who Heals"에서 가장 분명하게 표현되는데, 이는 생명중심적biocentric이고 생태주의적인 성령론을 지향하기 위한 것이다.

5장의 첫 번째 부분에서는 윌러스가 '생태계 파괴의 유령'이라고 부르는 환경에 대한 위협들—예를 들어, 산성비, 오존 감소, 살충제, 방사성 폐기물, 그리고 인구 과잉 등—을 열거한다. 그의 대답은 성령님을 "모든 생명체들 안에 거주하시면서 그것들을 유지시키시는 자연적이고 살아 계신 존재"[60]로 간주하는 성령론의 회복에 달려 있다는 것이다. 이렇게 접근할 때, 성령님의 사역에서 핵심이 되는 측면은 창조세계를 평화로운 상호관련성으로 이끄시는 것이다. 성령-지구의 관련성과 관련해서, 윌러스는 이러한 상호관련성을 구별을 유지하는 상호내재성coinherence으로 바라본다.

이러한 상호내재성은 성령님과 지구를 분리할 수 없도록 가깝게 만들지만, 그럼에도 불구하고 서로는 구별된다. 성령님께서는 루아흐rûah—눈에 보이지 않으면서 생명을 유지하시는 호흡—로서 지구Gaia에 내주하시고, 지구는 보이지 않게 유지하시는 성령님의 현존의 징후가 된다. 핀녹을 비롯해 여러 사람들처럼, 윌러스 역시 성령님에 관한 이러한 이해가 20세기에는 강조되지 않았음을 인정한다.[61] 그는 창조세계의 성령님으로서 성령님에 관해 강조하는 풍부한 성경적인 이미지들—생기를 주는 호흡, 치료하는 바람, 생명

---

60. 위의 책, 136쪽.
61. 위의 책, 137쪽. 윌러스는 몰트만의 저술에서는 이를 인식하고 있지만, 벌코프(H. Berkhof)의 *Theologie des Heiligen Geistes*(『성령의 신학』), 이브 콩가르(Yves Congar)의 *I Believe in the Holy Spirit*, 조지 헨드리(George S. Hendry)의 *The Holy Spirit in Christian*, 앨리스데어 헤론(Alisdair I. C. Heron)의 *The Holy Spirit: The Holy Spirit in the Bilbe, the History of Christian Thought, and Recent Theology*, 램프(G. W. H. Lampe)의 *God as Spirit*, 그리고 존 테일러(John V. Taylor)의 *The Go-Between God: The Holy Spirit and the Christian Mission* 등의 저술들에서는 이것이 경시되고 있는 것을 안타까워한다. 이런 비판에도 불구하고, 윌러스는 이런 책들을 매우 높이 평가한다.

수, 정화시키는 불, 그리고 신성한 비둘기 등—을 지적한다. 그러나 자연적인 실체entity로서 성령님을 재개념화하는 것에는 한 가지 커다란 단서caveat가 붙는다.

내적인 관련성이라는 생태학적인 성령론의 의미에 관해 매우 흥미롭지만 상당히 곤란케 하는 것 한 가지는 그것이 지구와 관련된 비본질적인 성령님에 관한 교리가 의도하지 않는 방식으로 하나님의 생명을 위태롭게 한다는 것이다. '만일 성령님과 지구가 상호적으로 서로에게 내주한다면, 지구가 남용되고 훼손되는 한 성령님으로서의 하나님께서는 쉽게 손상을 입으시고 파괴되실 것이다.' 이러한 연관성을 오늘날 많은 사람들이 느끼기 시작하고 있지만, 대부분의 신학자들은 다른 형태의 생명들과 생태학적으로 유해한 관계를 맺는 것이 세상 안에서의 성령님의 현존을 근본적으로 위험에 처하게 한다고 주장하기를 꺼린다.[62]

월러스는 몇 가지 모델로 그의 생명중심적인 접근방식을 진전시킨다. 샐리 맥페이그Sallie McFague, 미국 원주민의 영성Native American Spirituality, 그리고 신이교적 환경보호 운동가들neopagan environmentalist activists과의 대화에서, 그는 창조세계에서의 신의 현존은 모든 살아 있는 것들에 내주한다고 제안함으로써 수정된 이교주의를 앞세운다. 이러한 접근방식의 의도는, 비록 그 자신도 이것이 범신론의 혐의를 받기 쉽다는 것을 인정하지만, 창조세계를 관리와 지배의 대상이 아니라 신성한 숲이나 살아있는 성례living sacrament로 다시 보게 하려는 것이다. 월러스는 환경 윤리를 위해 청지기직stewardship보다

---

62. 위의 책, 138쪽.

는 오히려 '우정friendship'이라는 이상을 제안한다.[63] 삼위일체와 우주 안에서 성령님이 맺으시는 관계에 관해 말할 때, 윌러스는 성령님의 정체성을 하나님의 생명과 우주의 생명 안에 있는 '빈쿨룸 카리타티스vinculum caritatis'—사랑의 끈—로 설명한다. 창조세계와 관련해서 성령님께서 일하시는 사역은 창조세계를 살아 있도록 유지하시는 것—콘티누아타 크레아티오continuata creatio—이다. 이것은 인간의 변화에서뿐만 아니라 삼위일체적인 생명에서 연합과 친밀함, 상호성의 촉진자로서 행하시는 성령님의 역할에 해당한다. 윌러스는 성령님께서 행하시는 연합의 촉진을 인간과 비인간적인 질서들 사이에 있는 인공적인 경계들을 제거하는, 그 결과 다행스럽게 모든 생명체들에 대해 동정심을 갖게 하는 힘으로 간주한다.

"퇴비의 종교Composting Religion"라는 제목을 달고 있는 부분에서, 윌러스는 성령님의 이중적인 정체성, 곧 인격적인 행위자시자 무생물적인 힘 inanimate force으로서의 정체성에 관한 감수성을 일깨우는 것이 인간과 비인간적인 피조물의 공통된 운명에 어떤 지침으로서 역할을 할 수 있다고 제안한다. 이러한 이중의 정체성은 창조세계—성령님께서 내주하시는—의 모든 측면이 인격적이면서 비인격적인 용어들로 이해되어야만 한다는 것을 암시한다. 비인간적인 질서의 '인격성personhood'은 생물 공동체에서 인간과 다른 형태의 생명들의 '동반자 관계partnership'를 위해 중요한 함의가 있다.[64]

윌러스는 성령님과 창조세계의 친밀함을 보다 깊고 자세하게 설명하기 위해 존 뮤어John Muir의 책에 의지한다. 윌러스는 뮤어가 자연계의 질서 곳곳에서 신적인 현존의 짧은 경험들을 감지하는 '광야'의 성령론을 옹호하는 것

---

63. 위의 책, 144쪽. 윌러스는 사람들이 그의 생명친화적인(biophilic) '기독교적 이교주의'를 불편해 할 수 있음을 인정하지만, 현재의 위기는 그와 같은 급진적인 접근을 요구한다고 주장한다.

64. 위의 책, 154쪽.

에 주목하면서, "온 마음을 다해 지구를 사랑하는 결과를 낳게 하는 인류와 다른 종 사이에 있는" 차이들의 상실에 관해 주장한다.[65] 이런 종류의 생명친화는 오늘의 시대를 위한 생명중심적인 성령론을 발전시키려는 월러스의 시도에서 전형적인 것이다. 성경에서 월러스는 욥에 대한 하나님의 반응—신의 질문은 욥에게 인간이 창조세계의 중심이 아니라는 것과 욥은 창조 질서 사이에 스스로를 다시 위치시켜야만 한다는 것을 드러낸다—에서 생명중심적인 관점을 발견하며, 또한 창세기 1장을 "야휘스트Yahwisht 편집자들의 구속사적인 설명을 앞에서 감싸고 있는, 모든 생명체들을 하나의 우주적이고 생명중심적인 조화 속으로 정돈하는 비인간중심적인 명령"으로 바라본다.[66] 그는 창세기 2장의 이야기를 식물과 동물의 상호 연관된 생물학적인 그물망 안에 인류를 매다는 것으로 해석한다. 이런 모든 것들에서 성령님께서는 동일한 방식으로 모든 생명체들에 생기를 불어넣으신다. 인간은 다른 종들 위에 군림하는 특권을 가지고 있지 않다.

월러스는 인간은 스스로를 다른 생명체들에게 간섭하지 않는 윤리를 실천해야 하는 순례자들로 생각해야 한다고 제안함으로써 인간-창조물의 관계에 관한 청지기직 모델을 넘어서려고 시도한다.[67] 그의 생태론적인 성령론—성령을 인간과 비인간적 생명 사이의 경계들을 넘나드는 길들지 않은wild 생명체로 인식하는 성령론—은 "자연에 도취된 새로운 영성, 곧 인류를 그것의 위계적인 토대에서 내리고, 모든 존재에게 생명을 주시는 성령님에 의해 생기를 얻은 위대한 어머니인 지구 안에 다시 심는 영성에 관한 약속을 구체화

---

65. 위의 책, 156쪽.
66. 위의 책, 161쪽.
67. 위의 책, 167쪽. 이것이 월러스가 몰트만과 확연하게 다른 지점이다. 그는 몰트만의 접근방식을 칭송하지만, 인류를 나머지 창조세계 위에 위치시킴으로써 여전히 차이를 만들고 있다고 안타까워한다.

한다."[68] 결국 윌러스는 지구의 치유와 소생을 이끌게 될 일종의 생태-연대를 고취하고자 한 것이다.[69]

윌러스의 저술은 확실히 여기서 제시한 저자들 중에서도 가장 급진적이다. 혹자는 그의 염려가 타당하지 않다고 말할 수도 있다. 그러한 의문은 생명친화적이고 청지기직에 저항하는 접근이 필수적인지의 여부와 관련이 있다. 몰트만처럼 윌러스도 범재신론 관점을 분명하게 표현하지만, 그는 창조세계에 대한 훨씬 더 큰 경의를 요구한다. 윌러스의 저술은 세 가지 질문으로 인도하는데, 어떤 것들은 다른 사람들이 제기한 것들과 비슷하다. 위협받고 있는 세상에 다가가는 가장 현명한 방식은 무엇인가? 창조세계에 성령님께서 현존하시는 것이 세상의 '발전'을 얼마만큼이나 억제하는가? 창조세계를 계발하는 가장 최선의 방법은 무엇인가?[70]

7) 또 다른 우주적 성령론이 필요하다?

이상의 연구에서 볼 수 있듯이, 현대의 우주적 성령론에는 다양한 방법들과 강조들이 있다. 퍼거슨, 건톤, 그리고 핀녹 등이 보다 전통적이고 교리적인 관점을 강조하는 데 반해, 뮐러-파렌홀츠, 몰트만, 그리고 윌러스 등은 창조세계에 성령님께서 편재하시는 결과로서 하나님-세상의 관계를 범신론적이고 범재신론적인 관점들에 의지해 설명한다. 그들은 성경적인 것에서 기독론적인 것과 생태론적인 것까지에 이르는 다양한 방법들에, 그리고 여섯

---

68. 위의 책, 167-168쪽. 윌러스는 그의 접근방식이 전통적인 가정과 정체성을 위협한다는 것을 알고 있었지만, 생태-위기로 말미암아 그의 접근방식을 몰아붙이고 있다.

69. 위의 책, 168-170쪽.

70. 윌러스는 곧 출간될 그의 책, *Earth God: A Neopagan Christian Spirituality*(『지구 신: 신 이교의 기독교 영성』)에서 이 질문들을 포함해 여러 가지 질문들에 답하는 중에 있다. 이 책에서 윌러스는 지구-중심적인 종교로서 기독교의 개념들을 탐구하면서 그의 우주적 성령론을 더 깊이 발전시킬 것이다.

명의 저자들 모두가 중요한 질문들로 제기하는 주제들과 자료들에, 충실할 것을 강조한다.

이러한 범위의 공헌들을 생각할 때, 그렇다면 지금 이 책은 그것들과 다른 것인지 질문할 수 있다. 그에 대한 대답은 이러한 공헌들이 우주적인 성령론에 대한 그들의 개념 때문이든지 아니면 그 교리에서 야기되는 함의들에 대해 그들이 택한 범위와 접근 때문이든지 간에 몇 가지 측면에서 부적당하다는 것이다. 예를 들어, 핀녹을 제외한 다른 저자들은 자연을 생물물리학적 우주로 이해하면서 다루기는 하지만, 정작—특히 윌러스와 몰트만이—성령님의 역할을 창조세계와 역사를 포함하는 것으로서 언급하지는 않는다. 더욱이 보다 진보적인 성령론은 이 책에 담긴 카이퍼식의 우주적 성령론이나 공공신학과 대조되는 정치적인—가령 생명친화적이고 생태중심적인—의제들을 고취시키는데 반해, 보다 정통주의적인 성령론이 공공부문에 대하여 함의하는 바에 관한 성찰은 부족하다.

그러나 이 저자들은 성령론의 교리가 지닌 이러한 측면을 보다 깊이 발전시키기 위해 아주 흥미로운 질문들을 제기했는데, 특히 두 가지 측면에서 그렇다. 첫째는 창조세계에서의 성령님의 역할을 표현하기 위해 사용된 언어와 범주들에 관한 질문이다. 창조 질서에서 성령님의 비구속적인 사역을 어떻게 설명할 수 있을까? 범신론적이거나 범재신론적이지 않으면서도 최소한 적절한 정도로—비록 확고하진 않더라도—세상을 경의의 자세로 대하게 하는 방법이 있을까? 독특하면서도 고유한 삼위일체론적인 방법으로 성령님의 사역에 관해 어떻게 말할 수 있을까? 이것에서 질문의 두 번째 영역이 비롯된다. 성령님의 우주적 사역을 설명하기 위해서 선택된 언어와 범주들로부터 공공의 참여에 접근하는 어떠한 방법이 생겨날 수 있는가? 그 결과로 어떤 종류의 공공신학이 나타날 것인가? 이러한 관심들이 이 책의 결론 부분인

제4장에서 다루어질 것이다.

공공신학

공공신학은 이 책의 실 짜기에 필요한 두 번째 가닥인데, 이에 관한 두 가지 접근방식이 이 책의 목적들에 적합하다. 한 가지 접근방식은 변증적인 apologetic 것인데, 이는 맥스 스택하우스Max Stackhouse가 대표한다.[71] 두 번째 접근방식은 고백적인confessional 것으로, 이는 로날드 씨먼Ronald Thiemann에 의해 대표된다.[72]

1) 맥스 스택하우스

스택하우스는 공공신학을 다음과 같이 정의한다.

첫째, …… 우리는 기독교인으로서 구원이 소수를 위한 것도, 특권적인

---

71. 변증적으로 접근하는 다른 저자들이 있지만, 그들은 여러 가지 문제들에서 다르다. 이에 대해서는 David Tracy, *The Analogical Imagination: Christian Theology and the Culture of Pluralism* (New York: Crossroad, 1981), Robert Benne, *The Paradoxical Vision: A Public Theology for the Twenty-first Century* (Minneapolis: Fortress, 1995), 그리고 Glenn Tinder, *The Political Meaning of Christianity: An Interpretation* (Baton Rouge: Louisiana State University Press, 1989)를 보라.

72. 다른 고백적인 신학자들의 대부분은 대략적으로 '후기자유주의자들'로 규정될 수 있다. 이에 대해서는 William Placher, *Unapologetic Theology: A Christian Voice in a Pluralistic Conversation* (Louisville: Westminster John Knox, 1989), George Lindbeck, *The Nature of Doctrine: Religion and Theology in a Postliberal Age* (Philadelphia: Westminster, 1984), Stanley Hauerwas, *The Peaceable Kingdom: A Primer in Christian Ethics* (Notre Dame: University of Notre Dame Press, 1983), 그리고 John Howard Yoder, *For the Nations: Essay Public and Political* (Grand Rapids: Eerdmans, 1997)를 보라. 씨먼의 작업은 공공신학에 이렇게 접근하는 방식을 훨씬 더 적절하게 제시한다. 그는 몇 가지 방식에서 다른 학자들, 특히 하우어워스나 린드벡과 다르다. 그러나 그들 모두는 특정한 핵심적인 유사점들을 공유한다.

것도, 비이성적인 것도, 접근하기 어려운 것도 아니기 때문에 세상에 그것을 제공해야만 한다고 믿는다. 우리가 믿기에 그것은 모든 사람에게 이해될 수 있는 것인 동시에 또한 필요한 것이며, 힌두교인, 불교인, 유대교인, 이슬람교인, 마르크스주의자 등과 함께 이성적으로 토론할 수 있는 것이다. 둘째, 그런 신학은 공공의 삶의 구조와 정책들에 어떤 지침을 제공한다. 그것은 본질적으로 윤리적이다. 우리가 주장하는 진리는 실행 가능한 정의의 요소를 암시해야만 하며, 또한 이를 기준으로 진리의 적합성이 실험될 수 있어야만 한다.[73]

스택하우스는 현대 사회의 위기에 주목하는데, 그 위기는 부분적으로—전부는 아니라 하더라도—가족에서부터 교회나 회사 그리고 경제적 삶에 이르기까지 공공의 삶의 구조에 종교가 영향력을 크게 미치는 것에 대해 사회가 기억상실에 걸렸기 때문이다. 그는 우리가 사회 구조들에 지침을 제공하는 형이상학적-도덕적 전망을 회복하고, 그래서 시민 사회를 구성하는 다양한 분야들에 의미와 가치를 제공할 필요가 있다고 제안한다. 스택하우스는 이런 종류의 신학은 단지 고백적일 뿐만 아니라 "삶을 향상시키는 신앙을 발견하기 위해서 철학과 과학, 윤리, 사회적 삶의 분석을 차용한다."[74]라고 주장한다. 몇몇 군데에서 스택하우스는 종교적 통찰, 철학적 지혜 그리고 사회적 분석들 사이의 상호작용이 공공신학을 발전시키는 핵심 요소라고 주장한다.[75]

---

73. Max L. Stackhouse, *Public Theology and Political Economy: Christian Stewardship in Modern Society* (Grand Rapids: Eerdmans, 1987), p. xi.
74. Max L. Stackhouse, "Public Theology and Ethical Judgment", *Theology Today* 54 (July 1997), p. 168.
75. 예를 들어, 위의 책과 Max L. Stackhouse, Peter L. Berger, Dennis P. McCann, and M. Douglas Meeks, *Christian Social Ethics in a Global Era*, Abingdon Press Studies in Christian Ethics and Economic Life

아홉 개의 중요한 주제들이 공공신학에 접근하는 스택하우스의 방식에서 핵심이 된다. 첫 번째가 창조세계creation다. 우리는 하나님께서 창조하신 실재reality는 우리 자신—우리가 책임질 수 있는, 또한 우리의 삶의 구조를 함께 만드는 방법에 관해 최종적인 기준이 되는—을 초월한 실재reality를 가리키는 것으로 인식해야만 한다. 두 번째는 해방liberation이다. 이것은 오직 역사를 다스리시는 하나님께 대한 반응이며 궁극적으로 압제의 패턴들을 바로잡게 될 사회적인 변화와 관련된다. 소명vocation이 세 번째다. 우리는 우리의 삶의 주요한 목적들에 관해 개인적으로 성찰할 뿐만 아니라 어떻게 하나의 공동체와 하나의 사회로서 우리의 삶이 함께 질서를 이루어 가야 하는지 검토해야만 한다. 하나님께 순종하는 것과 공통의 삶의 각 분야에 적합한 특유의 가치들과 목적들을 정의하고, 순종하고, 향상시키는 것이 의미하는 바가 무엇일까?

언약covenant이 네 번째 주제다. 이것은 우리에게 주어진 소명들에 대해 어떻게 책임 있게 살아갈 수 있는지에 초점을 맞춘다. 따라서 그것은 사회적인 관계들에서 책임으로 이어지며, 우리가 함께 따라야만 하는 삶의 조건들과 제한들을 하나님께서 설정하신다는 것을 수용하도록 한다. 그것은 소명과 관련해 공동체가 명령하는 측면이라고 할 수 있다. 다섯 번째 주제는 도덕법moral law인데, 이는 "옳고 그른 것이 있는가?"라는 질문에 답하고자 하는 것이며, 하나님께 근거를 둔 보편적으로 타당한 도덕법들이 있음을 확신하는 것이다. 이러한 법들을 분별하고자 할 때, 긍정적인 것들보다 부정적인 것들—살인, 강간, 도둑질하지 말라 등—을 찾는 것이 더 쉽다.

죄sin가 여섯 번째 주제다. 이것은 우리 자신, 우리의 이웃, 우리의 세상,

---

1 (Nashville: Abingdon, 1995)를 보라.

그리고 하나님을 배반하려는 경향이 있는 우리 인간에 관한 성찰 또는 인식과 관련된다. 또한 이것은 모든 사회역사적인 상황에서 왜곡과 깨짐, 부패, 실패에 관해 고찰하는 것과 관련된다. 일곱 번째 주제는 자유freedom다. 이 주제는 그와 같은 죄의 왜곡이 어떻게 주권자이신 하나님 아래에서 가능한지에 관한 질문을 다루며, 또한 인간성의 이중 능력, 곧 진실로 인간적이면서 동시에 진실로 음란하고 반역적일 수 있는 능력을 다룬다. 여덟 번째 주제는 교회론ecclesiology이다. 이것은 종교에 관한 자유로운 활동과 비판, 그리고 다른 종교 집단들에게 죄와 구원에 관한 그들의 관점을 사적이거나 공적인 일들에서 사람들에게 전파할 수 있는 권리가 있음을 인식하는 것에 초점을 맞춘다. 이 주제는 '자유-교회free-church'의 전통에 근거하며, 종교 기관들에게 특정한 집단의 충성심을 넘어 우리의 삶에 목적과 체계를 제공하는 형이상학적 도덕적 의미들을 제시하고 분명하게 해 주도록 장려한다. 여기에는 설득에 대한 신뢰, 특정한 고백적인 입장의 장점들에 관해 다른 사람들을 설득할 수 있는 능력이 암시되어 있다.

마지막 주제는 삼위일체Trinity다. 삼위일체에 관한 정통 교리는 실재를 일관성 있고 통합된 다양성diversity의 측면에서 구상한다. 그것은 하나의 보다 크고 최종적인 일치 아래에서만 다원성pluralism을 지지한다.[76] 또한 이 교리는 그리스도의 성육신 안에서 이차적인 다원성을 인식한다. 이런 삼위일체의 주제는 초월성과 인간성 모두에 관해 급진적인 인식을 지향하는데, 곧 둘 다 사실이지만 어느 쪽도 다른 쪽을 축소하지 않는다고 보는 것이다.[77]

---

76. 이 주제에 관한 분명한 한 가지 예에 대해서는 Max L. Stackhouse, "The Trinity as Public Theology: Its Truth and Justice for Free-Church, Noncredal Communities", in *Faith to Creed*, ed. S. Mark Heim (Grand Rapids: Eerdmans, 1991)를 보라.

77. 모든 주제는 Stackhouse, *Public Theology and Political Economy*, pp. 18-34에서 취한 것이다.

스택하우스는 이러한 아홉 개의 주제들을 이용해 공공의 상황에서 하나님의 정의justice를 명확하게 밝히며 전달할 뿐 아니라, 현대인들이 관심을 갖는 사건들과 쟁점들에 관해 사고하기 위한 구성요소들을 드러낸다. 그는 이러한 주제들을 현대적으로 적용함으로써 오늘날과 같은 후기산업사회와 세계화 시대에서 공공신학을 구축하는 데 어떤 실마리를 제공할 수 있기를 희망한다.

스택하우스는 신학적 입장의 타당성을 찾기 위해서 어떤 근거들을 이용하는가? 그는 성경Scripture, 전통tradition, 이성reason 그리고 경험experience이라는 웨슬리 사변형Wesleyan quadrilateral을 이용할 것을 제안한다. 스택하우스는 이러한 네 가지 '권위의 기준'을 사용하지만, 초교파적인 관점에서 그것들을 재구성하기도 한다. 그는 다른 전통의 종교들에도 경전들scriptures이 있음을 인정하지만, 그의 관심은 주로 성경에 있다. 왜냐하면 그는 성경에서야말로 이성과 경험의 깊이가 가장 잘 양립할 수 있음을—예를 들어, 비록 불교의 경전은 이성에 관해 많은 것을 제공하고, 힌두교의 경전은 경험에 관해 많은 것을 드러내 준다—발견하기 때문이다. 그는 성경을 거룩한 영감이 발견될 수 있는 책으로 이해한다. 또한 성경에 비판적으로 접근하고 그럼으로써 성경에서 영원토록 참되고 정의로운 원리들, 더 많은 발전이 필요한 원리들, 그리고 우리의 상황에서 불안감을 줄이고 희망과 화해, 용서, 평화, 정의를 위해 기능하게 될 원리들을 찾기 위해 힘쓸 것을 독려한다. 성경은 '오늘을 위한 말씀'으로서 적절한 것이 무엇인지에 관한 현대의 요청들을 시험하는 기준선의 역할을 한다.

전통Tradition은 성경이 해석되고 적용되면서 만들어지고 수정된 오류들을 드러내 준다. 또한 그것은 성경과 복잡한 문명과의 연속적인 만남 사이에서 일어나는 역동적인 이야기로 보아야 한다.[78] 전통은 시간이 지나면서—진행되고 누적되면서—수정될 수 있지만 무시되어서는 안 된다. 여기서 스택하우스는 전통의 보편성에 감사한다.

이성Reason은 신학적인 진술을 이해할 수 있게 하는 것이다. 그것은 창조세계와 역사, 그리고 구속에 관한 심원한 논리logos다. 그것은 성공적인 소통을 위한 도구며, 성경과 전통에 대한 무지가 널리 퍼져 있는 세속 사회에서 공공 담론의 중요한 기준이 된다. 이성은 공공신학의 원리들이 왜 형이상학적-도덕적 의미에서만이 아니라 경제와 정치, 사회의 영역에서도 의미가 있는지를 증명하는 역할을 한다.

경험Experience은 삶의 감성과 실천에 존재하는 지혜를 인식하는 하나의 기준이다. 이와 관련해서 스택하우스의 핵심은 "공공신학은 인간의 가장 깊은 곳에 있는 감정적인 구조뿐만 아니라 사람들로 하여금 일상생활을 견딜 수 있게 해 주는 심오한 관습을 위반할 수 없다."라는 것이다.[79] 공공신학이 할 수 있는 것은 공통적으로 중요한 감정과 관습의 그런 차원을 식별하는 것을 돕는 것이다. 더욱이 스택하우스는 긍휼과 사랑으로 표현되는 공공신학을 구상한다. 그것은 사람들을 소외시키지 않는 방식으로 제시되어야만 한다. 이것은 성령님의 구체적인 현현이다. 경험은 그런 소외를 피하기 위한 핵심 기준이다.[80] 스택하우스는 자신의 핵심 주제들을 사용해서 공공신학을 구축하고 그 경계를 웨슬리 사변형으로 설정할 수 있을 것이라고 믿는다.[81]

---

78. 여기서 스택하우스는 Paul Tillich, *Systematic Theology* (Chicago: University of Chicago Press, 1963)과 James Luther Adams, *On Being Human Religiously: Selected Essays in Religion and Society*, ed. Max L. Stackhouse (Boston: Beacon, 1976)에서 발전된 것처럼, 성령님의 역동성에 관심이 있음을 명백히 한다.

79. Stackhouse, *Public Theological and Political Economy*, p. 14.

80. 위의 책, 4-15쪽에서 요약함.

81. 공공신학에 대해 스택하우스가 접근하는 방식과 관련해 보다 특별한 예들을 살펴보려면, *Christian*

2) 로널드 씨먼

Constructing a Public Theology: The Church in a Pluralistic Culture

『공공신학 구축하기: 다원주의 문화에서의 교회』라는 책에서 로널드 씨먼은 공공신학을 "기독교 신념과 기독교 공동체가 살아가는 보다 넓은 사회적이고 문화적인 상황 사이의 관계를 이해하고자 애쓰는 신앙"으로 정의한다.[82] 씨먼은 클리포드 기어츠Clifford Geertz의 책[83]을 의지해서 기독교 공동체와 현대의 상황에 관해 '두꺼운 기술thick description'을 시도한다. 그는 이렇게 기술하는 접근방식을 통해, 성경의 이야기들로 형성되며 기독교 공동체의 실천과 제도적 삶에 근거하는 하나의 신학이, 신앙의 사람들에게 다원주의 문화에서 공공의 목소리를 지배할 수 있게 하는 자원을 어떻게 제공할 수 있는지를 보여 주고자 한다. 핵심 과제는 기독교 신앙의 특수성에 기초하면서도 공공의 중요한 쟁점들을 성실하게 다루는 공공신학을 발전시키는 것이다. 이러한 기술적인 접근방식이 목표하는 바는 현대의 공공의 삶을 특징짓는 실천들과 기독교 신념이 교차하는 특수한 위치들을 식별하는 것이다. 이것은 미리 알 수 있는 것은 아니다. 그보다 공공 정책의 쟁점들에 기독교 신념이 적실한가 하는 것은 신앙 안에서 공공의 삶의 세력들과 실제로 교전할 위험을 무릅쓰는 엄격한 연구 과정을 거쳐 찾아야만 한다.

그러한 위험 요소에서 씨먼이 말한 것은, 그의 출발점이 합리적인 설명이나 형이상학적인 논쟁이 아니라 신앙 공동체라는 것만 제외한다면, 데이비

---

*Social Ethics in a Global Era*와 Max L. Stackhouse, *Covenant and Commitments: Faith, Family, and Economic Life* (Louisville: Westminster John Knox, 1997)를 보라.

82. Ronald Thiemann, *Constructing a Public Theology: The Church in a Pluralistic Culture* (Louisvelle: Westminster John Knox, 1991), p. 21.

83. Clifford Geertz, "Thick Description: Toward an Interpretive Theory of Culture," in *The Interpretation of Cultures: Selected Essays* (New York: Basic Books, 1973), p. 10을 보라.

드 트레이시David Tracy와 비슷하게 들린다. 그럼에도 불구하고 그는 신앙은 재형성되어야 하며 또한 어떤 신념들은 오랜 기간의 비판적인 연구와 공공의 삶에 참여하는 것을 거쳐 폐기되어야 한다고 말한다.[84] 위에서 암시된 대로 씨먼의 신학은, 그가 일반적인 설명 체계를 피하고 신앙 공동체에게 특수한 기독교 신념의 정당성을 제공하려고 한다는 점에서, 분명하게 비토대주의적nonfoundational이다. 그것은 기독교 신앙이 지닌 내적인 논리를 다시 기술하려는 시도다.

기독교의 정체성을 형성하는 것이 씨먼의 접근방식에서 또 다른 초점이 된다. 그는 만일 교회가 제자들을 형성—성향과 능력, 기술을 가르침으로써—하는 것이어야 한다면, 교회는 제자도와 자유민주주의의 시민권 사이의 관계와 같은 문제들에 관해 신학적인 지침을 제공함으로써 삶의 공공의 차원에 참여해야만 한다고 말한다. 이를 위한 한 가지 방법은 교회가 공공의 삶에 필요한 특성을 형성하게끔 하는 '공공의 덕목을 위한 학교'가 되는 것이다. 나아가 신학자들은 기독교인들이 제자도의 소명을 수행하는 복잡한 관계망을 신중하고 세밀하게 분석하는 일에 참여해야만 한다.[85]

씨먼의 접근방식에는 일곱 가지의 핵심적인 특징이 있다. 첫째, 그는 도덕적이고 문화적인 다원주의를 인정할 것을 요청한다. 그는 더 이상 하나의 공통되는 도덕성이나 문화는 없음을 인정하고, 도덕적 상대주의와 문화종교적 제국주의 사이에서 길을 찾는다. 그는 긍정적인 종교 다원주의의 실천을 격려한다. 둘째, 그는 공공의 삶에서 종교의 역할을 재확인한다. 그는 공공의 삶에 종교가 관여하지 않아야 한다는 개념이 틀렸다는 것과 신념과 가치, 신

---

84. Thiemann, *Constructing a Public Theology*, pp. 22-23.
85. 위의 책, 126-128쪽.

앙에 관한 질문들이 공공의 담화에서 한 부분을 차지해야 한다는 것을 밝히려고 애쓴다.

종교의 뿌리를 회복하는 것이 세 번째 특징이다. 고백적인 공공신학은 문화에 대한 자유주의의 수용을 전환시키고자 한다. 넷째는 종교-공공의 삶의 관계에 대한 단일한 해결책은 없다는 것이다. 씨먼은 선지자적인 시야와 정책에 관한 신중한 분석을 결합할 수 있는 개인들을 개발하는 것과 더불어, 정책을 개발하는 것에 관해서도 새로운 모델들이 필요하다는 것을 인지한다. 이것은 공공의 지도자들과 교회의 지도자들을 위한 윤리적이고 신학적인 훈련을 제공하는 새로운 교육적인 틀을 요청한다. 씨먼은 교회가 이러한 점에서 해야 할 중요한 역할이 있다고 믿는다. 다섯 번째 특징은 종교적 신념과 신학적 분석이 공공의 삶과 정책의 구조에 영향을 미치도록 하려는 열정이다. 씨먼은 새로운 기독교 왕국을 구축하거나 상냥한 도덕적 상대주의로 빠지지 않으면서 공공 정책의 개발에 영향을 미치는 도전을 추구한다.[86]

여섯 번째 특징은 성경의 이야기들이 삶의 길을 입증해 준다는 인식이다. 씨먼의 관점에서 베다니에 있는 무명의 여인과 같은 이야기들은 십자가의 길이라는 제자도의 양식을 일관성 있게 드러낸다.[87] 일곱 번째이자 마지막 특징은 예배가 공공의 책임성을 형성하는 것을 돕는다는 믿음이다. 공공신학은 예배와 교육 사이의 연결을 재발견하는 것과 교회가 다원적인 사회에서 살아가는 삶에 접근하는 방식을 모형으로 만들 수 있다—고린도전서 12장에서 그리스도의 몸 안에 있는 다양성이라고 부르는 것으로부터—고 인식하는 것을 수반한다. 또한 교회가 감당해야 할 가장 중요한 봉사는 희망의 공

---

86. 첫째에서 다섯째까지의 특징들에 관해서는 위의 책, 38-43쪽을 요약한 것이다.
87. 위의 책, 63-71쪽.

동체가 되는 것임을 기억하는 것 역시 필수적이다.[88]

예일Yale의 후기 자유주의자들에 익숙한 사람들은 아마도 씨먼의 접근방식이, 조지 린드벡George Lindbeck의 범주를 차용한 '문화 언어학적cultural linguistic'인 것이라고 생각할지도 모른다. 이것은 씨먼이 그의 '두꺼운 기술'을 제시하기 위해 사용하는 인류학적이고 공동체 특화적인community-specific 접근방식이다. 그와 그의 동료 후기 자유주의자들은 다원적인 상황에서 교회의 정체성을 유지하는 동시에 명백하게 고백주의적인 태도로 논의하고자 하는 공공신학을 설명하려고 시도한다.[89]

스택하우스와 씨먼은, 비록 그들이 순수하게 고백적인 태도가 지닌 공공의 가치와 관련해서는 근본적으로 다르지만, 둘 다 신학이 미치는 공적인 영향을 찾고자 열망한다. 공공신학에 대한 이런 두 가지 접근방식은 모두 역사의 흐름에 따라 그것을 형성하고자 한다. 그러나 이 책이 설명하고자 하는 성령론적으로 파생된 접근방식을 보다 잘 구현하는 것에 관해서는 아직 질문들이 남아 있다. 아브라함 카이퍼의 접근방식은 어디에 적합한가? 공공의 참여에 대한 그의 접근방식은 우선적으로 변증적이었는가, 혹은 그의 신학적인 근거는 독특한 기독교적 정체성과 믿음, 실천을 유지하는 데 필요했는가? 공공의 영역에서 기독교인들과 다른 사람들 사이에 담론을 만들고 상호작용할 수 있는 어떤 공통 영역이 있는가? 이제 드디어 카이퍼를 소개할 차례다.

---

88. 위의 책, 112-125쪽.
89. 공공신학에 대한 씨먼의 접근방식의 한 가지 특수한 예는 그의 책, *Religion in Public Life: A Dilemma for Democracy* (Washington, D.C.: Georgetown University Press, 1996)이다.

공공신학자 아브라함 카이퍼

실 짜기의 마지막 가닥은 아브라함 카이퍼Abraham Kuyper라는 사람과 그의 저작이다. 카이퍼는 다양한 신분—예를 들어 정치가, 기자, 목사, 교수—으로 불리지만, '공공신학자'라는 호칭이 그의 다양한 역할들을 모두 포함한다고 볼 수 있다. 1837년에 마아스슬라위스Maassluis에서 태어난 그는 네덜란드 개혁교회Nederlandse Hervormde Kerk의 목사였던 얀 프레데릭 카이퍼Jan Frederik Kuyper의 아들로, 대가족 가운데서 자랐다. 그는 1849년에서 1855년까지 레이덴에 있는 고등학교gymnasium에 다녔고, 문학과 신학을 공부하기 위해 레이덴 대학교에 등록했다. 카이퍼는 정통주의적인 가정에서 자랐음에도 불구하고 그 시대의 정신에 영향을 받았고, 그래서 전통적인 기독교 교리들을 지식인들에게 매력을 끌 수 있는 방법으로 다시 진술했던 현대적 신학자들의 관점을 채택했다. 레이덴에서 카이퍼에게 주로 영향을 주었던 사람은 아주 매혹적인 성격을 지닌 '네덜란드 모더니즘의 대부'[90]인 스홀턴J. H. Scholten이었다. 이후 스홀턴의 영향력은 카이퍼의 사상에서 중요한 요소로 남게 된다.

1860년에 카이퍼는 흐로닝언Groningen 대학교가 후원하는 대회에 참여하기 위해서 칼뱅과 폴란드 개혁자인 존 아 라스코John a Lasco를 비교하는 논문—라틴어로 되어 있다—을 끝냈다. 그의 논문은 최고의 영예를 수상했고, 그는 박사학위 논문으로 그것을 다시 썼다. 상을 받기는 했지만 불행하게도 그는 이를 위해서 완전히 소진될 정도로 일했다. 그래서 1861년에는 대부분의 시간을 앉아서 책을 읽는 것 외에는 아무것도 할 수 없었다. 몸을 회복하는

---

90. Louis Praamsma, *Let Christ Be King: Reflections on the Life and Times of Abraham Kuyper* (Jordan Station, Ont.: Paideia, 1985), p. 36.

동안 그는 약혼녀인 요안나 헨드리카 샤이Johanna Hendrika Schaay가 보내 준 샬롯 용Charlotte Yonge의 *Heir of Redclyffe*『레드클리프의 상속인』을 읽었다. 두 젊은 남자들—한 명은 거만한 필립Philip이고, 다른 한 명은 겸손한 가이Guy—의 삶을 대조한 이 책을 읽으면서 카이퍼는 그 절정—거만한 필립이 겸손해지고, 죽어가는 가이가 높아지는 것—에 이르러 자신의 삶에 문제가 있음을 발견했다. 변화된 삶이 필요함을 철저하게 인식하게 된 카이퍼는 조지 푸칭거George Puchinger가 '윤리적' 회심[91]이라고 부른 것을 경험했다. 요안나에게 보낸 편지에서 카이퍼는 이렇게 기술했다.

> 나는 모든 것에서 옳지 않았습니다. 나는 자기만족에 너무 빠져 있었고, 너무 자랑삼아 과시했고, 너무 이기적이었고, 고귀함이 너무 부족했고, 하나님의 자녀로 너무 어렸습니다. 수년 동안 나는 자신을 속이며 스스로에게 잘했다고 말했습니다. 내 양심과 순진하게 잠들어 있는 내 영혼은 큰 충격을 받았습니다. 나는 더 이상 죄가 무엇인지 알지 못했고, 나는 결코 후회하지 않았으며 …… 나는 더 이상 나를 통제할 수 없는데, 벌써 열두 시 반이 지났습니다—나는 내 서재에 혼자 있다가 위층으로 올라가 무릎을 꿇고 기도했습니다. 오랫동안 열정적으로. 나는 수년 동안 기도하지 않았었습니다 …… 내가 하나님을 찾았던 것일까요? 아닙니다. 내가 열심히 이야기하고 내 야망에 적합하고 나를 드러나게 하고 나를 여기까지 이끌고 온 것은 바로 미덕이요, 개념이며, 이상이었습니다. 그러나 나는 하나님을 알지 못했습니다. 왜냐하면 죄에 대한 고백

---

91. George Puchinger, *Abraham Kuyper: His Early Journey of Faith*, ed. George Harinck, trans. Simone Kennedy (Amsterdam: VU University Press, 1998), pp. 17-20.

과 상한 마음의 깊은 내면의 후회가 내게는 여전히 낯설기 때문입니다. 그것들은 내 마음에 거하지 않았습니다. 만일 내가 사랑하는 조[역주] Johanna의 애칭 당신 외에 다른 누군가에게 편지를 썼다면, 나는 내 몸부림의 고백이 과시하고 싶어 하는 내 마음의 또 다른 표현으로 해석될까 두려워서 내 편지를 찢어 버렸을 겁니다. 그러나 당신은 그렇게 생각하지 않을 것임을 나는 압니다.[92]

이러한 윤리적 회심은 카이퍼와 요안나, 그리고 하나님 사이의 개인적인 문제였다. 그래서 당시에는 다른 누군가와도 공유되지 않았다. 한 가지 중요하게 지적해야 할 것은 카이퍼가 그의 삶에 접근하는 방식에 변화가 필요함을 인식하기는 했지만, 아직 그의 신앙고백의 입장에는 변화가 없었다는 점이다. 그는 소진된 상태에서 완전히 회복되어 요안나와 결혼했고 베이스트 Beesd라는 시골 마을에 있는 교구를 맡게 되었다. 이 교구에서 봉사할 때, 비로소 카이퍼는 고백적인 회심을 경험했고 공공신학을 위한 필요도 인식하게 되었다.

베이스트에 있는 교구민들 사이에는 국가교회state church에서 현대 신학을 가르치는 것에 항의하면서 교회에 참여하는 것을 그만둔 비판자들 malcontents이 있었다. 그들은 교회에 참여하는 대신 소모임으로 함께 모였다. 카이퍼는 그들을 무시하라고 조언을 받았지만, 그는 용기를 내어 그들을 만나보기로 결심했다. 카이퍼는 비판자들에 관해 다음과 같이 표현했다.

나는 신도들 안에 소수의 비판자들이 있다고 들었습니다만, 이렇게 아

---

92. 위의 책, 18-19쪽.

는 체하는 사람들에 대한 소문은 이롭기보다는 해로운 경우가 더 많았습니다. 그들은 '모든 목사들을 계속해서 불쾌하게 만드는' 성미가 고약하고 자존심이 강한 괴짜들이었습니다. 게다가 그들 대부분은, 이전의 목사들이 그랬던 것처럼, 그들을 걱정하기보다 그들을 무시하는 것이 최선이라고 여겨질 만큼 사회적으로 신분이 낮은 사람들이었습니다. 그러나 나는 그렇게 하는 것이 불가능하다는 것을 발견했습니다.[93]

비판자들 또한 카이퍼를 부정적으로 바라보았다. 그들은 카이퍼를 교리적으로 미숙했던 국가교회의 대리인으로 생각했다. 그들이 보기에 카이퍼는 역사적인 개혁파 신앙을 거의 알지 못했다.

이러한 비판자 교구민들 중 한 사람인 피체 발투스Pietje Baltus는 카이퍼가 심방할 때, 처음에는 그와 악수하기를 거부했다. 그녀는 결국 그와 악수했지만, 이는 그녀가 카이퍼의 현대적 신학에 동의하지 않음을 명백히 보여 주는 것이었다. 카이퍼는 모욕을 느끼기보다는 발투스와 비판자들이 영적인 문제들과 성경에 관한 지식, 잘 정리된 세계관에 관심이 있다는 사실에 강한 흥미를 느꼈다. 카이퍼는 자신이 이러한 '단순한' 사람들이 아는 것만큼 정통 개혁파 신앙에 관해 거의 알지 못한다는 것을 알았다. 그가 그들에 대해 가장 흥미롭게 발견했던 것은 "여기에서 역사와 삶의 경험, 그것에 관한 관찰과 감정들을 가진, 그리고 그것들을 가졌을 뿐만 아니라 그것들을 알고 있는, 어떤 마음에 관해 이야기했습니다."라는 것이었다.[94]

처음의 심방 이후에 이러한 매력이 그를 사로잡았고, 그는 곧 정기적으로

---

93. Abraham Kuyper, "Confidentially," in *Abraham Kuyper: A Centennial Reader*, ed. James D. Bratt (Grand Rapids: Eerdmans, 1998), p. 55.
94. 위의 책, 55-56쪽.

그들을 만나기 시작했다. 원래 그의 의도는 이 사람들과 토론하는 것이었지만, 그는 곧 자신이 주로 듣는 입장에 있음을 발견하게 되었다. 그의 노력에도 불구하고 이 사람들은 그들의 입장에 관해 조금도 타협하지 않았다. 그래서 그는 '주권적인 은혜에 관한 원칙적인 인식'에 있어서 그들을 반대하든지 그들과 합세하든지 결정해야만 했다. 카이퍼는 그들을 반대하지 않고 그것에 관해 다음과 같은 식으로 썼다.

> 나는 그들을 반대하지 않았습니다. 그리고 그렇게 선택한 것에 대해 여전히 하나님께 감사합니다. 그들의 끈기 있는 인내심이 나의 마음에 축복이 되었고, 나의 삶에 새벽별morning star이 떠오르게 했습니다. 나는 유죄판결을 받았지만 아직 화해의 말씀을 발견하지는 못했었습니다. 그런데 그들이 그것을 내게 가져다주었습니다. 그들의 불완전한 언어로, 내 영혼에 안식을 줄 수 있는 유일하게 절대적인 형식으로, 그분의 선한 기쁨에 따라 뜻을 정하게도 하시고 일하게도 하심으로써 모든 일을 행하시는 하나님에 관한 예배와 경배로 말입니다![95]

푸칭거는 이러한 결정을 카이퍼의 두 번째 회심으로 보면서 "카이퍼의 결정적인 신앙고백의 변화는 학문적인 회심이 아니라 종교적인 것이었다는 것, 그리고 그것은 그에게 영적으로 길을 가르쳐 준 지극히 단순한 베이스트의 농부들 및 노동자들과의 대화를 통해 일어났다는 것을 인지하지 않고서는 어느 누구도 카이퍼를 제대로 이해할 수 없다."[96]라고 말했다.

---

95. 위의 책, 56쪽.
96. Puchinger, *Abraham Kuyper*, pp. 26-27.

공공신학으로의 전환은 언제 일어났을까? 많은 학자들은 그것이 카이퍼가 비판자들에게 완전하고도 체계적으로 반응했을 때 발전했을 것이라고 주장한다. 그는 그의 동료들과 함께하지 않기로 결심하고 이러한 형식의 경건주의 비밀집회에 온전히 참가하는 사람이 되었다.[97] 그들의 확고한 칼뱅주의는 카이퍼가 필요로 했던 영적인 해독제이자 연고제였지만,[98] 그는 그것보다 더 많은 것이 필요하다는 것을 느꼈다. 그는 말하기를, "당신은 그들이 내게 충분히 제공하지 않았다는 것을 알 것입니다. 우리 시대의 사고는 고마루스Gomarus의 사고와 다른데, 그들의 사유 세계는 그야말로 종교개혁 직후의 시대에 여전히 뿌리를 두고 있습니다."[99]라고 했다. 카이퍼는 이러한 정통주의는 현대의 언어로 다시 진술되고, 다시 구성되어야 한다고 인식했다. 더욱이 카이퍼는 칼뱅주의의 정통주의를 이러한 단순한 사람들—카이퍼는 애정을 담아 그런 사람들을 보통사람들kleine luyden이라고 언급했다—의 회합실에만 머물게 하는 것에 만족할 수가 없었다.[100] 그것은 공공의 삶에 영향을 미

---

97. 카이퍼가 비판자들을 경건주의자들로 언급한 것은 아니지만, 브랫은 그의 동료들을 비밀집회 경건주의라고 기술힌다. James D. Bratt, *Abraham Kuyper*, p. 9를 보라. 또한 비판사들은 그들 스스로를 경건수의자로 칭하지는 않았지만, 그럼에도 불구하고 그들의 신앙과 실천에 대한 기술은 '경건주의자'라는 칭호에 적합한 것으로 보인다. 비록 개혁파 신앙의 다양성 중 하나일지라도 말이다. 경건주의자의 특징들에 관한 기술과 경건주의의 폭넓음(예를 들어, 루터교와 개혁파)에 관한 논의를 위해서는 F. Ernest Stoeffler, "Pietism: Its Message, Early Manifestation, and Signification", *Covenant Quarterly* 32 (February/March 1976): pp. 4-24를 보라.

98. 브랫은 비판자들의 공헌을 카이퍼가 필요로 했던, 즉 그가 스홀턴에게서 들은 근대주의자(modernist)의 일관성에 합치하는, 신앙의 절대적인 확실성을 제공한 것이라고 기술한다. Bratt, *Abraham Kuyper*, p. 9를 보라.

99. Kuyper, "Confidentially," p. 56. 프란시쿠스 고마루스(Franciscus Gomarus)는 레이텐대학교에서 신학교수로 가르치며 야코부스 아르미니우스(Jacobus Arminius)와 그를 따르던 사람들에 대한 공격을 주도했고 그 결과 도르트 회의가 열렸다.

100. "마치 그 앞에 아무도 없는 것처럼 그는 단순한 사람들의 손을 잡았다. 그는 당시의 관행으로 학자들과 기자들, 다른 교양 있는 사람들 사이에서 널리 갈채를 받는 것처럼 거만하게 그들의 순진함과 무지를 드러내지 않았으며, 그들을 비꼬거나, 괴롭히거나, 반대하지 않았다. 대신에 그는 그들에게서 많은 약점들을 고

쳐야만 했다.[101] 푸칭거는 카이퍼의 사명감을 이렇게 기술한다.

카이퍼는 다시 태어났다. 그러나 그는 그의 종교를 다른 사람들에게 전하는 것을 자기 인생의 성취라고 생각하지 않았다. 그렇지 않았다면 그는, 모든 목사와 신부들에게서 기대할 수 있는 것처럼, 계속해서 목사의 일을 하며, 베이스트에 머물러 있는 것에 만족했을 것이다. 그러나 아니었다. 카이퍼는 기자로서, 정치적 선동가로서, 국회의원으로서, 교수로서, 사회적 로비스트로서, 그리고 수상으로서 다른 것을 표현하기를 원했다. 그는 중립국가에서조차 종교의 공공성을 고려해야 할 필요가 있다고 지적하고자 했다. 교육에서만이 아니라 보다 일반적으로 모든 종교가—가톨릭이든 개혁교회든, 정통이든 자유주의든, 인본주의든 비기독교인이든—표현되고 존중받을 수 있는 기회에서 말이다.[102]

베이스트에서 변화된 이후 카이퍼는 공공신학을 시작했다.[103] 비록 카이

치고 인내심을 가지고 그들을 가르쳤다. 그는 자신이 얼마나 많은 것을 성취했든지 간에 그를 변화시킨 이 사람들을 버리거나 포기할 수 없다는 것을 알았다 …… 일평생 그는 정통에 속한 사람들에게 신실했다. 그는 그들을 다시 교육했고, 그들을 교회와 국가, 사회의 공공의 삶에 참여하도록 그 낙후된 상태에서 끌어냈다."(Puchinger, *Abraham Kuyper*, pp. 28-29.)

101. 카이퍼의 공공신학의 초기를 바라보는 흥미로운 방법은 베이스트에서 실행되었던 것보다 그것을 '더 좋은 경건주의'라고 분류한 것에 관해 생각해 보는 것이다. 경건주의라는 용어가 카이퍼와 관련해 그다지 자주 사용되지는 않지만, '더 좋은' 또는 '변화된' 경건주의라는 문구가 보통사람들이 헌신하는 신앙을 재상황화 시킬 뿐만 아니라 공적으로 표명하고자 하는 카이퍼의 시도를 정확하게 표현하는 것이라고 제안하는 것은 충분히 타당할 수 있다.

102. Puchinger, *Abraham Kuyper*, pp. 27-28. 공공신학에 관한 카이퍼의 전망이 함축하고 있는 것은 단지 고백주의자만을 만족시키는 것이 아니다. 그에게서 다른 무엇보다 중요한 것은 종교적 헌신이 소수의 고백주의자 무리 밖으로, 그리고 공공의 삶 안으로 이동하는 것이다.

103. 야스퍼 브리(Jasper Vree)는 카이퍼가 공공신학으로 '전환'한 것을 다르게 본 학자다. 그는 교회와 국가, 가족과 같은 문제들에 대한 카이퍼의 관심을 카이퍼가 베이스트에서 전했던 몇 편의 초기 설교에서 볼 수 있다고 주장한다. 또한 그는 공공신학에 관한 카이퍼의 관심을 정교하게 만든 핵심 열쇠는 개혁교회에서 알

퍼가 고백주의 신학에서 그의 멘토인 스홀턴을 넘어서긴 했지만, 방법적인 면에서만큼은 그의 멘토를 따랐다. 제임스 브랫이 다음과 같이 언급한 바와 같다. "그는 과감하게 착수하는 스홀턴의 모범과 원리적인 일관성이라는 그의 방법을 확실히—즉 고정된 출발점을 가정하고 그것을 논리적으로 거침없이 세워 간다는 점에서—수용했다. 또한 그는 스홀턴을 따라서 개혁파 전통의 기본 원리들을 찾을 때나 그 전통의 굳건한 정신을 찬양할 때는 언제나 개혁파 전통을 세운 문서들에 의지했다."[104] 비록 카이퍼가 스홀턴보다 신학적으로 더 보수적이긴 했지만, 그는 기본 원리들이 삶의 모든 영역에, 교육의 영향에 관한 그의 성찰의 모든 영역에 이행되어야 한다고 주장했다. 공공의 참여에 대한 카이퍼의 접근방식은 현대의 운동가들과 사상가들이 제기한 문제들로 말미암아 억울하게 누명을 쓴 부분들이 있다. 모든 사람들이 그렇듯이 카이퍼 또한 그의 환경에 깊이 속해 있었지만, 그의 책을 자세히 읽으면 알 수 있듯이, 그가 그의 환경을 초월할 수 없을 만큼 그것에 의해 결정되어 있었던 것은 아니었다.

공공신학을 생생하게 표현하고자 카이퍼는 현대의 도전들에 관여하고자 했다. 그는 대중의 운동을 이끈 지식인이었다는 점에서 독특했다.[105] 그의 긴 경력 중에서 아마도 그가 가장 유명했던 시기는 1890년에서 1905년

라드 피어슨(Allard Pierson, 카이퍼의 동료)이 떠난 일이었다고 주장한다. 브리는 카이퍼가 피어슨 사건에 관해 했던 설교에서 국가와 사회에서 교회의 위치에 관한 그의 관점을 상술한 것을 발견하고, 이러한 카이퍼의 초기에 관해 보다 많은 연구가 이루어져야 한다고 제안한다. J. Vree, "More Pierson and Mesmer, and Less Pietje Baltus: Kuyper's Ideas on Church, State, Society, and Culture during the First Years of His Ministry(1863-1866)", in *Kuyper Reconsidered: Aspects of His Life and Work*, ed. Cornelis van der Kooi and Jan de Bruijn, VU Studies on Protestant History (Amsterdam: VU Uitgeverij, 1999), pp. 299-309를 보라.

104. Bratt, *Abraham Kuyper*, p. 8.
105. 위의 책, 2쪽.

사이였을 것이다. 이 기간에 카이퍼는 제1차 기독교사회회의the First Christian Social Congress에서 중요한 연설을 했고—원래는 "사회질문과 기독교The Social Question and the Christian Religion"라는 제목이었는데, 이것을 현대에 들어 제임스 스킬렌James Skillen이 "가난의 문제The Problem of Poverty"로 번역했다—, "기독교와 예술Christianity and Art", "마라나타Maranatha", 그리고 "경계 흐리게 하기The Blurring of Boundaries"와 같은 중요한 에세이들을 출판했고, *The Encyclopedia of Sacred Theology*『신성한 신학 백과사전』이라는 책을 출판했고, 1895년에서 1901년까지 일반은혜에 관한 연재를 썼고—1901년에서 1905년까지 세 권으로 출판되었다—, 1898년에 프린스턴 신학교에서 칼뱅주의에 관한 스톤 강연the Stone Lectures을 열었고, 1901년에서 1905년까지 네덜란드의 총리로 봉사했다. 이 기간은 카이퍼의 전성기였다. 이 기간에 이룬 그의 공헌은 공공신학에 대한 그의 성숙한 접근방식, 곧 우리가 제3장에서 보게 될 창조세계에서의 성령님의 사역에 밀접하게 연결되는 접근방식을 드러내 준다.

결론

이 책의 중심 목표는 두 가지다. 첫째는 창조세계 및 역사와 관련된 성령론, 공공신학, 그리고 아브라함 카이퍼의 저작으로 구성된 하나의 실의 세 가닥들이 지닌 밀접한 관련성을 드러내는 것이다. 그리고 둘째는 창조세계와 역사에서 성령님의 역할에 뿌리를 둔 카이퍼의 공공신학을 현대적으로 체계화하는 것이다. 따라서 이 책의 핵심은 공공신학을 구체화하고 창조세계에서의 성령님의 사역에 관한 관점을 자세히 설명한 아브라함 카이퍼라고 하겠다.

지금까지 도입부에서 한 개관에서는 창조세계—자연 또는 생물물리학적 질서로 이해되는—와 성령님 사이의 관계를 설명하는 우주적 성령론에 대한 몇 가지 접근방식을 소개했다. 이들 중 많은 부분이—예를 들어, 몰트만, 뮐러-파렌홀츠, 그리고 월러스—몇 가지 형식의 세속적인 관심사들과 직접적으로 관련이 있었다. 앞으로 다루어야 하는 주제들로는 카이퍼식의 방식으로 접근하는 성령님-세상 사이의 관계에 관한 개념, 창조세계에 인간이 참여하기 위해 그런 관계가 지닌 함의, 그리고 현대의 우주적 성령론에 관한 정확한 표현—이것은 판 룰러Van Ruler 및 맥킨타이어McIntyre와 같은 맥락에서 성령론의 논리를 전개하는 것을 포함한다—등이 있다.

나아가 공공신학에 관한 개관은 신학적인 확신을 가지고 점점 더 복잡해지는 사회의 진로에 영향을 주고자 하는 기독교적인 관심을 드러낸다. 이 책에서 핵심 질문은 카이퍼의 공공신학의 위치에 관한 것이다. 특히 공공의 삶에 대한 기독교적인 접근방식과 비기독교적인 접근방식 사이의 대립을 강조하는 것이 카이퍼의 접근방식을 고백적으로 만드는가, 또는 일반은혜—그리고 카이퍼 자신의 정치적 실천—을 강조하는 것이 그의 접근방식을 훨씬 더 변증적이 되게 하는가? 앞으로 전개해 갈 방향은 카이퍼의 공공신학, 일반은혜와 우주적 성령론 사이의 관계, 그리고 마지막으로 공공신학으로서 창조세계의 청지기직을 현대적으로 재공식화하는 것에 대해 자세히 설명하는 일과 관련된다. 이것은 카이퍼의 접근을 단순하게 재서술하는 것 이상이다. 왜냐하면 재상황화recontextualization가 카이퍼의 표어들을 그의 시대에서 우리 시대로 그대로 도입하는 것 이상을 요구하기 때문이다. 그의 정신에서 수반되는 재상황화는 현대의 상황과 노력들에 대해 진지하게 고려하게 함으로써 21세기의 관점으로 카이퍼의 공공신학을 충실하게 번역하도록 할 것이다.

제2장
카이퍼의 공공신학의 절정기
(1890-1905)

무대 준비

이 장에서 다루는 주된 초점은 카이퍼가 1890년부터 1905년까지 이룩한 업적이다. 그러나 먼저 이것의 기초가 되는, 그 전 수십 년 동안의 업적들과 사건들에 관한 이야기에서 시작하고자 한다. 특히 카이퍼가 반혁명당을 이끌고 암스테르담의 자유대학교를 세우는 역할을 한 것에 대해서 말이다. 이 두 가지 사항은 카이퍼의 공공신학의 이론과 실천에서 매우 중요한 의미를 지닌다.

1) 카이퍼와 반혁명당

아브라함 카이퍼는 처음에 기자 신분으로 정치 세계에 입문하게 되었다. 그는 1872년에 *De Standaard*『드 스딴트아르트(the standard)』 [역주] 이후로는 『드 스딴트아르트』로 표기라는 일간지를 발간했다. 거기서 카이퍼는 편집자로서, 국가적인 사안에 하나님의 법칙들을 적용하자고 주장하는 논설을 쓰게 되었다. 그가 이런 글을 쓴 것은 정치에 기독교적인 선택지가 있어야 한다는 필요 때문이었다. 카이퍼는 보수 정당이나 진보 정당들이 모두 그 원칙과 실천의 측면에서 세속적이라고 생각했다. 세력이 우세했던 진보당은, 정치에서 이미 그렇게 했듯이, 문화와 사회에서도 종교의 영향력을 줄이려고 애쓰고 있었다. 세속주의secularism가 유럽 전반에 걸쳐 우세하게 자리 잡고 있었는데, 네덜란드도 예외는 아니었다. 이런 세속주의는 진보적인 인본주의를 낳은 프랑스 혁명과 계몽주의의 신념들에 그 뿌리를 두고 있었다. 당대의 기조는 무신론적인 불신앙이 지배했는데, 이는 공공의 삶에서 종교의 역할이 크게 감소했음을 의미했다. 종교는 전반적으로 사적인 영역에 귀속되어 버렸다.

카이퍼는 개혁파 신앙의 영향을 삶의 모든 영역에서 나타낼 수 있는 다른 길을 찾고자 했다. 기자의 신분으로 그는 1873년에 『드 스딴트아르트』에서 다음과 같이 서술했다.

하나님께서 말씀하셨다. 하나님의 말씀에는 그분의 뜻에 대한 계시가 들어 있다. 이러한 기초 위에서, 우리는 여러 원리들이 충돌하는 곳에서 하나님 말씀의 선포에 순종할 것을 요구한다. 사람의 추론이나 분별은 오직 하나님의 말씀이 분명하지 않은 곳에서만 결정권을 가져야 한다. 사람의 이해는 하나님께서 선포하시는 바에 순복되어야 한다는 것에 우리 모두가 동의하는 바다. 이에 대해서 의견이 불일치하는 것은, 우리는 하나님께서 말씀하신다고 고백하는 반면, 우리의 반대자들은 하나님께서 스스로 말씀하신다고 믿지 않기 때문이다. 복음 대 혁명! 이것은 우리가 어떤 것이 올바른 믿음인지 일깨우기 위해서 선포해야만 하는 신념이다. 우리는 이처럼 옳은 것을 요구했을 뿐이지만, 또한 이것이

바로 우리가 인정받지 못한 부분이기도 하다.[1]

카이퍼는 '여러 원리들이 충돌'한다고 말했는데, 이는 그의 삶 전반에 걸쳐 세속적인 사상 체계들에 그가 어떻게 개입했는지를 특징적으로 보여 주었다. 경계선들은 분명했는데, 카이퍼는 계시에 기초한 관점을 공공의 삶에 들여오는 것이 옳다고 주장했다. 그러나 그는 기자로서 글을 쓰는 것 이상의 일을 했다. 그는 1874년에 네덜란드 의회의 상원의원으로 선출되었고, 1879년에는 신新반혁명당Anti-Revolutionary party의 당수가 되었다.

카이퍼가 반혁명당을 이끄는 동안 그의 지도력과 관련하여 전개된 두 가지 상황이 그의 공공신학에서 중요한 의미를 지닌다. 첫 번째는 카이퍼와 헤르만 슈캅먼Herman Schaepman의 관계다. 가톨릭 성직자이자 의회의 의원이었던 슈캅먼과 카이퍼의 우정은 반혁명-가톨릭의 정치적 연대로 이어졌고, 이는 1901년에 카이퍼가 수상에 등극하는 결과를 낳았다.[2] 이 연대는 교육에 관한 쟁점을 중심으로 이루어졌는데, 이는 가톨릭 신자들과 반혁명당원들 모두가 특정 종파의 집단들로 하여금 그들 소유의 학교를 세우는 것을 허용하는 다원적인 교육 시스템을 추구했기 때문이다.

두 번째 전개 상황은 보다 이념적인 것이었다. 카이퍼는 『드 스딴트아르트』에 반혁명당원들이 공공의 삶에 개입하는 것에 관해 신학적인 근거들을 명시한 일련의 기사들을 개재했다. 기사들의 논지는 '하나님의 법칙들divine ordinances'에 근거하고 있었다. 카이퍼는 개혁파 신앙의 관점에서 다음과 같

---

1. 맥켄드리 랭글리(McKendree R. Langley)의 *The Practice of Political Spirituality: Episodes from the Public Career of Abraham Kuyper, 1879-1918* (Jordan Station, Ont.: Paideia, 1984), p. 12에 인용됨. 랭글리는 제목이나 번역에 대해서는 어떤 정보도 제공하지 않는다. 그는 단지 1873년 6월 7일이라는 날짜만 제공할 뿐이다.

2. 위의 책, 32쪽.

이 설명했다.

> 우리는 이 개념의 용례에서 두 가지의 신앙고백을 찾아낼 수 있다. 그
> 두 가지는 ① 법칙들, 신의 법칙들이라고 하는 것이 정말로 분명하게
> 존재한다는 것, 그리고 ② 우리로 하여금 이러한 법칙들을 알 수 있게
> 하는 방법이 있다는 것이다. 첫 번째 고백은 반혁명의 원리 그 자체와
> 연결된다. 두 번째는 우리들 자신과 이와 연관된 운동들 사이에 있는
> 차이와 관련된다.[3]

카이퍼와 반혁명 당원들은 사회계약론이나 여러 종류의 실증주의와는 반대로 하나님께서 창조세계에 세우신 실재로서 신의 법칙들이라는 것이 존재하며, 이는 경험으로 발견될 수 있음을 믿는다고 설명했다. 이 법칙들은 단지 성경의 주해나 영적인 성찰에서만이 아니라 국가를 운영하는 과정에서도 발견된다. 그는 다음과 같이 서술한다.

> 우리는 삶을 관장하는 법칙들이 삶 속에서 자연스럽게 스스로를 드러
> 낸다는 주장이 명백한 사실이라고 생각한다. 우리의 예술가들은 색칠
> 하고, 밑그림을 그리고, 행위하고, 조각하는 바로 그 과정에서 예술이라
> 는 일의 법칙들을 발견한다. 예술의 목적이 무엇인지를 배우기 위해서
> 성경이나 교회의 권위자들을 찾으려고 생각하는 사람은 아무도 없을
> 것이다—여기서 예술작품들의 도덕성을 판단하는 일에 관해 말하는 것

---

3. Abraham Kuyper, "The Antirevolutionary Program", in *Political Order and the Plural Structure of Society*, ed. James Skillen and Rockne M. McCarthy (Atlanta: Scholars Press, 1991), p. 242.

이 아니다—. 우리의 생각을 관장하는 법칙들, 상업을 관장하는 법칙들, 그리고 산업을 관장하는 법칙들에서도 마찬가지다. 우리는 실제로 생각하는 것을 통해서 생각의 법칙들을 알게 된다. 직접 사업을 해 봄으로써 상업의 기술을 알게 된다. 산업은 자신의 작동 방식을 스스로 비추어 준다. 정치 영역에서도 이런 경우는 마찬가지다. 이 사실을 부정한다면, 그에게는 창조자에 대한 경외가 부족한 것이라고 할 수 있다.[4]

그런데 카이퍼는 이렇게 주장하면서 중요한 제한사항을 하나 덧붙였다. 그것은 바로 죄라는 현실이 하나님의 법칙들을 아무런 제약 없이 발견하는 것을 가로막는다는 것이었다. 만일 죄가 존재하지 않았다면, 그저 삶을 관찰하는 것만으로도 하나님의 법칙들을 발견하는 데 충분했을 것이다. 그러나 카이퍼의 개혁파 신앙의 관점에서 보면, 삶의 모든 부분은 죄로 더럽혀졌고, 이러한 상태에서 그저 관찰하는 것만으로 하나님의 법칙들을 발견하려는 시도는 실패할 수밖에 없다. 그렇다면 죄로 더럽혀진 인간들은 어떻게 하나님의 법칙들을 발견하고 알아챌 수 있을까 하는 질문이 자연스럽게 따라 나온다.

카이퍼는 이 딜레마에 관해 그를 비판하는 사람들을 깜짝 놀라게 하는 해결책으로 대답했다. 그는 즉시 말하기를, 하나님의 법칙들을 찾는 방법론은 삶을 관찰하는 것을 멈추거나 성경을 기독교적 법규로 국가에 강제로 적용하는 것을 요구하지 않는다고 했다. 이와 더불어 기독교 공동체와 나머지 세상을 칼 같이 구분하는 재세례파나 퀘이커파의 관점과는 반대로, 국가의 정치 기관을 죄라는 실재에 뿌리박은 필요악으로 보는 것 역시 옳지 않다고 말

---

4. 위의 책, 246쪽.

했다. 카이퍼의 관점에서 보면, "만약 우리가 여러 나라들에 속한 정치적인 삶을 그 자체로 이미 무언가 거룩하지 않고 부정하고 잘못된 것으로 간주한다면, 그런 삶은 인간의 본성 밖에 속한 것이 되어 버린다. 그러면 국가라는 것은 오로지 강제력이라는 외부적인 수단이라고밖에 생각할 수 없고, 우리의 본성 안에 있는 하나님의 법칙들의 흔적이라도 찾고자 하는 시도들은 모두 말도 안 되는 일이 될 것이다."[5] 만일 그런 상황이 존재한다면, 인간이 규율이라는 외부적인 수단을 위한 표준들을 얻을 수 있는 유일한 길은 특별계시special revelation밖에 없게 된다. 그러면 특별계시가 부재한다면, 기독교의 영향이 거의 없는 사회들에서처럼, 죄와 타락이 만연한 세상에서는 관찰할 만한 것이 아무것도 없게 된다는 결론에 이른다. 그러나 이러한 비관적인 관점과는 반대로, 카이퍼는 하나님의 법칙들을 발견하는 것에 대해서 다음과 같이 말했다.

> 하지만 우리가 칼뱅, 불링거Bullinger, 베자Beza, 성聖 알데혼데St. Aldegonde
> 와 같은 사람들의 책들을 펼쳐 본다면, 칼뱅주의가 의식적으로 이러한
> 관점과는 반대편을 택하고 있다는 것을 분명하게 알게 된다. 이들은 고
> 대 국가들의 경험, 그들의 법에 대한 실용적인 지혜, 그들의 정치인과
> 사상가들이 지닌 깊은 통찰을 매우 가치 있게 여겼고, 자신들의 정당성
> 을 세우기 위해서 이런 것들을 인용하였을 뿐만 아니라 의식적으로 하
> 나님의 법칙들과 관련짓고는 하였다. 여러 나라들에서 사람들이 정치
> 적인 삶에 진지하게 몰두하는 것은 그들의 양심에서 말하는 정의와 도
> 덕성이라는 원칙들과 관련해서 설명될 수 있다. 이것은 악마가 사람들

---

5. 위의 책, 249쪽.

의 눈을 가린 것이라고 말도 안 되게 설명할 수는 없는 것이다. 오히려 반대로, 정치에 대한 노력이 훌륭하게 행해졌을 때 우리는 하나님의 빛을 한 줄기 마주하게 된다.[6]

카이퍼는 정치적인 삶의 규칙들이 창조 질서 안에 형성되어 있으며, 따라서 비기독교인들 역시 신의 법칙들을 반영하는 국민적 삶의 방식을 고안하는 것이 가능하다고 주장했다.

또한 카이퍼는 반혁명의 접근방식을, 교회가 계시로부터 끌어와서 공표한 규칙들에 의거하여 국가가 실천해야 한다는 로마 가톨릭의 접근방식으로부터 거리를 둔다. 사실 많은 비평가들이 이런 접근방식이 반혁명의 접근방식이라고 생각했지만, 카이퍼는 국가가 교회의 직접적인 지배 아래 종속되어서는 안 된다면서 이런 접근방식이 옳지 않다고 주장했다. **영향**이 있는 것 정도야 문제가 안 되겠지만, 교회는 "국가를 구속하는 규칙들을 세워서는 안 된다."[7] 교회가 역사나 정치와 같은 사안들에 관해 적절한 지식을 소유하지 못한다는 것이 주된 이유였다. 즉 교회는 성경적 계시에 관한 이해를 소유하고 있을지 모르지만, 정치적 원리들을 세우고 발전시키는 데 필요한 전문성을 소유하지는 못했다는 것이다. 교회와 국가는 "이 둘 모두와 관련되는 사람들을 통해서만 상호간에 영향을 주고받는 사이"[8]로 관계를 형성하는 것이 바람직하다. 말하자면, 국정 문제들에 관해 잘 훈련된 기독교인들이 정치적인 현안을 상정해야 한다는 것이다. 만약 그들이 삶의 모든 영역이 하나님의 말씀에 귀속되어 있다고 확신하는 올바른 영적 지향을 품고 있다면, 그들은

---

6. 위의 책.
7. 위의 책, 252쪽.
8. 위의 책.

정치적 의견을 형성하는 데 영적인 영향을 미치게 될 것이다. 카이퍼는 이런 접근방식이 성경 본문을 직접적인 법규로 사용하지 않아도 국가에 하나님의 계시가 영향력을 미치게 되는 장을 마련해 준다고 보았다.

그런데 한 가지 문제가 여전히 남는다. 그렇다면 정치인은 어떻게 하나님의 법칙들에 관한 지식을 얻을 수 있을까? 카이퍼는 이것이 단순한 작업이 아님을 인정한다. 이를 위해서는 문화인류학이나 역사로부터 정치적인 질서의 원칙을 끌어내는 감각뿐만 아니라 성경적인 원리들을 추출하는 능력까지 요구된다. 그리고 이렇게 여러 학문의 영역들을 아우르는 전문적인 지식들이 그 정치인의 사고 안에서 유기적인 통일을 이루어야 한다. 카이퍼는 이러한 접근방식의 좋은 모형으로 신성divinity과 인성humanity이 서로 맞물려 스며 있는 성육신incarnation의 교리를 들 수 있다고 생각했다. 정치에서는 이를 "하나님의 말씀에서 받은 것들과 여러 민족들을 연구한 데서 얻은 것들의 상호 침투"[9]라고 말할 수 있을 것이다.

카이퍼는 여기에 함의되어 있는 중요한 것 한 가지를 짚어내는데, 그것은 모든 시대와 나라에 알맞게 적용될 수 있는 기독교적인 정치 이론에 관한 지침서를 만드는 것은 불가능하다는 것이다. 카이퍼는 시대는 늘 변하며 나라들 역시 각각 그 성격이 다르다는 것을 인식하고서, 오직 원리들the principles만이 영원히 적용 가능하다고 주장했다. 이러한 원리들에는 어떤 것들이 있을까? 카이퍼는 정의, 권위—신이나 세상에 속한—그리고 자유와 진보를 위한 노력을 그 예로 든다. 그런 다음 그는 성경이 이스라엘을 이러한 원리들을 준수했느냐에 따라 행복이나 멸망을 맞게 된, 은혜 입은 나라의 실례로 제시

---

9. 위의 책, 254쪽.

하고 있는 것이라고 말했다.[10] 이런 원리들을 역사와 정치에 관한 지식과 잘 연결할 경우, 비로소 신의 법칙들을 찾기 위해 움직일 수 있는 것이다. 카이퍼는 다음과 같이 말했다.

따라서 누군가가 이러한 기본적인 원리들을 깊이 숙고하는 튼튼한 기반 위에 서서, 사람이란 어떤 존재이며, 국가란 무엇이고 그 목적은 무엇인지, 정의와 권위의 원천은 어디에 있는지, 자유와 진보에 관한 주장은 어디로부터 그 동력을 끌어올 수 있는지를 안다면, 그는 설령 땅이 눈에 보이지 않을 때라도 출렁이는 바다 너머에 있는 길을 가리켜 주는 나침반을 소유한 것과 같다. 이러한 원리들이 정립되는 것은 그 사람에게 있는 내면의 삶이 열매로 드러난 것이어야 한다. 그는 이러한 원리들을 자신의 인격과 삶 안으로 온전히 동화시켜야 한다. 그럼으로써 그가 이러한 원리들이 실제로 구현될 수 있는 생각들, 표현들, 언어들을, 사람들이 성경을 낮추어 취급하는 암호책code-book으로부터가 아니라 성경을 하나님의 말씀으로 받아들이는 신앙으로부터 찾을 수 있도록 말이다.[11]

일단 정치적인 원리들이 발견되면 그것은 그대로 보존되어야 하는 것이 아니라 이어지는 각 세대에게서 계속 다듬어져야 한다. 이 원리들은 그것들과 반대되는 국민적 삶이나 정치적 측면들을 비판하는 데 사용되어야 하며, 반혁명은 이 원리들이 검증되어 영속성을 지닐 수 있다는 역사적인 증거를

---

10. 위의 책, 255-256쪽.
11. 위의 책, 256쪽.

제시하려고 노력해야 한다.

여기서 공공신학의 흥미로운 점이 계속된다. 카이퍼는 자신의 지지자들에게 "이 원리들에 관한 존중을 되살릴 수 있는 시민과 정치인 두 부류 모두의 양심에서 접촉점을 찾으라. 그리고 오늘날의 질서로부터 이 원리들에 대한 질문을 없애려는 모든 조직적인 움직임을 잘라버리라."[12]라고 촉구한다. 여기서 첫 번째 진술은 신의 법칙들로부터 나온 원칙들은 이해될 수 있는 특정한 수준level이 있다는 카이퍼의 견해를 보여 준다. 그는 어느 정도의 이해가 가능한지에 대해서는 언급하지 않고, 이 원리들이 정치적 토의의 중심에서 유지되도록 경계할 것을 촉구하는 것으로 옮겨 간다. 그래도 이런 진술은 초기의 카이퍼가 적어도 변증적인 측면을 지닌 공공신학을 정교하게 설명한 사람이었음을 보여 준다.

카이퍼에게 하나님의 법칙들이 실재한다는 것은 기독교인들로 하여금 정치 참여를 가능하게 해 주는 것이었다. 물론 교회가 직접적으로 통제해서는 안 되지만 말이다. 카이퍼가 교회와 정부라는 곳들[13]에 있는 고유한 appropriate 권위의 '영역들spheres' 사이에 차이가 있다고 설정한 것은 암스테르담 자유대학교를 설립하는 데 기초가 되었다.

2) 카이퍼와 자유대학교 그리고 영역 주권

1880년에 카이퍼는 신학만이 아니라 과학, 철학, 문학, 의학을 가르치는

---

12. 위의 책.
13. 위의 책, 255쪽을 보라. "어떠한 세상의 권위도 자기 자신을 우리가 하나님께 드려야 할 순종에 반할 수 있는 존재로 내세워선 안 된다. 같은 맥락에서 이 (세상의) 권위는 다른 것이 자신의 영역에서 지니는 권위를 무효로 만들 수 없다. 국가가 자신의 권위를 신부에게 주장하는 것은 적법하지 않으며, 왕자라 할지라도 다른 통치 기관과 그 권한의 영역 안에 있는 사람들에게 자신의 권위를 주장할 수 없다."

대학 교육기관인 암스테르담 자유대학교Vrije Universiteit[14]에서 설립 연설을 했다. 이 기관의 목적은 개혁파 세계관Reformed Worldview에 기반한 대학 교육에 길을 터 주는 것이었다.[15] 이 연설의 핵심은 그 제목인 "Souvreiniteit in Eigen Kring"—번역하면, '인간의 삶의 독특한 영역에서의 주권' 혹은 보다 통상적으로는 '영역 주권Sphere Sovereignty'—에 있다. 카이퍼의 목적은 창조세계 그 자체와 하나님의 주권에 근거한 사회에 일종의 다원성pluralism을 피력하는 것이었다. 국가가 무한한 통치권을 지닌 것으로 보는 사람들과는 반대로, 카이퍼는 그러한 절대적인 주권은 오직 하나님과 메시아께만 있다고 주장했다. 그러면서 다원성에 대해 다음과 같이 말했다.

하지만 여기에 영광스러운 자유의 원리가 있습니다! **죄가 없는**sinless 메시아의 완전한 주권이 동시에 이 땅에 있는 **죄인인**sinful 인간들 가운데서 나온 모든 절대적인 주권을 거부하고 이에 도전하는데, 이것은 우리의 모든 삶을 각기 그것의 고유한 주권을 지닌 **분리된 영역들**separate spheres로 나눔으로써 그렇게 합니다.[16]

카이퍼는 인간을 구성하는 매우 복잡한 특성 안에 하나님께로부터 파생된 주권이 있다고 생각한다. 정치, 예술, 교육의 영역—몇 가지 예를 들자면—

---

14. 암스테르담 자유대학교의 발단에 대해 보다 자세하게 연구하려면, Wayne A. Kobes, "Sphere Sovereignty and the University: Theological Foundations of Abraham Kuyper's View of the University and Its Role in Society" (Ph. D. diss., Florida State University, 1993)를 보라.

15. Louis Praamsma, *Let Christ Be King: Reflections on the Life and Times of Abraham Kuyper* (Jordan Station, Ont.: Paideia, 1985), pp. 73-76.

16. Abraham Kuyper, "Sphere Sovereignty", in *Abraham Kuyper; A Centennial Reader*, ed. James D. Bratt (Grand Rapids: Eerdmans, 1998), p. 467.

에는[17] 특정한 영역에 특수하게 적용되는 삶의 법칙들이 존재한다. 더 나아가 각 영역들은 "그것에 속한 범위를 차지하고 있으며, 그것의 범위 안에서 고유한 주권을 지닌다."[18] 위에서 언급했듯이, 이러한 다원성에 관한 견해 때문에 국가, 교회, 그리고 교육이 모두 각각 그것의 고유한 권위 아래 작동해야 한다는 주장이 가능해졌다.

카이퍼가 영역 주권의 정당성을 주장한 데는 두 가지 목적이 있었다. 첫째, **구조의** 다원성을 피력함으로써 그는 교육 영역이 국가의 간섭으로부터 자유롭게 운영될 권리가 있다고 주장하고 싶었다. 둘째, 그는 또한 **세계관의** 다원성에 대한 정당성도 입증하고 싶었다. 19세기를 지나면서 개혁파 신앙에 적대적이 된 환경에서 카이퍼는 기독교인들이 자신의 신앙에 기초한 기관을 운영할 수 있는 권리를 가질 수 있다고 주장했다. 세계관의 다원성에 대해서도 카이퍼는 다음과 같이 말했다.

> 예수님의 신적 자의식의 분명한 선언에 비추어 볼 때, 우리는 완전히 다르게 뿌리내린 그것과 우리가 동일한 뿌리에서 자라난 체해야 합니까? 신사 숙녀 여러분, 우리는 그런 위험한 짓을 결코 하지 않을 것입니다! 오히려 모든 것은 어떤 원리로부터 나오며 각각 서로 다른 존재는 각각 그것의 고유한 원리로부터 나온다고 생각할 때, 우리는 우리 자신의 원리에 그것의 고유한 주권이 있으며, 동시에 사상의 전 영역에 걸쳐 우리를 반대하는 자들에게도 그들 나름의 고유한 주권이 있다고 주장할 수 있을 것입니다. 말하자면, 그들이 그들 자신의 원리와 그 원리에 적합한

---

17. 위의 책. 카이퍼는 많은 영역들을 열거하지는 않는다. 그는 이렇게 말한다. "우리가 우리의 삶에 하늘의 별들만큼이나 많은 영역들이 있음을 인지하고 있는 한, 그것의 이름이나 이미지는 중요하지 않습니다."
18. 위의 책.

방법으로 화려하게 빛나지만 우리의 구미를 당기지는 못하는 그들만의 지식의 집을 세우듯이, 우리 역시 마찬가지로 우리의 원리와 이에 상응하는 방법으로 우리 자신의 나무를 쑥쑥 자라게 할 것입니다. 그 가지와 잎, 꽃은 우리의 나무 그 자체의 수액으로 키워진 것들입니다.[19]

한편 카이퍼의 이러한 제안은 개혁파적인 관점을 위해서만이 아니라, 다양한 세계관을 지닌 기관들을 위해서도 자리를 만들어 주었다는 점을 발견하는 것이 중요하다. 또한 카이퍼가 주장한 구조적인 다원성은 사회 질서에 관한 가톨릭의 시각인 보조 원리subsidiarity와도 다르다는 점에 주목해야 한다. 이와 관련해 제임스 스킬렌James Skillen과 로크니 맥카시Rockne McCarthy는 카이퍼의 에세이에 대한 서문에서 다음과 같이 적었다.

카이퍼의 주장은 '보조 원리'의 주장과는 다르다. 보조 원리는 국가가 통치하는 '전체'로서의 사회 안에는 서로 다른 부분들이 지니는 정당한 자율성이 있을 뿐만 아니라, 그 사회 안에서 사람들이 수행하는 책무들에는 자연스럽게 존재하는 **수직적인**vertical 위계가 있다고 강조한다. 보조 원리에서는 국가가 사회 전체를 보호하고 공공선을 증진하는 역할을 한다고 주장하는 반면, 카이퍼는 사회의 영역들에 대해 보다 **수평적인**horizontal 개념을 제안함으로써 국가의 책임 영역을 보다 좁게 상정한다.[20]

---

19. 위의 책, 484-485쪽.
20. Kuyper, "Antirevolutionary Program," p. 241.

카이퍼의 입장에서는 하나님께서 모든 것들 위에 계신다. 그리고 그 아래에서 사회의 다양한 영역들은 모두 같은 수준에 위치하면서, 서로 톱니바퀴처럼 맞물려 작용하고, "풍부하고 다채로운, 삶의 다양성"[21]을 자아낸다. 영역 주권이라는 개념은 카이퍼와 그의 지지자들에게 공공의 영역에 참여하도록 격려하고 그런 기회들을 제공했다. 이 개념은 교회의 권위가 공공 정책들을 좌우하려 하는 것을 막는 동시에, 기독교인들로 하여금 교회에서만이 아니라 사회에서도 훌륭한 청지기가 될 수 있도록 고무시켰다. 카이퍼는 기독교인이 공공의 삶에서 벗어나 살아가는 것은 불가능하다고 보았다. 이는 연설 중에 등장한 그의 가장 유명한 인용구에서도 잘 드러난다.

> 아, 우리의 정신세계의 어떤 한 조각도 나머지들로부터 완전히 봉쇄될 수는 없으며, 그리고 **모든 것**의 주권자이신 그리스도께서 우리 인간의 모든 삶의 영역에서 단 한 치a square inch라도 "내 것이다!"라고 외치지 않으신 곳은 없습니다.[22]

카이퍼의 반혁명적인 행보들—가톨릭 정치인들과의 우정, 반혁명적인 정치적 참여에 신학적인 정당성을 제공한 것—과 암스테르담 자유대학교의 존재 이유를 위한 그의 변증은 그의 공공신학에서 매우 큰 의미를 지닌다. 그는 전략적으로는 공공의 목적을 이루기 위해 다른 신앙 집단들과 동맹하는 것을 꺼리지 않았으며, 신학적으로는 교회 밖의 삶을 개혁파 신앙의 방식으로 분명하게 설명하는 길을 찾고자 했다. 창조세계의 법칙들과 신적인 것에

---

21. Kuyper, "Sphere Sovereignty," p. 468.
22. 위의 책, 488쪽.

기초하는 다원성의 실재[23]에 대한 그의 주장은 그의 공공의 담화와 활동들의 토대가 되었다. 카이퍼는 그의 경력 전반에 걸쳐서 이러한 두 가지 핵심적인 신학 개념들을 자주 언급했으며, 또 이를 자주 응용하여 보여 주었다. 달리 말하면, 카이퍼는 창조세계의 법칙들을 발견하고 이를 실제로 수행하는 것이 기독교인의 의무라고 지속적으로 주장했다. 영역 주권이라고 하는 것은 신적인 것에 기초한 실재로서, 공공의 영역에 기독교인이 참여하는 것을 필수적인 것으로 만든다. 이제 1890년에서 1905년 사이에 나타난 카이퍼의 공공신학에서 볼 수 있는 몇 가지 핵심적인 예들을 다루어 보자.

카이퍼의 공공신학

1) "마라나타"

1891년 5월 12일에 카이퍼는 위트레흐트Utrecht에서 열린 반혁명당 회의에서 연설했다. 이 연설은 반혁명당이 그 자체로 결정적인 순간에 놓였다고 판단되던 때에 나온 것이었다. 선거가 코앞이었고,[24] 당은 산업화로 말미암아

---

23. 카이퍼가 말하는 두 가지 종류의 다원성을 혼동 없이 구분할 수 있어야 한다. 해리 반 다이크(Harry Van Dyke)는 평론에서 다음과 같이 적고 있다. "구조의(혹은 존재론적) 다원성은 결국에는 창조자께서 영역 주권 안에 심으신 것인 반면, 세계관의(혹은 고백적) 다원성은 창조자에 대한 인간 반응의 다양성으로부터 기인한다 …… 1880년에 인지된 연결 지점인, 교회와 국가로부터 자유대학교에 대한 카이퍼의 주장(구조의 다원성)이 기독교인들이 하나님의 말씀에 기초한 대학교를 가지고 운영하는 것에 대한 그의 변호(세계관의 다원성)와 동시에 일어났다는 것은 분명한 사실이다. 그렇지만 이 쌍둥이 주장이 서로 겹치는 것은 아니다. 이것들은 본질상 연결되지 않았다. 이 각각은 그 자체로 성립하며 따로 따로 평가되어야 한다." Henry Van Dyke, "review of *Creating a Christian Worldview: Abraham Kuyper's Lectures on Calvinism* by Peter S. Heslam", *Calvin Theological Journal* 33 (November 1998), pp. 506-507.

24. 1887년에 맥캐이(McCay) 내각은 로마 가톨릭과 반혁명당이라는 다수파들이 연립함으로써 집권하게 되었다. 이들은 국가가 종교적인 학교들을 지원하는 것을 허용하는 법안과 국가가 힘없는 노동자들을 보호할 것

발생한 사회적 긴장 앞에서 어떤 노선을 취할지 선택해야만 했다.[25]

제목에서도 드러나듯이, 이 연설은 정치에 관한 기독교 종말론의 영향을 성찰한 것이었다. 카이퍼는 다음과 같이 말했다.

언제나 어떤 여정의 **목적지**가 여러분이 밟아 갈 **길**을 결정하곤 합니다. 만약 여러분과 제게 그 목적지라는 것이 예수님께서 이 땅에 다시 오실 때 일어나게 될 마지막 격변의 대단원으로서 마무리되는 것이라면, **마라나타**maranatha라는 이 외침은 우리와 우리의 반대자들이 갈라서게 될 갈림길이라고 할 수 있습니다. 그들에게 주님의 재림이란 조롱하며 비웃을 가치도 없는 환상일 뿐입니다. 하지만 우리에게 그것은 거룩한 기쁨의 웃음을 자아내는 역사—여기엔 국가가 존립했던 역사도 포함됩니다—의 끝입니다. 지금 우리의 회의에 담긴 취지와 바로 연관시켜 말해 보겠습니다. 우리에게 이 재림이란 우리의 **영적인** 삶뿐만 아니라 **정치적인** 행동 방침까지도 온전히 좌우하는, 미래에 대한 확실한 사실입니다.[26]

카이퍼는 그의 상대편들—보수당, 자유당, 급진당과 사회주의자들—은 하

을 의무로 부과하는 노동법을 통과시켰지만, 내각에서는 군복무 면제권의 구매를 불법으로 규정하자는 반혁명당의 제안을 두고 갈등을 겪고 있었다—이는 가톨릭 진영이 반대했고, 1891년에 선거가 촉발되었다. Langley, *Practice of Political Spirituality*, pp. 39-45와 *Abraham Kuyper*, p. 205에 나오는 "Maranatha"에 대한 브랫(Bratt)의 소개문을 보라. 그 자체가 공공신학의 주요한 실천이었던 학교 지원이라는 주제에 관한 개요는 Kobes, "Sphere Sovereignty and the University," pp. 41-45와 James E. McGoldrick, *Abraham Kuyper: God's Renaissance Man* (Auburn, Mass.: Evangelical Pres, 2000), pp. 52-56에서 찾아볼 수 있다.

25. *Abraham Kuyper*에 나오는 "Maranatha"에 대한 브랫의 소개문을 보라.

26. Abraham Kuyper, "Maranatha", *Abraham Kuyper*, ed. Bratt, pp. 207-208.

나님께서 결정하신 역사의 종말에 관해 깊이 인식하지 못할 뿐 아니라 오늘날의 정치 사안에 대한 하나님의 권위도 인정하지 않는다고 논의를 이어 갔다. 이에 반해 정통주의 기독교인들은 그리스도의 왕위kingship와 이 세계의 마지막 운명에 대해서 인정함은 물론, 이런 확신을 잘 반영할 수 있는 정치적인 행동을 추구하고 밀고 나가는 것에 관해 생각해야 한다고 했다.

어떤 행동 방침을 지정하기 전에, 카이퍼는 그리스도의 재림에 앞서 적그리스도적인 사회정치적 움직임이 증가할 것이라는 종말론에 담긴 한 가지 주제에 주목한다. 그가 어디서 이 같은 동향을 보았던 것일까? 그는 하나님을 보좌에서 끌어내리고 인간의 자율성autonomy을 주장하고자 한 프랑스 혁명을 지목한다. 이 혁명은 네덜란드에 지대한 영향을 끼친 적그리스도적인 세계관이 형성되는 한 원인이 되었다. 하지만 카이퍼가 보기에 이 혁명은 그 자체로 하나님께 대항하는 반란의 최종판은 아니었다. 그보다 카이퍼가 염려한 것은 그의 반대자들이 하나님께 기초하지 않은 동일한 '재앙의 원리disastrous principle'를 공유하고 있다는 점이었다. 이 때문에 그는 사람들에게 다음과 같이 행동할 것을 요청했다.

> 오직 한 가지, **마라나타**의 외침이 여러분에게 돌이킬 수 없이 주입되었습니다. 여러분은 그들의 조언에 맞장구칠 수 없습니다. 그들에게 나라를 맡길 수도 없습니다. 그리스도를 사랑하고 그분께서 하늘로부터 다시 오실 것을 기다리는 사람이라면, 오히려 그들의 철학에 대항하고 그들이 끼치는 해로운 영향으로부터 나라를 지켜내기 위해 모든 신실한 신앙인들과 이 땅에서 진정으로 연합하여야 할 것입니다. 그리고 여러분은 이것을—저와 같이 고백하시겠습니까?—힘도 아니고 능력도 아닌

오직 주님의 성령으로 인도되는 합법적인 방법으로 행해야만 합니다.[27]

카이퍼는 국가가 위기 상황에 처해 있다고 보고, 모든 기독교인들을 향해 이와 같이 요청했다. 그가 국민으로서의 삶에 참여하는 일을 기독교인의 소명에서 중요한 부분이라고 생각했다는 것은 명백하다. 그는 네덜란드의 기독교인들이 "그리스도께서 돌아오셨을 때 그분께 대항하는 것이 아니라 할렐루야로 그분을 환영하는 사람들을 준비시키고자 하는 뜨거운 열망"[28]을 갖도록 고취시키기를 원했다. 이러한 목적에서 카이퍼는 당시 선거에서 승리할 수 있는 분위기를 만들고자 노력했다.

연설에서 카이퍼가 그다음으로 이어 말한 것은 세 명의 중요한 선배들이 고군분투한 것을 언급하며 당원들을 격려하는 것이었다. 그 세 명은 빌럼 빌더데이크William Bilderdijk, 이삭 다 코스타Issac da Costa, 그리고 흐룬 반 프린스터러Groen van Prinsterer로서, 모두 칼뱅주의를 따르는 인물들이었다. 이들은 네덜란드 역사에서 어두운 시기에 직면해 있었지만 그들의 확신에 입각한 행보를 이어 갔다. 카이퍼는 그들에 관한 기억을 불러일으켜 지지자들을 고무시키면서, 청중들에게 그들이 최초로principial 이룬 투쟁의 성과[29]에 관해 판단하지 말라고 도전했다.

우리나라에서 거의 기적적이라고 할 만한 일이 일어나지 않았다고

---

27. 위의 책, 213쪽. 여기서 카이퍼가 성령님의 능력에 대해 언급했을 때 그가 무엇을 의미했는지에 대한 질문이 생길 수 있다. 이것을 그저 성화하는 힘으로 생각한 것일까, 아니면 기독교인들이 공공의 영역에 참여할 수 있도록 창조세계를 유지, 보존하시는 우주적 성령님의 개념을 포함해서 말한 것일까?

28. 위의 책.

29. "이 투쟁은 몇 십 년, 몇 세기동안 계속되었습니다. 여기서 유일한 질문거리는 이 기간 동안 주님의 이름의 영향력이 줄었는지 늘었는지 하는 점입니다."(위의 책, 215쪽.)

누가 감히 말할 수 있겠습니까? 빌더데이크에게 귀를 기울여서, 아스돗의 무너지는 돔 아래 깔리고 또 깔릴 준비가 되어 있던 이 고독한 투쟁가의 생생한 비통함을 뼛속까지 느껴 보십시오. 귀먹은 나라의 절망스러움에 애통해 했던 다 코스타의 소리를 들어 보십시오. 자신의 부대 전체가 달아나고 자신 혼자서 지키고 서 있었을 때 흐룬 반 프린스터러가 어땠을지 생각해 보십시오 …… 그런데 지금은 글쎄요, 저는 이와 대비되는 오늘날의 상황에 대해서 굳이 묘사하지는 않겠습니다. 왜냐하면 자랑하는 것이 그리 적절하지는 않기 때문입니다. 하지만 여러분이 그렇게 힘겨웠던 과거와 오늘날의 이 풍성한 성장을 비교해 봤을 때 아직도 감사함으로 감격하지 않거나 미래에 대한 용기와 희망으로 부풀어 오르지 않는다면, 저는 여기서 여러분에게 이 열정적인 군단corps과 함께 무엇을 하길 기대하는지—정말로 "네, 주 예수여 오시옵소서!"라는 뜻으로 외치는 '마라나타'의 외침에 여러분이 영혼의 깊은 곳에서부터 반응해 본 적이 한 번도 없었는지—묻고 싶을 것 같습니다.[30]

과거 반혁명 영웅들의 고군분투를 언급함으로써 카이퍼는 동료 당원들에게 몇 가지 관점을 제시하고자 했다. 그들이 선거를 앞두고 있기는 했지만, 당의 몇몇 회원들이 이미 의회에 진출해 있는 현실은 반 프린스터러나 그의 선배들은 꿈도 꾸지 못한 것이었다. 카이퍼는 그들의 성과들에 대해 해석하

---

30. 위의 책, 215-216쪽. 빌럼 빌더데이크(1756~1831년)는 당대 네덜란드의 일류 시인으로서 정치와 문화에 대한 칼뱅주의적이고 반혁명적인 관점을 언어로 표현했다. 이삭 다 코스타(1798~1860년)는 빌더데이크의 영향으로 기독교로 개종한 포르투갈계 유대인이었다. 그는 19세기의 두 번째 25년 동안에 시인, 수필가, 강연자, 여러 권의 성경 주해 저자로서 활동하면서 반혁명당 운동에서 핵심적인 역할을 했다. 흐룬 반 프린스터러(1801~1876년)는 카이퍼의 멘토로서, 1848년 이후 반혁명 운동을 이끌었다. 그는 역사학자, 정치이론가이자 한때 국왕 빌럼 1세(William I)의 보좌관이기도 했다.

면서 "주 하나님께서 **우리의 수고에는 보상이 있다**고 하신 그분의 약속을 이루셨음을 보여 주셨습니다."³¹라고 말하기까지 했다. 특별히 입법 과정에서 그들의 대표들이 겪었던 반대를 생각해 볼 때, 그들의 운동은 처음 시작된 이래로 분명하게 진전해 왔다고 말할 수 있었다. 카이퍼는 당을 향해서 비록 그들이 도전과 부족함에 직면해 있지만, 이 이전의 시간들을 거쳐 지금까지 만들어진 기반 위에 더 쌓아 갈 수 있도록 의회에서 재당선되기 위해 함께 노력하자고 촉구했다.

이어서 카이퍼는 앞으로 나아갈 길을 제시했다. 그는 기독교인이 지금의 현 상태를 그저 유지하고자 하는 것은 용납할 수 없는 일이라고 하면서, 당이 민주주의를 향하여 나아가야 한다고 촉구했다. 비록 기독교인들이 그리스도의 승리의 재림을 기다리는 사람들이기는 하지만, 그렇다고 무관심한 태도로 일관해서도, "제방dikes을 보강하는 일"에만 천착해서도 안 되는 것이었다. 오히려 어떤 도전이 생기든 간에, 기독교인들은 다음과 같이 행동해야 했다.

[여러분은] 담대하게 이 나라의 갈라진 틈에 서서 **우리나라 정부의 기독교적-민주적 발전**을 위해서 준비해야 합니다. 이것은 여전히 **지금** 이루어질 수 있는 일입니다. 그러나 만일 여러분이 하나님께서 주신 이러한 순간을 허비해서 그것이 사용되지 않은 채 지나가게 해 버린다면, 여러분은 여러분의 나라의 미래를 그냥 내버렸다는 비난을 받을 것이며, 기독교인으로서 여러분의 자유는 물론이고 여러분의 지갑과 재산에 가차 없이 한방을 날릴 혹독한 통제 아래 고꾸라지고 말 것입니다.³²

---

31. 위의 책, 216쪽.
32. 위의 책, 222쪽.

카이퍼는 그의 당이 그가 보기에 필연적이라고 생각되는 민주주의의 전진에서 중심에 참여하도록 촉구하는 한편, 만일 이 책임이 간과된다면 전국가적으로 어떤 결과가 있을 것인지에 관해 강력하게 경고했다. 이는 지금 발전하고 있는 민주주의와 국가 기관들이 기독교적인 모습을 갖추어야 한다는, 그렇지 않으면 적그리스도교적인 '폭민暴民정치ochlocracy'—중우衆愚정치 mob rule—가 있을 것이라는 긴박한 요청이었다.

자신의 지지자들이 국가의 미래의 방향에 영향력을 행사하도록 보다 강하게 동기를 부여하기 위해서, 카이퍼는 왕을 선출하기 위한 이스라엘의 집단적인 참여와 더불어 유럽과 미주에서 일어난 칼뱅주의 운동에 대하여 언급했다. 그는 또한 국가를 강성하게 하는 데 '보통 사람들little people'의 역할이 얼마나 중추적인 것인지를 지적했다. 그에게 운동의 사이즈나 인구 통계는 낙심할 만한 것이 아니었다. 국가가 점차 민주적으로 되어감에 따라 당은 그에 맞는 기독교적인 원리에 기초한 지침을 제시해야 했다.

카이퍼는 네덜란드 민주주의 발전에 방향을 제시하는 데 기여할 네 가지 측면을 표명했다. 첫째, 종교가 존중되어야 한다. 권위가 제대로 세워지는 것이 중요한데, 이를 위해서는 바른 분별력이 있어야 한다. 만일 국가가 일반 대중을 위한답시고 종교를 존중하지 않는다면, 인간의 본성은 진보하기는커녕 퇴보할 것이다. 카이퍼는 종교가 무시되고 극단적인 물질주의가 그 자리를 대신하게 되면 "우리 사회 전체의 삶에 격렬한 분노가 일어날 것이며, 절망의 허무주의 때문에 걷잡을 수 없는 광기가 승리하게 될 것"[33]이라면서, 이를 국가가 맞이할 수 있는 최악의 상황이라고 염려했다. 궁극적으로 카이퍼는 사람의 마음에서 종교가 다시 지배력을 갖게 되는 상황이 돌아오기를 바랐다.

---

33. 위의 책, 224쪽.

두 번째 측면은 양심의 자유의 회복이었다. 카이퍼는 복음에 기초한 신앙인들이 "국민으로서의 삶의 한복판에서도 자신의 고유한 정신에 따라 나아갈 수 있는 제한 없는 자유unlimitted freedom"[34]를 부여받을 수 있는 국가 분위기를 꿈꿨다. 카이퍼는 불신앙의 진영을 전복시키고자 하지는 않았는데, 이는 삶의 모든 영역에서 모든 종류의 신앙들이 공정하게 경쟁할 수 있는 경쟁의 장을 확보하고자 했기 때문이다.[35]

세 번째는 네덜란드가 그 안에 있는 유기적인 관계들을 회복해야 한다는 것이었다. 이것은 19세기 이전의 '황금기'—사실 이는 카이퍼가 칼뱅주의가 무엇인가 부족하게 전개되었다고 생각했던 시기다—로 회귀할 것을 동경함으로써 사회 구조의 역행을 주장하는 입장은 아니었다. 카이퍼가 말하고자 했던 것은, '국가라는 몸체' 전체를 구성하는 각 부분들이 함께 참여하지 않고는 국가가 건강한 방식으로 잘 기능할 수 없다는 것이었다. 하지만 카이퍼는 모든 개인들이 보통 선거권universal suffrage을 가져야 한다고 요청하기보다는 다음과 같이 말했다.

예전 시대의 길드 공동체를 새로운 형태로 되살리고, 노동과 농업의 의회Chamber를 세우기 위해 **가족** 단위로 실시하는 **보편적인** 비례 선거권을 요청합니다. 우리가 바라는 것은 수도에 있는 정치적인 의회Chamber

---

34. 위의 책.

35. 카이퍼는 이렇게 말했다. "우리가 원하지 않는 것은 오직 **이것**입니다. 곧 불신앙으로 무장한 정부가 여러 종류의 법들로 반(half)무장하고 불리해진 우리를 너무나 강력한 원수와 불리한 싸움을 하도록 떠미는 것입니다. 하지만 이는 **지금껏** 일어났으며 또 **여전히** 일어나고 있는 것입니다. 이는 돈의 힘, 강제 조사, 관료들의 위계(hierarchy)를 통하여 초·중등 교육뿐만 아니라 고등 교육에 이르기까지 공교육의 모든 영역에서 일어납니다. 이런 이유로 우리는 복음이 자유롭게 행보할 수 있을 때까지, 가난하건 부요하건 모든 네덜란드 시민이 자신의 기독교 신앙의 의무를 수행하는 것이 가능할 때까지, 이의를 제기하고 저항하는 일을 멈추어서는 안 됩니다."(위의 책, 224-225쪽.)

옆에 여러 다른 이익들을 위한 의회Chamber가 있을 때에야 비로소 이루어질 것입니다. 이 의회는 국가라는 몸체에 속한 모든 부분들, 따라서 예수 그리스도의 교회를 포함한 모든 부분들이 자신의 합당한 몫을 대변할 수 있는 그런 곳을 말합니다.[36]

마지막 측면은 정부 위에 부어진 긍휼compassion의 정신이었다. 카이퍼는 네덜란드를 이교적인 국가가 아니라 기독교적인 나라로 보고, 국가의 고통에 대해 이러한 기독교적 전통을 반영해 접근해야 한다고 믿었다. 실업, 중노동, 그리고 다른 형태의 억압들로부터 오는 고통에 대해서 카이퍼와 그의 당은 마음을 담은 입법과 공감할 수 있는 관료들이 필요하다고 주장했다. 노동자를 보호하고 모든 시민들에게 평등한 정의는 이러한 긍휼이 자아내는 이상적인 결과의 실례라고 할 수 있다.

카이퍼는 내각을 지킬 수 있도록 선거에서 하나가 될 것과 당에게 "다른 사람들 뒤에서 절뚝거리며 가기보다는 예언의 빛과 **마라나타**의 광명으로 이 행렬을 앞서 가십시오."[37]라고 촉구하면서 이 강연을 마쳤다. 종말론적인 이상은 이러한 칼뱅주의 정당으로 하여금 그 운동에 담대함을 더하고 계속해서 공공의 삶에 책임을 갖도록 만들었다.[38] 그들의 선배들에게 감명을 받은 반혁명당원들은 자신들의 사회가 나아가는 방향에 영향을 끼치기 위하여 역사의 이 특별한 순간을 잘 붙잡아야 했던 것이다.

---

36. 위의 책, 225쪽. 선거권에 대한 카이퍼의 관점을 더 자세하게 논의하기 위해서는 다음의 자료를 보라. Henk E. S. Woldring, "Kuyper's Formal and Comprehension Conceptions of Democracy", in *Kuyper Reconsidered: Aspects of His Life and Work*, ed. Cornelis van der Kooi and Jan de Bruijn (Amsterdam: VU Uitgeverij, 1999), pp. 206-217.

37. Kuyper, "Maranatha", p. 227.

38. 여름에 치러진 선거에서 카이퍼의 연정은 패배했다.

2) "사회문제와 기독교"

1891년 11월 9일에서 12일까지 500명이 넘는 참가자들이 참가한 가운데 제1회 기독교사회회의Christian Social Congress가 암스테르담에서 열렸다. 위에서 언급한 것처럼, 당시 사회는 산업화로 말미암은 딜레마에 직면해 있었다. 공장에서 일하기 위해 도시로 온 많은 사람들은 형편없는 작업 조건, 긴 노동 시간과 낮은 임금으로 괴로워하고 있었다. 또한 노동자들은 상업과 산업이 '급격한 호경기와 불경기'를 오가는 상황에 속수무책으로 휘둘리고 있었다. 산업화로 말미암아 선택된 소수는 부를 얻기도 했지만, 대부분의 노동자들에게 이 부는 닿을 수 없는 것이었다.[39]

카이퍼의 관점에서 보면, 이러한 문제들의 뿌리는 프랑스 혁명의 이념들에 놓여 있었다. 이 혁명은 귀족들과 부패한 교회가 가진 권력을 타도하고, 이를 자율성autonomy 및 개인의 자기중심주의egoism와 결부된 인간 이성의 권위로 대체하고자 한 것이었다.[40] 루이스 프람스마Louis Praamsma는 이 반란의 결과를 이렇게 묘사했다.

결과는 세 부분으로 이루어졌다. 깊은 사회적 필요, 널리 퍼진 사회민주주의적 운동과 매우 골치 아픈 사회적 문제가 그것이다. 이러한 필요가 발생한 것은, 사람들은 영적인 공급이 없을 때 물질적인 것들에 목말라 하기 때문이다. 삶을 위한 투쟁은 돈을 위한 투쟁이 되었다. 부유한 중산층은 모두를 위한 자유라는 슬로건이라는 가면 뒤에 숨은 채 프롤레타리아트들을 향해 사람의 마음이 얼마나 무자비할 수 있는지 보여 주

---

39. McGoldrick, *Abraham Kuyper*, pp. 73-74.
40. Praamsma, *Let Christ Be King*, p. 98. [역주] 이는 『그리스도가 왕이 되게 하라』라는 제목으로 복있는사람에서 번역 출간되었다.

었다 …… 사회민주주의자들은 프랑스 혁명이 약속한 **평등**은 한 번도 실현된 적이 없었다고 지적했다. 그들은 억압받는 사람들은 그들이 빼앗긴 것을 무력으로 다시 빼앗아 올 것이라고 예견했다.[41]

카이퍼의 연설은 엄청난 계층 분열이라는 사회적 배경에서 나온 것이었다. 사회가 당면한 딜레마를 정확하게 집어내기는 했지만 부유한 자유주의자들과 마찬가지로 인간 중심적인 사상을 배경으로 하는 사회민주주의 운동의 출현이 이 배경의 한 부분이 되었다. 카이퍼의 연설은 하나님 중심을 회복하고 기독교의 원리들에 뿌리박은 긍휼을 명백하게 장려하고자 한 시도였다.

카이퍼는 사람들이 창조의 명령을 잘못 이용하여 여기서부터 사회적 문제가 형성되어 나오게 된 과정을 묘사하는 것으로 연설을 시작했다. 하나님의 법칙들은 사람들에게 자연과 사회에 구조structure를 발전시키고 제공하도록 명령했지만, 죄라는 현실 때문에 이런 이상에서 멀리 떨어진 사회 구조가 나오게 되었다. 카이퍼는 사람의 독창성ingenuity과 창의성creativity이 교육과 사회적 관습을 형성하는 데 결정적이었으며, 일반적으로 사회를 미개한 상태 너머로 끌어올렸음을 인정했다. 하지만 "비록 우리가 이런 지속적인 사회 발전이 높은 곳에서 섭리하시는 하나님의 통치에 대한 믿음을 강화시킨다는 것을 인정해야 하지만, 그럼에도 많은 경우 거짓된 원리에서 나오는 이 손길이 모든 시대에 걸쳐 건강할 수 있었던 환경들을 건강하지 않은 것으로 만들었다는 점 또한 늘 의심해야 합니다. 이것은 다방면에서 우리의 상호 관계에 해를 입혔을 뿐 아니라 우리를 이루 말할 수 없는 비참함으로 짓눌렀습

---

41. 위의 책, 98-99쪽.

니다."[42] 위에서 언급한 것처럼, 카이퍼는 프랑스 혁명에 담긴 인간 중심적인 사상이 네덜란드에 사회적인 비참함을 촉발시킨 거짓 원리라고 규정했다. 이와 대조되는 원리로 카이퍼는 그분의 시대에 있었던 빈곤에 대해 예수님께서 택하신 접근을 제시했다.

카이퍼는 예수님에 대해 말하면서 그분의 긍휼과 그것의 영향력에 주목했다. "긍휼이라는 특징은 강력합니다. 이는 예수님께서 고통 받고 억눌린 자들과 만나시는 복음서의 모든 장들에 새겨져 있습니다."[43] 카이퍼는 십자가 사건이 예수님의 긍휼을 단적으로 보여 주는 것이라고 언급하면서, 또한 그의 청중들에게 예수님께서 말씀 사역, 구제 사역, 그리고 형제간의 평등을 실현하는 것을 통해 세상에 영향을 끼치도록 교회를 보내신 것이라고도 말했다. 카이퍼는 이런 기독교의 영향력이 보다 견딜 만한 사회적 상황을 만들어 냈다고 주장했다.

세속적인 복지welfare가 공공의 평가에서 더 이상 가장 중요한 것은 아니게 되었습니다. 영원한 복지well-being 역시 중요하게 되었습니다. 노예제도는 그 뿌리부터 끊어졌으며, 도덕적으로 비판을 받아 무너진 제도가 되었습니다. 사람들은 가난한 사람들과 고아들을 돌보는 일에 관심을 갖기 시작했습니다. 지나치게 많은 자본을 모으는 것은 고리대금업을 금지함으로써 주춤하게 되었습니다. 높고 낮은 계층들이 보다 동등한 입장에서 보다 자유롭게 서로를 대하게 되었습니다. 빈부의 차이

---

42. Abraham Kuyper, *The Problem of Poverty*, ed. James W. Skillen(Grand Rapids: Baker, 1991), pp. 32-33. 스킬렌의 저작은 기독사회회의에서 카이퍼가 행한 연설에 관한 가장 최근의 번역본이다. [역주] 이 책은 『기독교와 사회문제』라는 제목으로 생명의말씀사에서 번역 출간되었다.

43. 위의 책, 38쪽.

가 사라진 것은 아니지만, 극부와 극빈이 더 이상 그렇게 극명하게 대조되지는 않게 되었습니다. 사람이 마땅히 그래야 할 지점에는 아직 도달하지 못하였지만, 적어도 더 나은 길을 걷기 시작한 것입니다. 그리고 만일 교회가 그 본연의 소박함과 하늘의 이상으로부터 벗어나지 않는다면, 정치적인 삶과 사회적인 관계들에 미치는 기독교의 영향력이 결국 지배적이게 될 것입니다.[44]

카이퍼는 콘스탄티누스의 개종이 교회의 영향력이 약해지기 시작한 시점이라고 말했다. 사실 교회는 황실이 승인한 결과로 말미암아 보다 세속적이게 되었다. "소금은 그 맛을 잃었고, 사회적인 부패는 그것이 고대에 지녔던 힘을 다시 얻게 되었습니다—종교개혁이 일어난 땅에서 부패가 저지되긴 했지만 완전히 통제되지는 않았습니다."[45] 그리스도께서 더 나은 사회를 위한 기반을 마련하셨지만, 그분의 추종자들의 불완전함으로 말미암아 불안정한 사회 구조가 만들어지게 되었다.

어떤 길로 가야 사회를 재구조화하는 데로 나아갈 수 있을까? 사회민주주의의 방식은 그 원리에 있는 결점으로 말미암아 잘 작동하지 않을 것이다. 그렇기 때문에 카이퍼는 기독교적인 대안을 제안했다. 더 나은 사회를 위한 "개선improvement은 틀림없이 **사회주의적**socialistic—나는 이 단어를 쓰는 데 전혀 머뭇거리지 않습니다—길에 있습니다. 여기서 '사회주의적'이라는 것은 사회

---

44. 위의 책, 42쪽.
45. 위의 책. 이 인용구는 왜 카이퍼의 공공신학에 '콘스탄티누스적'이라는 이름표를 붙일 수 없는지 보여 준다. 카이퍼는 기독교인들이 사회 정치적인 질서에 참여해야 한다는 생각으로부터 거리를 두기 위해 콘스탄티누스를 언급한 것이 아니라, 이런 참여에 대한 콘스탄티누스의 접근방식과 자신의 접근방식을 구분하기 위해 이를 언급했던 것이다. 그의 걱정은 교회가 기독교의 소금으로서 국가에 영향을 미치기는커녕 오히려 점차 이교화되어 간다는 것이었다.

민주주의자들의 기획을 말하는 것이 아닙니다. 그보다 우리의 국가적인 사회가 살아 있는 인간적인 유기체로서 하나님의 뜻으로 굴러가는 **공동체**라는, 그 자체로 너무나도 아름다운 사상을 말하는 것입니다."[46] 보다 구체적으로 카이퍼는 이러한 사회적 프로그램을 구성하는 일곱 가지 요점을 제시했다.

첫 번째 요점은 천지의 창조주로서의 하나님에 대한 신앙고백이었다. 어떠한 사회 구조든지 그것이 발전하기 위해서는 하나님의 권위와 그분의 법칙들이 가지는 효력을 인식하는 것이 필요하다. 두 번째 요점은 국가와 사회의 영역 주권sphere sovereignty이 유지되어야 한다는 것이었다. 카이퍼의 관점에서 사회적인 문제는 "우리가 이러한 이원성duality을 존중하고 그럼으로써 자유로운 사회를 향해 길을 닦아 가는 것으로서 국가의 권위를 존중"[47]하지 않는 한 결코 해결될 수 없다. 세 번째, 그가 "마라나타"에서 말했듯이, 기독교인들은 사회가 하나의 유기체라는 인식 아래 연합해야 한다. 개인주의에 반하여 기독교인들은 인간의 죄와 그리스도로 말미암은 구원이라는 신비는 오직 서로 잘 연결된 전체로 존재하는 하나의 사회와만 부합한다는 것을 염두에 두어야 한다. 네 번째, 세상이 모종의 운명으로 결정된다고 보는 범신론자들이

---

46. 카이퍼가 **사회주의적**(socialistic)이라는 용어를 긍정적으로 사용했다고 해서 그것을 계급을 기반으로 하는 사회주의를 긍정한 것이라고 이해해서는 안 된다. 계급에 기초한 사회주의는 그의 반대자들 가운데 한 부류의 입장이었다. 그들과 달리 카이퍼는 이 용어를 고린도전서 12장에서 교회에 관해 묘사하는 '몸'과 유사한 의미의 사회관으로서 언급했다. 그는 사회가 몸처럼 그저 개인들만이 아니라―프랑스 혁명이 바라보는 것처럼―전체의 복지에 관심을 기울이는 살아 있고 서로 연결된 공동체라고 생각했다. 카이퍼에게는 **사회주의적**이라는 용어가 문명의 중심에 교회 공동체적인 기반을 지닌 사회적인 실재가 있다는 함의를 잘 전달한다는 점에서 유용했던 것이다. 그는 다음과 같이 말했다. "우리는 서로의 구성원이기 때문에 눈은 발 없이 잘 지낼 수 없고, 발 역시도 눈 없이는 잘 해나갈 수 없습니다. 프랑스 혁명의 영향 때문에, 사람들은 이런 인간적이고 과학적이며 기독교적인 진리를 인식하지 못한 채, 결연히 거부하며 지독히 공격했습니다. 인간의 공동체를 부정하는 것에서 비롯된 프랑스 혁명의 개인주의에 대항함으로써 우리 시대 사회의 전체 동향이 이제 방향을 바꾸고 있습니다."(위의 책, 52쪽)

47. 위의 책, 65쪽.

나 염세주의자들과는 달리, 기독교인들은 하나님의 섭리[48]에 기초한 현실관a view of reality을 내세워야 한다. 섭리에 기초한 현실관은 기독교인들로 하여금 사회악을 변화시키고 선을 증진시키고자 하는 노력에 참여하도록 한다.

다섯 번째, 기독교인들은 급하게 무력으로 사회를 바꾸려는 시도에 저항해야 한다. 그보다는 점진적이고 합법적인 변화가 가장 좋은 길이라고 할 수 있다. 여섯 번째, 기독교인들은 모든 재산은 하나님께 속했다는 것과 모든 사람들은 청지기라는 사실을 받아들여야 한다. 모든 사람들은 자신의 재산을 쓰는 데 책임을 다해야 한다. 하나님 아래에서 "우리는 인류가 유기적으로 연합해 있는 상황에서만, 그럼으로써 소유에 있어서도 유기적으로 연합해 있는 상황에서만 통치할 자격이 있습니다."[49] 일곱 번째, 재산은 소수의 특권 계층에게만 속해서는 안 된다. 하나님의 법칙들은 개인주의적인 소유권의 개념과는 반대로 작동한다. 카이퍼는 토지에 대한 규정은 그 땅에 있는 모든 사람들을 고려해서 이루어져야 한다고 제안했다.[50]

이러한 일곱 가지 요점들과 더불어 카이퍼는 보다 구체적인 행동들을 제

---

48. 카이퍼는 이 용어를 사용할 때 세상에 대한 하나님의 직접적인 개입을 의미했다. 보다 구체적으로 말하면, 이는 역사의 흐름에 대한 하나님의 주권을 설명하기 위한 방편이었다. 이는 공공의 영역에서 물러나기는커녕 이에 참여하도록 이끄는 데 도움이 되는, 역사의 긍정적인 목적(telos)에 대해 말하기 위한 방편이었다.
49. 위의 책, 67쪽.
50. 위의 책, 68쪽. 카이퍼는 토지의 국유화를 주장하는 것이 아니라 "하나님께서는 **모든 사람들에게** 비옥한 땅을 주어 이스라엘의 모든 지파가 그 위에서 살며 또 그 땅으로부터 살아갈 수 있도록 하셨습니다."(68쪽)라는 생각과 맥을 같이 하는 원리를 명시한 것이었다. 국가의 소유를 주장하거나 개인의 소유에 대한 입장을 거부하는 것이 아니었다. 그보다 그가 반대하고자 했던 것은 땅 없는 소작농들 위에 군림하는 지방 정부 당국(local authority)에 존재했던 토지 소유에 대한 개인주의적인 관점이었다. 카이퍼는 이기적으로 이런 권위를 사용하는 것에 비판적이었다. 예를 들어, 그는 고작 열네 명이 땅의 사분의 삼을 차지했던 스코틀랜드에 대해 이야기했다. 그중 한 명은 땅의 한 구역을 사서 거기 살던 마흔여덟 가구를 추방하였다. 그렇게 해서 그 땅을 큰 사냥터로 삼을 셈이었다. 카이퍼는 토지 규제가, 하나님의 법이 이스라엘에게 그러했듯이, 땅을 소유한 사람들로 하여금 보다 큰 인간 공동체에 대한 그들의 책임을 인식하도록 만들 수 있어야 한다고 제안했다.

안했다. 그는 가족의 기반을 약하게 하는 법을 만드는 것에 저항하자고 주장했고, 결혼을 하나의 제도로서 확립시키자고 촉구했다. 노동과 관련해서는, 노동자들이 "하나님의 형상으로 창조된 사람답게 살 수 있어야 합니다."[51]라고 주장했다. 노동자들은 휴식에 관한 권리가 있으며, 자신들의 삶에 주어진 하나님의 소명을 성취할 가능성에 방해가 되도록 사회가 구성되어 있을 때는 목소리를 높일 권리가 있어야 한다.[52] 노동자들은 공정한 임금을 받고 은퇴할 경우 최소한의 생존보다 더 나은 삶을 살 수 있는 권리가 있다. 카이퍼는 기독교인들에게 사회가 하나님의 말씀을 제대로 따르지 못할 경우 저항의 목소리를 내라고 장려했다. 노동자들에 관한 그의 마지막 말은 아주 강력했다. "노동자를 그저 '기계의 부품'으로서 혹사시키는 것은 그의 인간 존엄성을 침해하는 것인데, 이것이 여전히 계속되고 있습니다. 보다 끔찍한 것은 이것이 여섯 번째 계명, 곧 너희는 사회적으로 노동자를 살인하지 말라 하는 것에 정확히 반대된다는 것입니다."[53]

카이퍼는 복지의 문제에 관해서도 언급했다. 먼저, 정부는 불의가 발생했을 때 노동자를 도와야 하며, 노동자들은 자신을 보호하기 위해 단결할 수 있는 권리가 있다. 둘째, 사람들에게 돈을 무상으로 분배하는 것에 관해서 카이퍼는 그것이 노동자들의 노동 윤리를 약화시키지 않도록 최소한으로 유지되어야 한다고 주장했다. 그는 "가난한 자들을 위한 국가의 모든 원조는 여러분의 구세주의 명예에 오점"[54]이라면서 교회가 구제 사역에 참여하는 것이 낫다고 보았다. 주목할 만한 마지막 제안은 행동을 위한 카이퍼의 마지막 요

---

51. 위의 책, 70쪽.
52. 위의 책, 70-71쪽.
53. 위의 책, 71쪽.
54. 위의 책, 78쪽.

청에서 비롯된다. 그는 가난한 사람들이 어떤 식으로든 도움을 받기 전에 그저 앉아서 사회의 변혁만 기다릴 수는 없는 노릇이라며, 기독교인들에게 사랑의 행위를 강조할 것을 촉구했다. 행위를 강조한 것은 그저 기독교의 이상을 읊어 대는 것만이 아니라 구체적인 행동을 촉구하는 카이퍼의 간절한 열망을 보여 주었다.[55]

이와 같은 연설이 카이퍼의 공공신학에 관해 시사하는 바는 무엇일까? 프랑스 혁명의 이상들과는 대조적으로, 이 반혁명 진영의 지도자는 정통주의적 신앙고백에 입각한 기독교의 원리들에 기초하여 사회문제들을 다루고자 하였다. 위에서 드러난 것처럼, 그는 기독교인들이 그저 대안적인 사상만이 아니라 기독교적인 긍휼을 본받은 대안적인 실천들까지 전파하고 보여주기를 바랐다. 더욱이 이 연설은 하나님의 법칙들에 입각해 움직이는 사회를 향해 나아가고자 한 그의 핵심적인 열망을 보여 주었는데, 여기서 그것은 영역 주권에 관한 존중, 노동 계층에 대한 보호, 가난한 자들에 대한 기독교인들의 후원을 의미했다.

3) "경계 흐리게 하기"

1892년에 카이퍼는 암스테르담 자유대학교에서 총장 연설을 했다. 이 연단은 그에게 그가 당대를 지배하는 위험한 세계관이라고 여겼던 범신론에 대해 주의를 환기시킬 수 있는 기회를 제공했다. 카이퍼가 보기에 범신론은 니체, 다윈, 헤겔이나 슐라이어마허와 같은 인물들의 사상을 아우르는 포괄적인 사상으로 기능하고 있었다. 이런 인물들을 한 명칭 아래 함께 묶는 것이 지나친 것처럼 보일 수 있겠지만, 제임스 브랫의 다음과 같은 논평이 이를 이

---

55. 위의 책, 77쪽.

해하는 데 도움이 될 것이다.

아마 누군가는 카이퍼가 범신론을 비판한 "경계 흐리게 하기De
verflauwing der grenzen"를 그 자신이 행했다고 트집 잡을 수도 있지만, 그
보다 이런 유사함은 카이퍼가 자신이 씨름하던 세력들을 얼마나 가깝
게 느꼈는지 보여 주는 지표로 이해하는 것이 보다 도움이 될 것이다.
그는 독일의 관념론Idealism이 18세기의 차가운 합리주의rationalism를 넘
어선 분명한 개선improvement이라고 보았고, 하나님과의 신비적인 친밀
함이 틀에 박힌 의무적 윤리보다 바람직하다고 생각했다. 카이퍼의 과
제는 어떻게 하면 이런 것에 담긴 비기독교화의 논리에 빠지지 않으면
서도 이런 자극의 좋은 점들virtues을 거두어들일 수 있을까 하는 것이
었다.[56]

카이퍼는 그의 관심을 다음과 같이 표현했다. "나는 이토록 파악하기 어
려운 프로테우스Proteus, [역주] 자유자재로 변신하는 그리스의 신를 정의하려고 시도
함으로써 여러분의 발목을 잡고 싶지 않고, 다만 한 가지 주안점에만 집중할
것입니다. 이는 범신론이라고 하는 것이 모든 구분을 흐리게 하고, 모든 경
계선들을 모호하게 하며, 모든 대조들을 씻어 내려는 경향이 있다는 것입니
다."[57] 이런 흐리게 하기는 종교적으로는 하나님과 사람의 구분을 축소함으
로써, 철학적으로는 정正, thesis과 반反, antithesis을 합습, synthesis으로 융합함으
로써 일어났다. 그 결과로 서로 다른 모든 것들이 실제로 서로 같은 실체를

---

56. Bratt, *Abraham Kuyper*, p. 363.
57. Abraham Kuyper, "The Blurring of the Boundaries", in *Abraham Kuyper*, p. 373.

이루고 있는 것처럼 보이게 되었다. 철학의 측면에서 가장 큰 위험이 제기되었는데, 이는 철학이 실재reality 그 자체와 대비되는, 존재하는 실재exsiting reality라는 이미지를 다루었기 때문이다. 특히 카이퍼는 칸트, 피히테, 헤겔을 언급하면서 이런 철학이 "우리를 불가항력적으로 실제로 존재하는 세계로부터 빼내어 추상적인 사유의 세계로 빠뜨리는데, 거기서 이런 철학은 삶에 존재하는 차이들distinctions과 대립들antitheses을 가지고 자기 마음대로 할 수 있습니다."[58]라고 주장했다.

카이퍼는 왜 이것이 위협적이라고 생각했을까? 그는 논리와 영성 그리고 종교에서 이처럼 경계를 제거하는 것이 파괴적인 결과를 낳을 것이라고 우려했는데, 그것은 가령 국가라는 단일한 관념idea 아래 모든 법적인 구분들이 흡수되는 것, 결혼이 폐지되는 것, 기독교가 매우 약화되고 이교에 눈이 멀게 되는 것과 같은 것들이었다.[59] 카이퍼는 이런 범신론을 손쓰지 않고 그냥 내버려 둔다면 국가나 도덕이 종말을 맞게 될 것이라고 우려했다.[60] 보다 구체적으로 카이퍼는 범신론의 망령이 가져오게 될 개인적, 교회적 그리고 정치적인 결과들을 내다보았던 것이다.

개인적인 삶에 관해서, 카이퍼는 범신론의 영향으로 인격의 발전이 고통을 겪는다고 주장했다.

오직 거룩한 친구로서 하나님과 관계 맺는 자들만이 자기 자신의 인격의 특성들features을 깊게 새겨 갈 수 있습니다 …… 조각칼이 아니라 뭉

---

58. 위의 책.

59. 위의 책, 382-383쪽.

60. 위의 책, 387쪽. 카이퍼는 인도와 중국을 범신론적 세계관을 지닌 나라들의 실례로 들었다. 그는 (그곳들의) 인간들의 낮은 품위와 저등한 국가의 상황은 모든 구분들을 흐리게 한 결과라고 보았다.

뚝한 토막으로는 어떤 분명한 인격도 형성될 수 없습니다. 인격은 활력이 넘치는 의지와 확신의 힘을 필요로 합니다. 그것은 소명 의식을 요구하는데, 이는 그 안에서 분명히 성공할 것이라는 믿음과 함께 있는 것입니다. 우리 인격의 이러한 요소들은, 우리의 인생관life-conception에 대하여 고정되어 있는 선들이 녹아 버리고 그래서 여러분이 더 이상 어떠한 익숙한 진리도, 여러분의 의지를 주관하는 어떠한 법도, 여러분을 부르시며 그 부르심을 가로막는 모든 장애물들을 평탄케 하시는 어떠한 하나님도 믿지 않는다면, 틀림없이 잘못 작동하기 시작합니다. 그러면 쏟아지는 비와 거품을 부글거리며 침투하는 물이 당신이 걷던 잘 닦인 자갈길을, 넘어지고 미끄러지게 되는 거대한 수렁으로 전락시키게 됩니다. 그렇게 되면, 비록 우리 시대에서보다는 흔하지 않겠지만, 곳곳에서 애통하게 됩니다. 인격과 인상적인 개성, 강철 같은 의지를 지닌 사람들이 없다고 말입니다. 렘브란트의 그림에 등장하는 매력적인 인물들에 비해 우리가 얼마나 개성 없고 자기를 표현할 줄 모르며 무력해 보이는가에 대해서는 굳이 지난날들을 추종하는 사람이 아니더라도 슬퍼하게 될 것입니다.[61]

범신론은 기껏해야 유순한benign 확신을 지닌 지도자들의 시대만을 양산했을 뿐이다. 몇몇 대단한 사람들이 있기는 했지만 '일류 스타들'은 거의 없었다. 그 대신 "이류의 모방자들이 원래의 선구자들을 대체하였고, 그들의 발밑에는 흐리멍덩한 눈으로 생기라고는 전혀 없는 지친 군중들이 온 세계

---

61. 위의 책.

에서 몰려들었습니다."[62] 사회의 수준이 낮아지는 것은 아주 흔한 일이 되었는데, 이는 도덕적인 절대 원칙이 부재하고 범죄가 증가하는 것에서 더욱 분명해졌다.[63]

교회에 관해서, 카이퍼는 교회와 하나님을 믿지 않는 세상 사이에서 점차 어떠한 대립도 있지 않게 되는 것을 안타까워했다. 교회의 지도부에서, 특히 국교회national church에서 특정한 신앙고백을 따르는 신자들이 그 자리를 잃어 가는 반면, 교리의 자유를 주창하는 사람들이 세속화를 중요한 의제로 내세웠다. 이대로 내버려 둘 경우, 교회는 국가의 목적을 위해 봉사하다가 결국 국가 그 자체에 흡수될 수 있는 형국이었다.[64]

정치에 대해서, 카이퍼는 최후의 심판에 대한 믿음—하나님께서 일어나셔서 친히 갚으실 것이라는 사실 때문에 옳은 것에 관한 자신의 판단을 내려놓을 수 있고, 그렇기 때문에 세상의 불의를 똑바로 주시할 수 있게 해 주는 것—이 "'세상의 역사 자체가 세상에 대한 심판'이라는 범신론적인 반半진리 half-truth"[65]를 수용하는 것으로 대체될 경우, 적법성이란 그저 정부가 만들고 부과한—그리고 끊임없이 수정해 온—것에 불과하다는, 정의에 대한 세속적인 개념을 낳을 것이라고 주장했다. 이러한 가변적인 선악관은 자연선택적인 하나의 정치 형태—사회의 수단으로서 전체주의적인 국가의 변덕에 뿌리를 두고 이에 복종하는 형태—를 보여 주었다. 카이퍼는 이 과정과 이에 따라 경계가 흐려지는 것에 관해 다음과 같이 묘사했다.

---

62. 위의 책, 389쪽.
63. 위의 책, 388-389쪽.
64. 위의 책, 390-391쪽.
65. 위의 책, 391쪽.

한 집단이 우위를 차지함으로써 다른 집단과 이어집니다. 나폴레옹Napoleon은 부르봉Bourbon에 의해, 부르봉은 오를레앙Orleans에 의해, 오를레앙은 다시 나폴레옹Napoleon 3세에게 자리를 내주게 됩니다. 그들이 번갈아 권력을 잡게 된 것은 그들이 일시적으로 **더 강했기** 때문입니다. 따라서 국가의 통치권은 사실 **힘**이 있는 자에게 가게 되었고, 이 더 강한 집단에서 더 강한 자의 권리right가 그것의 불확실한 승리를 **실제적으로**de facto만이 아니라 **이론적으로**in theory도 널리 공표하게 됩니다. 이 때문에 하나님으로 말미암아 사람들로부터 임명받은 권력인 정부 기관과 하나님으로 말미암아 이 권위에 종속된 사회 사이의 구분이 무너집니다. 정부 기관과 사회 모두가 모든 것을 갖춘all-sufficient 하나의 국가에 삼켜지고, 결국 국가는 자기 자신을 하나님의 위치에 올려놓게 됩니다. 국가는 가장 높은 권력이 되며 동시에 모든 권리의 근원이 됩니다. 정부는 더 이상 죄 때문에 존재하는 것이 아닙니다. 오히려 국가가 인간 사회의 이상으로서, 그 앞에 모두가 무릎을 꿇도록 신격화되며, 그 은혜로써 모두가 살아가고, 그 말에 모두가 복종해야 하는 것으로서 존재하게 됩니다 …… 모든 것을 제공하는 하나의 국가 안에서 모든 사람의 에너지를 연결시켜 흐르게 하고 그 진가를 발휘하게 합니다.[66]

카이퍼는 이처럼 포괄적인 국가의 출현이 허무주의적인 무정부 상태를 초래할 것이라고 우려했다. 왜냐하면 전제주의자들absolutist의 국가—'슐라이어마허를 따르는 대가virtuosos들의 정부, 학자들과 천재들의 정부'에 의해 운영되는—와 일반 민중들—국가에 대한 통제권을 얻고자 하는—사이에서 권력

---

66. 위의 책, 392쪽.

투쟁이 일어날 것이기 때문이다. 엘리트들은 권력이 국가로부터 온다고 피력하지만, 민중들은 자신들이 국가를 구성하고 있고 실권은 사실 자신들에게 있다면서 자신들의 요구가 관철되어야 한다고 주장할 것이다. 정권을 잡은 당파가 군사적인 수단을 동원하여 정치적인 통제권을 행사할 수 있을지라도, 원초적인 힘—유일하게 질서의 기초가 되는 힘—이 결국 지배적인 질서를 파멸로 이끌 것이다. 그때 군대는 자신들의 힘을 자각하게 되어 쿠데타를 일으키고 "어떠한 경계들도 없다, 모든 것이 진화의 과정일 뿐이다! 우리가 행한 것은 당신들이 말하는 범신론적인 과정에서 불가피한 단계를 불러일으킨 것뿐이 아니던가?"[67]라고 말하면서 엘리트들을 비웃을 것이다. 정치에 관해서 범신론이 자아내는 결과는 마치 사람의 몸에서 동맥과 근육 조직의 경계가 무너질 때 필연적으로 몸이 썩게 되는 것에 비유할 수 있다. 범신론적인 진화의 과정은 파멸을 초래할 것이다.

그러면 카이퍼가 제시하는 대안은 무엇일까? 카이퍼는 처음에는 재세례파처럼 들리는 언어를 사용하여 "신앙을 여전히 지니고 있으면서 경계가 흐려지는 것의 위험을 알아챌 수 있는 사람들은 반드시 **자신의 고유한 반경** their own circle 주위로 선을 그리는 것에서 시작하여 그 반경 안에서 영위되는 **고유한 삶의 양식**a life of their own을 발전시키고, 이렇게 형성된 삶에 관한 **이야기를 전해 주어야만** 합니다. 그럼으로써 어느 시점에서 그들이 감내해야만 하는 어려운 상황에 필요한 성숙함을 갖출 수 있도록 말입니다."[68]라고 말했다. 카이퍼는 범신론의 세력과 정통 기독교의 세력 사이에는 분명한 경계가 있다고 피력했다. 이 지점에서 카이퍼는 그가 범신론의 '생명 운동life-

---

67. 위의 책, 393쪽.
68. 위의 책, 396쪽.

movements'이라고 부른 것과 신실하고 고백주의적인 기독교 신앙 사이에 있는 대조를 공공의 영역에서 강하게 드러내야 한다고—여기에는 학교와 같은 공공 기관들을 세우는 것도 포함한다—요구했다. 그는 자신의 접근방식은 세상을 두려워함으로써 스스로를 고립시키는 것을 요구하지 않는다고 말함으로써 자신의 접근방식과 재세례파들의 접근방식을 구분했다. 대신에 그것은 "우리의 무기를 개선하고 전투를 준비하기 위해 방어시설 뒤로"[69] 물러나는 군사적인 후퇴에 보다 가까운 것이었다.

범신론의 위협에 대한 대응으로서, 카이퍼는 기독교인들에게 인간과 창조 질서 모두에 대한 세례palingenesis 및 하나님의 갱신과 재창조에 기초해서 자신들의 고유한 반경circle을 발전시켜갈 것을 당부했다. 이 원리는 카이퍼와 그의 지지자들이 지니는 고유한 확신의 기초로서, 삶의 모든 영역에 적용되는 것이었다. 흥미롭게도 그는 가톨릭과 같은 다른 신앙고백의 집단들에게도 자신만의 고유한 반경circle과 기관들institutions을 정립시키라고 제안했다. 카이퍼는 적어도 이와 같은 두 개의 반경들circles이 형성되고 학문적으로 발전해 간다면 범신론자들의 영향력에 도전할 수 있을 것이라고 주장했다. 그는 그 결과를 다음과 같이 그려 보았다.

이제, 신사 숙녀 여러분, 저항이 **있게 될 것입니다.** 이 저항은 자발적으로 작동하는 힘으로서 나라 전체를 복되게 하고, 여러분의 행동이 빚어내는 현실과 여러분이 존재한다는 사실로 말미암아 교회와 국가 그리고 사회에서 그 힘을 느끼도록 만들 것입니다. 정리해 봅시다 …… 우리에게 가치가 있는 저항은 오직 한 종류뿐입니다. 그러나 이것만이 과

---

69. 위의 책, 398쪽.

거의 역사 전체가 승리를 약속하는 저항입니다. 그것은 바로 이것입니다. 여러분이 여러분의 반경과 **진화**Evolution의 반경 사이에 선명하고 확실한 선을 긋고, 이 사회 안에서 주님의 위대함을 경외하며 그분께서 세우신 모든 경계들을 존중하는 것입니다.[70]

카이퍼는 만약 그를 따르는 사람들이 자신들의 고유한 경계를 긋고 그 나름대로 대립적인antithetical 삶을 전개시키면서 사회적인 영역에 참여한다면, 사회 전반에 걸쳐 범신론의 영향을 막아내게 될 것이라고 믿었다.

"경계 흐리게 하기"에서는 카이퍼의 방어적인 자세를 볼 수 있는데, 여기서 그는 자신의 대립적인 성향을 확고히 주장함으로써 제기된 위협들에 대응하였다. 기독교사회회의에서 그랬던 것처럼, 그는 이 연설에서 특정한 사회적 질병들을 직접적으로 언급하기보다는 사회정치적인 파급력이 있는 이데올로기적인 위협들을 분간해서 다루었다. 비록 여기서 그는 고백적인 범주 안에서 공공의 영역에 대한 기독교적인 접근을 전개하고 있지만, 그럼에도 불구하고 사회 질서에 대한 참여와 변혁 또한 염두에 두고 있었다. 자신들만의 성을 쌓고 고립되는 것은 카이퍼가 그의 사역 초기에 공공신학으로 돌아섰던 방향과 상충되는 정반대의 것으로서, 그것은 단지 사회로 하여금 모든 것을 아우르는all-encompassing 국가를 향해 더 빨리 발전해 가도록 양보하게 할 것이다.

4) 스톤 강연

1898년에 카이퍼는 프린스턴 신학교에서 스톤 강연Stone Lectures을 하게

---

70. 위의 책, 401쪽.

되었다. 미국의 청중들에게 제공된 이 여섯 편의 강좌들에는 카이퍼의 사상이 가장 포괄적으로 표현되어 있었다. 여기서 그는 자신이 이전에 행한 연설들에서 제시했던 주제들을 다시 언급하고 확장함으로써 자신의 공공신학을 보여 주었다. 특별히 흥미로운 것은 공적인 삶에 대한 참여, 영역 주권, 그리고 대립antithesis과 일반은혜 사이의 긴장 등에 대해 카이퍼가 제시했던 신학적인 근거들이다.

이 강좌들에서 카이퍼의 목적은 삶의 모든 영역에 대한 기독교적인 관점과 접근방식을 제공하는 포괄적인 삶의 체계로서 칼뱅주의를 제시하는 것이었다. 그는 칼뱅주의가 가장 정확하게—로마 가톨릭이나 루터교에 비해서—기독교의 이상을 구현하였으며, 이교나 이슬람교와 같은 주요한 세계관들과 대조되는 지점에 서 있다고 생각했다.[71] 이러한 입장은 칼뱅주의가 단지 종교적인 체계에만 국한되는 것이 아니라 공공의 참여를 포함해 삶의 모든 측면들에 접근하는 방식을 제공하는 "모든 것을 포괄하는 원칙들의 체계"[72]라는 것을 의미했다.

이 강좌들에서 공공의 참여에 대해 카이퍼가 제시한 신학적인 근거는 무엇이었을까? 그는 일반은혜—다음 장의 주제이기도 하다—가 기독교인들로 하여금 삶의 모든 측면에서 하나님을 섬기도록 강요한다고 주장했다. 카이퍼는 비구속적인nonredemptive 이러한 은혜가 믿는 자들로 하여금 세상을 존중하고 "모든 영역에서 보화를 발견하고 하나님께서 자연과 인간의 삶에 숨겨 놓으신 잠재력들을 피어나게"[73] 하기 위해서 주어졌다고 보았다. 공공의

---

71. Abraham Kuyper, *Calvinism: Six Lectures Delivered in the Theological Seminary at Princeton* (New York: Revell, 1899), p. 13. [역주] 이 책은 『칼빈주의 강연』이라는 제목으로 CH북스에서 번역 출간되었다.

72. 위의 책, 16쪽.

73. 위의 책, 33쪽.

참여는 기독교인들의 마땅한 책임이며, 그들이 이 책임을 받아들일 때 그들은 가정과 사회, 정치의 삶에서 다른 세계관들에 대한 대안으로 제시할 수 있는 체계들을 발견하고 발전시켜 갈 것이다.

"칼뱅주의와 정치"라는 제목의 강좌에서, 카이퍼는 1880년에 자유대학교 설립 연설에서 언급했던 영역 주권의 개념을 다시 끌어왔다. 1880년 당시에 카이퍼의 목적은 사회 안에서 기독교 대학을 위한—그리고 다른 세계관을 대변하는 기관들을 위한, 설령 그것이 기독교가 아닐지라도—자리를 확보하는 것이었다. 그런데 지금 1898년에 이르러 그의 목적은 칼뱅주의가 특정한 종류의 정치적인 관념을 이끈다는 보다 넓은 그림을 보여 주려는 것이었다.[74] 여기서 카이퍼는 공공의 영역에 있는 세 개의 구별되는 영역들, 곧 국가, 사회, 교회에 대해서 논했다.

카이퍼가 18년 전에 언급했던 것처럼, 칼뱅주의의 근본 원리는 온 우주를 다스리는 하나님의 주권이며, 국가, 사회, 교회라는 세 영역은 태초부터 있었던 하나님의 주권에서 비롯된 것이다.[75] 이 세 개의 각 영역은 각각 그것 안에서 고유한 권위를 소유한다. 국가에 관해서, 카이퍼는 죄의 결과로 말미암아 하나님께서 통치governance를 목적으로 하는 다스리는 권위들을 세우셨다고 주장했다. 더욱이 그는 칼뱅주의는 공화국republic으로 구성된 정부의 형태로 이끌며, 또한 이것이 칼뱅이 선호했던 것이라고 말했다.[76] 카이퍼는 비록 하

---

74. 1880년의 연설과 "경계 흐리게 하기"에서처럼, 카이퍼는 사회정치적인 세계에 대한 그의 접근방식을 프랑스 혁명의 급진적인 민주주의와 헤겔 철학에서 발현된, 모든 것을 포괄하는 국가에 반대되도록 설정하였다 (위의 책, 108-115쪽).

75. 위의 책, 99쪽.

76. 피터 헤슬람(Peter Heslam)은 카이퍼가 이 점에 대해서 솔직하지 못했다면서, 칼뱅은 그의 『기독교강요』(Ⅳ.xx.8)에서 분명히 귀족정을 선호했다고 말했다. Peter S. Heslam, *Creating a Christian Worldview: Abraham Kuyper's Lectures on Calvinism* (Grand Rapids: Eerdmans, 1998), p. 144를 보라.

나님께서 궁극적으로 이러한 형식을 공공의 통치를 위해 제공하셨다고 주장하기는 했지만, 그것이 신정정치theocracy는 아니라고 단호하게 말했다.

신정정치는 오직 이스라엘에서만 발견되었습니다. 이는 이스라엘에서는 하나님께서 직접적으로 개입하셨기 때문입니다. **우림과 둠밈**, 그리고 **예언**이라는 두 가지를 사용하심으로써, 또는 그분의 구원의 기적과 징벌의 심판이라는 두 가지를 사용하심으로써 하나님께서는 그분의 손에 그분의 백성을 재판하고 통치하시는 권한을 모두 쥐고 계셨습니다. 하지만 하나님의 주권에 대한 칼뱅주의 신앙고백은 모든 세계에 유효하며, 모든 나라들에게 진리며, 사람이 사람에게 행사하는 모든 권위에 ―심지어 부모가 자식에 대해 갖는 권위에도―효력이 있습니다.[77]

하나님의 주권은 정부를 비롯한 인간의 권위를 통해서 매개되고, 따라서 여기에 신정정치가 지닌 하나님의 직접적인 통치라는 성격은 없다. 더군다나 카이퍼는 하나님의 법칙들을 따르는 정부를 원하기는 했지만, 그렇다고 모세의 율법을 문자적으로 따르는 사회를 조직하려는 열망은 추호도 없었다.

사회에 대해서 카이퍼는 하나님께서 개별적인 사회의 영역들에 주권을 주셨다고 주장했는데, 이는 "사회적 삶을 서로 다르게 발전시켜 온 것들은 **하나님 외에는 그것들 위에 아무것도 없고**, 따라서 국가는 그것들에게 간섭할 수 없으며 그것들의 영역에 명령할 수도 없음을 분명하고 확실하게 하기 위함"[78]이라는 것이었다. 각각의 사회적 영역―예를 들어, 사업, 가족, 교육 기

---

77. Kuyper, *Calvinism*, pp. 107-108.
78. 위의 책, 116쪽.

관이나 동업 조합들—에게는 하나님께서 그것들 각각을 위해 세워 주신 하나님의 법칙들에 따라 그들 나름대로 기능할 수 있는 자유가 있다. 물론 그렇다고 해서 정부가 절대로 개입할 수 없다는 것을 의미하지는 않는다. 오히려 정부는 서로 다른 영역들이 충돌할 때, 어떤 영역에서 약자들에 대한 폭력이 있을 때, 또는 국가의 자연스러운 일치를 유지하는 데 기여하도록 모든 영역들을 강제하는 것이 요구될 때에만 관여하게 될 것이다.[79] 무엇보다 정부는 다양한 사회적 영역들의 자유를 보호함으로써 그것들이 번성할 수 있도록 해야 한다.

카이퍼에 따르면, 교회는 국가 안에서 주권을 가지지만 콘스탄티누스적인 방식으로 가지는 것은 아니다.[80] 카이퍼는 주장하기를 칼뱅주의는 정부가 교회의 직접적인 영향력에 매이지 않고 통치할 수 있도록 허용한다고 했다. 치안 판사들magistrates은 하나님의 신성한 법칙들에 입각해서 다스려야 하지만, 동시에 그들은 교회에 종속되지 않는 독립성을 지닌다. 하나님의 말씀은 공권력governmental authority이 부여된 자들의 양심을 통하여 통치한다.[81] 더불어 교회는 사회 안에서 양심과 발언, 신앙의 자유를 허용한다—비록 지역교회들에 속한 개인들은 성직자들the clergy의 판단에 예속되지만 말이다—.[82]

스톤 강연에서 영역 주권에 관해 카이퍼가 표현한 것들은 하나님의 주권

---

79. 위의 책, 124쪽.
80. 위의 책, 128-129쪽. 카이퍼는 세르베투스의 죽음에 관한 칼뱅의 역할과 자신 사이에 거리를 두고 싶어 했고, 이 유감스러운 사건을 야기한 원리는 칼뱅주의의 핵심 원리들이 아니라 콘스탄티누스주의에 있다고 주장했다.
81. 위의 책, 133-135쪽.
82. 위의 책, 138-141쪽. 카이퍼는 비록 국가교회(state church)가 있기도 했지만, 그럼에도 사회 전반에 걸쳐 사상과 표현의 자유의 길을 닦아준 것은 (그의 표현에 따르면) '칼뱅주의적 네덜란드'였다고 주장하면서 논의를 이어 갔다. 그는 이렇게 말했다. "다른 곳에서는 제제를 받았던 사람들이 이제는 칼뱅주의의 기반 위에서 처음으로 사상의 자유와 출판의 자유를 누리게 되었습니다."(위의 책, 141쪽)

이 서로의 경계를 존중하는 주요한 세 개의 영역들—물론 사회에는 수많은 작은 영역들이 있긴 하지만—에서 각기 다르게 나타나는 다원적인 사회에 관한 하나의 관점을 제시한다. 그 관점에서 칼뱅주의의 원리는 신정통치가 아닌 공화정 사회를 양산하는데, 이런 사회는 하나님께서 의도하신 대로 영역들이 움직였을 때 창조 질서의 발전을 촉진시킨다.

그러면 어느 지점에서 대립antithesis과 일반은혜가 긴장상태가 되는 것일까?[83] 과학과 예술에 관한 카이퍼의 강연은 적당한 해결책을 제시하지 못한 채로 이러한 긴장을 보여 주었지만, 이 강좌들은 기독교인들이 공공에 참여할 수 있는 방식을 제시하는 논의로 나아갔다. 카이퍼는 "칼뱅주의와 학문"이라는 강좌에서 먼저 일반은혜가 과학에 대한 사랑을 야기하고 과학에게 그 자체의 고유한 학문적인 영역을 선사한다고 주장했지만, 그런 다음 그는 두 종류의 과학 사이를 극명하게 대조시켰다.[84] 카이퍼가 정상주의자들 Normalists이라고 부른, 즉 자연적인 정보들만을 보려는 진영과, 자연계를 보지만 자신들의 이상적인 규범을 삼위일체 하나님께로부터 찾는 비정상주의자들Abnoramlists의 진영이 있다는 것이었다. 이 둘 사이의 근본적인 차이는 "거듭난 자의 의식과 거듭나지 않은 자의 의식이라는 **두 종류의 인간 의식**" 사이에 있는 차이였다.[85] 결과적으로 이는 기독교인들과 비기독교인들이 다른 **종류**의 정신을 가지고 있고, 따라서 이들은 우주 전체를 다르게 인지하고, 이러한 각자의 관점을 반영하여 과학에 대한 접근방식을 전개한다는 것을

---

83. 네덜란드 칼뱅주의 전통에서 대립과 일반은혜에 관한 연구에 대해서는 다음을 살펴보라. Jacob Klapwijk, "Antithesis and Common Grace," in *Bringing into Captivity Every Thought: Capita Selecta in the History of Christian Evaluations of Non-Christian Philosophy*, ed. Jacop Klapwijk, Sander Griffioen, and Gerben Groenwoud (Lanham, Md.: University Press of America, 1991), pp. 169-190.

84. Kuyper, *Calvinism*, pp. 155-172.

85. 위의 책, 183쪽.

의미했다. 카이퍼는 둘 중 한 집단만이 과학을 해야 한다는 것이 아니라 그 각각이 자기의 사회 안에서 과학을 할 수 있어야 한다고 주장했다.[86] 이 강좌에서 대립은 사회 안에서 기독교인들과 다른 사람들이 인식해야만 하는 사실로서 제시되었다.

"칼뱅주의와 예술"이라는 강좌에서 카이퍼는 일반은혜가 예술 작품들이 만들어지는 것을 가능하게 하며, 기독교인들과 비기독교인들 모두에게 영감을 준다고 주장했다.[87] 카이퍼는 기독교적 예술관만을 특별히 주창했다기 보다는, "오히려 반대로 칼뱅주의는 우리에게, 모든 교양 과목들liberal arts은 하나님께서 신자들과 비신자들 모두에게 차별 없이 주신 선물이라고, 게다가 역사가 보여 주듯이 이런 선물들은 거룩한 사회 밖에서 더욱 크게 융성하기까지 했다고 가르쳤습니다."[88]라고 주장했다. 예술은 참으로 '공통적으로 commonly' 만들어진다. 더욱이 카이퍼는 이 강좌를 통해 칼뱅주의가 예술을 교회—특히 로마 교회—로부터 해방시켰다고 주장하고자 했으면서도, 또한 예술—회화, 음악, 시 같은 것들—이라는 세계가 삶의 모든 것들을 표현하는 것을 최대한으로 발전시켜 가야 한다는 관점을 주장하고 장려하고자 했다.[89] 이러한 발전은 기독교인들이나 비기독교인들 모두로 말미암아 이루어질 수 있었다. 중요한 점은 예술이라는 영역이—그것이 교회와 연관되었든 안 되었든 간에—기독교인들의 지지를 누려야 한다는 것이었다.

예술에 관한 카이퍼의 주장은 과학에 대한 그의 관점과 정확히 반대되는 것이었다. 이에 대해 피터 헤슬람Peter Heslam이 잘 포착했다.

---

86. 위의 책, 184쪽.
87. 위의 책, 217쪽.
88. 위의 책, 216쪽.
89. 위의 책, 221쪽.

카이퍼가 예술에 관해 긍정적인 입장을 보일 수 있었던 것은 주로 그의 일반은혜 교리 때문이었다. 예술에 관한 강연에서는, 과학에 관한 강연에서와는 대조적으로 대립 교리가 거의 역할을 하지 못할 만큼 위축되는 반면, 일반은혜 교리는 크게 강조되고 있다. 이러한 차이는 한쪽에는 대립과 그에 상응하는 고립isolation이 있고, 다른 한 쪽에는 일반은혜와 그에 상응하는 참여engagement와 조화accommodation가 있는 카이퍼 사상의 중심적인 긴장이 무엇인지를 가장 분명하게 보여 주는 표징이다.[90]

카이퍼는 스톤 강연에서 이러한 긴장을 풀지 않은 채로 남겨 두기는 했지만, 기독교인들이 과학에 참여하고 예술을 지지하게 하려는 방법을 찾고자 했던 그의 의도만큼은 분명하게 달성하였다.

프린스턴에서 카이퍼의 연설은 그의 공공신학의 기초(일반은혜), 하나님의 주권 아래에 있는 사회에 대한 입장, 그리고 대립과 일반은혜 사이에서 그의 사상이 지닌 중심적인 긴장을 보여주었다. 그가 설명한 칼뱅주의는 삶의 모든 영역에서 기독교인들이 공공에 참여하는 것을 고취시켰을 뿐만 아니라 긴급하게 촉구하였다. 이러한 참여가 어떤 무대들arenas에서는 기독교적 사회 안에서 일어나야 했지만, 다른 무대들에서는 일반적인 사회의 한 가운데서 일어나야 했다. 어느 쪽에서든 그는 기독교인들에게 하나님의 법칙들을 발견하고 창조세계의 잠재력들을 발전시켜야 하는 책임이 그들에게 있음을 인지하고 받아들이라고 요청했다.

---

90. Heslam, *Creating a Christian Worldview*, p. 222.

5) 네덜란드의 수상(1901~1905년)

반혁명당과 로마 가톨릭당은 1901년의 총선에서 49개의 의석을 얻게 되었다. 게다가 자유 반혁명당Free Anti-Revolutionary—보다 귀족정치적인 집단으로서 참정권을 확장하는 문제를 두고 카이퍼의 당에서 갈라져 나왔다—또한 7석을 차지했다. 이로써 고백주의적인 당들의 연립정부가 의회의 다수가 되었고, 빌헬미나 여왕Queen Wilhelmina은 아브라함 카이퍼를 네덜란드의 수상으로 임명하였다.[91] 이는 그의 경력에서 정점이 되었다. 국가적으로 명성을 떨친 이 기간은 카이퍼의 공공신학에 관해서 무엇을 말해줄까?

카이퍼의 공공신학이 지닌 가장 중요한 측면들 중 하나는 그로 하여금 이러한 고위 공직자로 승격되는 것을 가능하게 해 준 연립정부coalition에 반영되어 있다. 카이퍼는 가톨릭교도들과 개신교도들의 신앙에는 근본적인 차이가 있음을 분명히 했지만, 동시에 그는 일찍이 1879년에 이미 그들이 연합할 수 있는 원리들이—고백주의적인 교육에 대한 헌신과 같이—있음을 인정하였다.[92] 연립정부는 카이퍼가 정치적으로 협력하는 데 종교적 세계관의 엄격한 정확성을 요구하지 않았음을 보여 주었다. 이는 또한, 설령 근본적인 차이가 있다 할지라도, 적어도 고백주의적인 집단들 사이에서는 함께 인지하고 합의점을 이끌어 낼 수 있는 상황들이 있음을 입증해 주었다.

통치governance에 접근하는 방법에 대해 카이퍼의 의도는 정부를 진정한 다원주의pluralism로 이끄는 것이었는데, 그의 관점에 따르면, 그것은 국민들 가운데 기독교 진영 역시 포함되는 것을 의미했다.[93] 이와 관련해서 주요한

---

91. Langley, *Practice of Political Spirituality*, p. 72. 또한 다음을 보라. McGoldrick, *Abraham Kuyper*, pp. 186-189.

92. McGoldrick, *Abraham Kuyper*, pp. 190-191.

93. 위의 책, 199쪽.

쟁점이 되었던 것이 교육이었는데, 카이퍼는 사립학교들이 그 지위와 지원에서 동등할 수 있게 하려고 노력했다.[94] 게다가 카이퍼는 하나님의 법칙들에 입각해 나라를 운영하려고 노력했다. 그러나 카이퍼는 그를 반대하는 자들이 단언했던 것처럼 신정정치나 '성직자들의clerical' 정부를 만들려는 마음은 추호도 없었다. 물론 하나님의 법이 기초가 되도록 의도했지만, 카이퍼에 따르면 시민 정부가 일반은혜의 매개자 또는 대리 집행자였다. 이 사실을 인식하는 것은 다음과 같이 두 가지 역할을 하였다. 첫째, 스톤 강연에서 언급된 것처럼, 그것은 기독교인들이 문화와 정치에 참여하는 것을 그들에게 주어진 기회이자 책임으로 정립시켜 주었다. 둘째, 이러한 특정한 정황에서, 그것은 소수였던 기독교인들이 신정정치나 네덜란드식 콘스탄티누스주의를 쌓아 올리기보다는 사회 전체의 이익을 위해 사회 안에 존재하는 누룩과 같은 역할을 해야 한다는 메시지를 주었다.[95]

입법에 관해서, 카이퍼는 고용주들에게 착취당하는 사람들을 돕고, 가난하고 병들고 나이 든 자들을 지원하고, 도덕 수준을 증진시키고, 보통 사람들kleine luyden의 사회적 지위를 올리고, 교육 문제를 해결하기 위해서 노력했다. 카이퍼는 주류 면허 개정법과 같은 법안들은 성공적으로 통과시켰고, 또한 1903년에 철도 파업을 다루면서 기독교인의 세계관과 사회주의자의 세계관 사이에 빚어지는 충돌—기독교인들은 계시의 렌즈를 통해서 법을 바라보았지만, 그들의 반대자들은 계시를 경시했다—에 관심을 집중시키기도 했지만,[96] 그의 가장 뛰어난 업적은 1905년 5월에 통과된 고등교육법이었을 것

---

94. 위의 책, 199-200쪽.

95. 위의 책, 205쪽.

96. Langley, *Practice of Political Spirituality*, p. 100. 또한 다음을 보라. McGoldrick, *Abraham Kuyper*, pp. 199-204.

이다. 이 법으로 말미암아 기독교식 대학 교육이 국립대학들에서 인본주의적인 교육과 동등한 위치를 부여받게 되었다. 비록 당대에 이 법이 적용된 기관은 자유대학교Vrije Universiteit뿐이었지만, 이는 교회들이나 민간 조직들이 국립대학교들에 그들을 위한 교수 자리를 마련할 수 있도록 해 주었고, 그럼으로써 세속 기관들에 기독교적인 영향력을 보다 많이 끼칠 수 있게 해 주었다.[97] 이 법안은 카이퍼의 지지자들이 사회에서 다른 사람들과 동일한 수준으로 교육받을 수 있도록 함으로써 기독교인들이 사회적으로 영향력 있는 자리에 들어갈 수 있는 가능성을 높여 주었다. 이는 일종의 기독교 해방emancipation과도 같은 것이었다.[98]

카이퍼의 수상 임기는 1905년에 끝났다. 이후 1920년에 죽을 때까지 그는 여전히 영향력 있는 사람이었지만, 네덜란드에서 똑같은 영향력을 미치지는 못했다. 그는 수상으로서 사회 안에 세계관의 다원주의를 허용하면서도 하나님의 법칙들에 입각한 통치방식을 추구함으로써 그의 공공신학을 실천하려고 노력했다. 그가 수상으로서 가장 성공적인 사람은 아니었을지 모르지만—이것은 아마도 그의 정치적인 입장만큼이나 그의 개성에 의한 결과였을 것이다—[99]그가 자신의 신학에 상응하는 방식으로 통치하고자 했던 것은 분명하다.

---

97. McGoldrick, *Abraham Kuyper*, pp. 204-205.
98. Langley, *Practice of Political Spirituality*, p. 86.
99. McGoldrick, *Abraham Kuyper*, p. 207.

카이퍼의 공공신학에 관한 분석

지금까지 카이퍼가 그의 절정기에 지녔던 공공신학을 짤막하게 서술했으므로, 이제 남은 과제는 이것을 평가해 보는 것이다. 특히 그의 공공신학은 어떤 종류의 것이었을까? 고백적인 것이었을까, 변증적인 것이었을까, 혼합된 것hybrid이었을까, 아니면 또 다른 무엇이었을까?

카이퍼의 공공신학에 관한 연구는 주로 그가 행한 다양한 형식의 공적 연설들로 구성된다는 점이 매우 중요하다. 카이퍼가 많은 책들을 저작한 작가이기는 했지만, 그는 자신의 공공신학을 공적인 연설들을 통해 가장 잘 개진했다. 공적 토론장public forum에서 카이퍼는 고백적인 면모와 변증적인 면모를 모두 지닌 공공신학을 제시했지만, 그렇더라도 그는 주로 자기가 의도한 효과를 수사법적인 능력을 통해서 성취했다. 그의 주장들은 청중들을 행동하게끔 만드는 수사법으로 전개되었다. 카이퍼가 수사법에 능한 공공신학자였다고 주장하기에 앞서, 여기서는 카이퍼와 제1장에서 제시된 공공신학에 관한 여러 가지 접근방식들 사이의 관계를 다루도록 하겠다.

카이퍼가 변증적인 경향을 지닌 맥스 스택하우스Max Stackhouse의 공공신학 및 고백주의적인 경향을 지닌 로날드 씨먼Ronald Thiemann의 공공신학에 크게 호감을 보였다는 점은 매우 중요하다. 일반은혜에 초점을 둔 것, 시민 사회에서 수평적인 다원주의의 가치를 인정한 것, 종말론을 강조한 것, 그리고 창조세계의 법칙들을 찾은 것은 모두 카이퍼가 스택하우스와 공통으로 지닌 변증적인 요소였다. 보다 구체적으로 말하자면, 비록 동일한 표현을 사용하지는 않지만 카이퍼의 관점들은 스택하우스가 제시한 아홉 가지의 주제와 모두 겹친다. 예를 들어, 스택하우스는 특히 억압oppression이라는 양식들을 바로잡자는 의미에서 사회적인 변화를 말하는 언어로 해방liberation이라는 주제를 전개하는데, 카이퍼가 시도한 전반적인 공공 프로젝트 역시 사회의 구석으로 밀려난 보통 사람들kleine luyden에 대한 해방 사역으로 이해될 수 있다. 게다가 스택하우스가 다룬 도덕법이라는 주제는 카이퍼가 신의 법칙들을 찾고자 했던 것과 유사하며, 교회론이라는 주제—스택하우스의 주제—는 사회 안에서 세계관의 다원성을 의도한 카이퍼의 열망과 맞아떨어진다. 카이퍼가 그의 공공신학을 뒷받침하기 위해 웨슬리 사변형Wesleyan quadrilateral을 언급한 것은 아니지만, 스택하우스와 정확히 같은 식은 아니더라도 그 역시 성경과 전통, 이성을 이용했다.

카이퍼는 씨먼처럼 대립antithesis에 초점을 맞추기도 했는데, 이는 공공의 삶에 참여하면서도 기독교적인 고백의 순전성integrity을 유지할 수 있는 방법을 찾고자 한 것이었다. 씨먼의 특징들은 종교가 지닌 공공의 역할 및 종교적인 확신들convictions과 신학적인 분석이 공공의 삶과 정책들의 구조에 영향을 끼치게 하려는 바람을 재확인하는 것인데, 이러한 특징들은 카이퍼의 "영역 주권Sphere Sovereignty" 및 "사회문제와 기독교The Social Question and the Christian Religion"라는 연설과 공명하는 점이 있다. 최종적으로 다음과 같은 대조가 특히 주목할 만하다. 그것은 카이퍼는 그의 공공의 목표들에 도움이 되는 방식으로 신칼뱅주의neo-Calvinism를 정교하게 만드는 데 창의력을 발휘하기는 했지만—이는 그에게 동조하거나 그를 비판하는 학자들 모두의 견해다—씨먼과는 달리 그는 효과적인 공공의 참여를 도모하기 위해 급진적일 수 있는 방식으로 기독교 전통을 변경alteration해야 한다고 제안하지는 않았다는 것이다.

이러한 변증적이고 고백주의적인 측면들이 카이퍼의 공공신학에서 중요한 요소들이기는 하지만, 카이퍼의 공공신학에서 가장 큰 특징은 수사학 rhetoric에 있다. 수사학은 카이퍼의 공공신학에 가장 큰 영향을 끼쳤다.

존 볼트John Bolt는 카이퍼를 시인으로 보는 것이 가장 적절할 수 있다고 제안한다. 따라서 카이퍼의 신학적이고 철학적인 개념들에만 초점을 맞추기보다 이야기를 멋지게 꾸미는 그의 수사학적이고 신화작가적인mythopoetic 관점을 강조해서 조명할 경우, 우리는 그가 공공에 끼친 효과를 설명하는 데 유용한 관점으로 카이퍼의 공공신학을 볼 수 있을 것이다.[100] 볼트는 다음과 같이 주장한다.

> 사회적으로 무시되던 네덜란드의 정통 개혁교회에 속한 보통 사람들 Gereformeerde kleine luyden을 해방시키고 행동으로 나서게 한 **운동**의 지도자로서 카이퍼의 성공을 이해하려면, 우리는 강력한 수사법, 탁월하게 선별된 성경 속의 이미지들과 민족의 신화를 통해 네덜란드의 기독교사史적인 상상력을 생생하게 되살려 사용하는 그의 모습을 보아야 한다. 이것이 내가 카이퍼를 '시인'이라고 말할 때 의미하는 바다. 즉 그는 이성적이고 학문적인 사람보다는 훨씬 더 수사법적이고 신화적인 사람이다. 여기서 우리는 목사이자 신학자, 기자, 정치인으로서 카이퍼가 지녔던 다양한 이력의 통합을 발견하게 된다. 카이퍼는 성공적인 정치적 기교로는 충분하지 않으며, 정치만으로는 세계를 구할 수 없다는 것을 잘 알았다. 그러면 무엇으로 할 수 있을까? 도스토예프스키에게서 배워 "아름다움beauty이 세계를 구원할 것이다."라고 말한 알렉산드르 솔제니친Alexander Solzhenitsyn보다 우리 시대에 이에 관해 더 잘 대답한 사람은 없었다. 아름다움이란 예술이며, 사람들의 문학과 그림, 축제

---

100. 이 관점을 보다 자세히 보고 싶다면, John Bolt, *A Free Church, a Holy Nation: Abraham Kuyper's American Public Theology* (Grand Rapids: Eerdmans, 2001), pp. 3-79를 보라. 이 장의 간략한 요약은 John Bolt, "Abraham Kuyper as Poet: Another Look at Kuyper's Critique of the Enlightenment," in *Kuyper Reconsidered*, pp. 39-41에서 찾을 수 있다.

들 속에 풍부한 상상력으로 포착된 역사적인 신화이고, 이미지로 표현된 상징들이다. 바로 이러한 것들이 사람들의 마음을 감동시키고 세상을 바꾸도록 그들의 손을 움직이게 하는 것이다. 좋은 예술은 우리에게서 자신을 초월할 수 있는 역량을 길러 주며, 과거를 비롯해 다른 사람들의 경험에 들어가 볼 수 있게 해 주는 유일한 통로다. 문학은 "한 민족의 살아있는 기억이며 …… 언어와 함께한 민족의 얼soul을 지키고 보호해 준다."[101]

예술가로서 카이퍼는 어떻게 사람들의 마음을 감동시키고 그들의 손을 움직였을까? 카이퍼가 했던 한 가지 방법은, 앞서 언급한 것처럼, 빌럼 빌더데이크와 이삭 다 코스타의 이름을 내세우는 것이었다. 그 두 인물을 언급함으로써, 카이퍼는 자기 나라 사람들에게서 민족정신national spirit을 불러일으켰다. 더욱이 카이퍼는 『드 스딴트아르트』라는 잡지를 창간하고 이날을 네덜란드 해방의 날로 호소했던 것처럼, 성경에 나오는 형상을 민족의 역사에 결부시키기도 했다.[102]

또한 볼트는 1897년에 열린 『드 스딴트아르트』 25주년 행사에서 헤르만 바빙크Herman Bavinck가 대중들 앞에서 네덜란드의 시인들과 정치인들을 비교하면서 카이퍼에게 시인 빌더데이크와 다 코스타보다 문학적으로 더 뛰어나

---

101. Bolt, "Abraham Kuyper as Poet", pp. 34-35.
102. "카이퍼는 '네덜란드의 해방의 날, 칼뱅주의 정신의 승리를 나타내는 이날'에 그의 논설에 윌리엄 3세(William of Orange), 고르쿰의 순교자들(the Sea Beggars), 네덜란드의 민족정신, 하나님의 영광 등을 언급하고, 뒤이어 국가가 하나님의 법칙들에서 멀어졌다고 한탄했을 때, 자기가 하고 있는 것이 무엇인지 잘 알고 있었다. 카이퍼는 작은 '기드온의 군단'에게 전장으로 계속 나아가라고 격려한 후, 역사의 하나님께서 네덜란드 국가를 새롭게 하시기 위해 이러한 기념적인 행사를 사용하시기를 바라는 기도로 마무리했다." 위의 책, 38쪽.

다고 했던 것에 주목한다. 게다가 볼트는 제임스 브랫James Bratt이 카이퍼와 마틴 루터 킹Martin Luther King Jr.을 비교한 것도 지적한다. 킹과 카이퍼는 모두 저술가였지만, 또한 최고의 연설가로 알려졌다. 두 사람 모두 그들의 지지자들을 각성시키고 그들의 대의cause를 전진케 하는 데 민족의 역사에서 가져온 형상들을 사용하였다.[103]

카이퍼에 대한 수사학적인 접근법은 얀 드 브레인Jan de Bruijn의 "낭만의 사람, 아브라함 카이퍼Abraham Kuyper as a Romantic"라는 기사article에서도 잘 드러난다. 이 기사에서 주목할 만한 것은 낭만주의Romanticism에서 볼 수 있는 두 가지 측면들이다. 첫째는 대립하는 것들opposites에 관해 생각하는 경향이 있다는 것이다. 카이퍼는 종종 이러한 방식을 범신론에서부터 사회주의, 프랑스 혁명과 같이 다른 세계관이나 정치 체제와 대조해서 기독교적 입장이 지니는 타당성을 설명하는 데 사용했다. 카이퍼에게 있었던 낭만주의의 두 번째 핵심적인 측면은 그가 "극적인 순간들을, 다양한 자세와 격앙된 말투를, 뛰어난 배우들처럼 이용하는 것을 매우 좋아했다는 것"[104]이었다. 이러한 요소는 카이퍼의 연설들 중 몇 개의 연설들에서—가령 "인간의 삶의 독특한 영역에서의 주권", "마라나타", "경계 흐리게 하기"의 맺는말에서처럼—분명하게 볼 수 있다. 극적인 순간을 사용하는 것은 카이퍼의 수사법에 큰 도움을 주었다. 드 브레인은 카이퍼를 다음과 같이 묘사함으로써 낭만주의적 웅변가로서의 그의 역량을 보여 준다.

카이퍼는 우수한 자질을 많이 지닌 사람이었다. 그의 인격은 거장다웠

---

103. 위의 책, 40쪽.
104. Jan de Bruijn, "Abraham Kuyper as a Romantic," in *Kuyper Reconsidered*, p. 43.

으며, 그의 지식은 독보적으로 광범위했다. 또한 그는 실력 있는 교사이자 논객이었다. 그는 지치지 않는 에너지를 가지고 있었고 조직력이 탁월한 사람이었을 뿐 아니라 천재적인 전략가였다. 마지막으로 중요한 것은 그가 바로크식의 웅변술eloquence을 가지고 있었다는 것이다. 그는 이러한 웅변술로 자신을 따르는 사람들을 격려했고, 중산층들을 정치적인 군단으로 변화시켰으며, 이를 통해 네덜란드에서 권력의 정치적인 균형을 완전히 뒤집어 버렸다. 카이퍼의 지지자들이 그를 예언자로, 하나님께서 보낸 지도자로, 그들을 약속의 땅으로 이끌었던 제2의 모세와 같은 "주님께서 기름 부으신 자"로 존경했던 것도 놀랄 만한 일은 아니다. 카이퍼 역시 스스로를 이러한 관점으로 보았고, 그래서 낭만주의자로서 자신의 투쟁과 지도력이 지닌 특별하고도 신성한 특성을 강조하는 데 역사와 성경에 나오는 형상, 상징과 신화들을 잘 사용할 수 있었다.[105]

나열된 이러한 모든 자질들 중에서 카이퍼를 그토록 강력하게 공공에 영향을 끼치는 사람으로 만들었던 것은 그의 웅변술과 함께 형상들을 수사학적으로 사용한 그의 능력이었다. 볼트와 마찬가지로 드 브레인 역시 카이퍼가 예술가적인 기교artistry를 사용한 것이 보통 사람들을 움직이는 데 가장 강력한 힘을 제공했다고 시사한다.

카이퍼의 공공신학이 수사학적이었다고 해서, 그의 독보적인 공공의 기교artistry가 아무런 확신들convictions도 없는 빈껍데기였음을 의미하지는 않는다. 가령, 영역 주권과 같은 개념은 카이퍼의 야망을 위해 고안된 일개 도구

---

105. 위의 책, 50쪽.

가 결코 아니었다. 그보다 카이퍼는 대중에게 자신의 신학적, 철학적인 입장을 설득시키기 위해서 이야기를 멋지게 꾸며내는 그의 시인적인 상상력을 활용했던 것이다. 카이퍼는 사람들이 발견하여 사회를 위한 지침으로 제시할 수 있는 하나님의 법칙들이 있다고 주장했으며, 그래서 그의 목표는 단지 시적인 언어로 청중들을 즐겁게 하는 것이 아니라 그들로 하여금 공공에 참여하도록 촉구하는 것이었고, 마침내 그는 이것을 성취하였다. 이에 더하여 우리는 공공의 삶에 여러 모양으로 참여해야 하는 가장 중요한 근거로서 카이퍼가 일반은혜와 대립을 강조했다는 사실[106]을 놓쳐서는 안 된다. 이렇게 서로 반대되는 경향들을 설명하기 위해서, 카이퍼는 수사법만큼이나—스톤 강연에서 볼 수 있듯이—논쟁하는 데 많은 자리를 할애했다.

이번 장에서는 카이퍼의 공공신학에 관해 짤막하게 설명했는데, 여기서 우리는 카이퍼가 일반은혜에 의해 실현 가능해진 목표들을 이루기 위해 예술적인 기교로 옷 입은 논쟁들을 활용하였다는 것을 볼 수 있었다. 다음 장에서는 일반은혜의 신학을 살펴보고, 그것과 성령론의 관계를 다루도록 하겠다.

---

106. 흥미롭게도 드 브레인은 카이퍼에게 분열된 성격이 있었다면서 이것이 일반은혜와 대립이 한 번도 완전히 조화를 이루지 못한 이유를 설명하는 데 도움이 된다고 지적한다. 그는 다음과 같이 말한다. "다른 모든 낭만가들처럼, 카이퍼 역시 통일된 인격을 지닌 사람이 아니었다. 그는 단순하고 일차원적인 인물이었지만, 다양한 층위들(layers)과 때로 충돌하는 경향들, 소원들, 감정들로 이루어진 매우 복잡한 구조의 성격을 지녔다. 많은 면에서 그는 분열되고 고뇌하는 사람으로서, 그의 삶은 쉽지 않았고, 그는 깊은 우울의 시기들을 지나왔다. 하지만 그는 한편으로는 신비적인 갈망들로 다른 한편으로는 그의 종교적 이상들을 실현하기 위해 멈추지 않는, 거의 강박적인 활동과 노력들로 표현되었던 믿음 때문에 살아남을 수 있었다."(위의 책, 45쪽.) 흥미로운 질문은, 과연 카이퍼의 주된 관심이 그의 사역을 뒷받침하기 위해 신학적인 구성물을 정교하게 만드는 것보다 그의 목적들을 실제로 이루는 것이었는가 하는 점이다.

제3장
카이퍼의 공공신학에서의 성령

앞 장에서는 일반은혜가 아브라함 카이퍼가 공공의 참여를 위해 제시한 신학적인 근거였음을 보였다.[1] 이번 장에서는 보다 자세하게 이러한 신학적인 근거를 탐색하고, 창조세계에서의 성령님의 사역에 관해 카이퍼가 제시한

---

1. 일반은혜에 관한 아브라함 카이퍼의 교리는 몇 권의 책과 글에 요약되어 있다. 다음을 보라. Peter S. Heslam, *Creating a Christian Worldview: Abraham Kuyper's Lectures on Calvinism* (Grand Rapids: Eerdmans, 1998), pp. 117-123. Jacob Klapwijk, "Antithesis and Common Grace," in *Bringing into Captivity Every Thought: Capita Selecta in the History of Christian Evaluations of Non-Christian Philosophy*, ed. Jacob Klapwijk, Sander Griffioen, and Gerben Groenewoud (Lanham, Md.: University Press of America, 1991), pp. 170-179. Wayne A. Kobes, "Sphere Sovereignty and the University: Theological Foundations of Abraham Kuyper's View of the University and Its Role in Society" (Ph.D. diss., Florida State University, 1993), pp. 122-149. James E. McGoldrick, *Abraham Kuyper: God's Renaissance Man* (Auburn, Mass.: Evangelical Press, 2000), pp. 141-157. Louis Praamsma, *Let Christ Be King: Reflections on the Life and Times of Abraham Kuyper* (Jordan Station, Ont.: Paideia, 1985), pp. 139-144. [역주 - 루이스 프람스마, 『그리스도가 왕이 되게 하라: 아브라함 카이퍼의 생애와 그의 시대』(복있는사람, 2011).] Cornelius Van Til, *Common Grace and Gospel* (Phillipsburg, N.J.: Presbyterian & Reformed, 1972), pp. 14-22; Henry R. Van Til, *The Calvinistic Concept of Culture*, 3rd ed. (Philadelphia: Presbyterian & Reformed, 2001), pp. 117-136. and S. U. Zuidema, "Common Grace and Christian Action in Abraham Kuyper," in *Communication and Confrontation*, ed. Gerben Groenewoud, trans. Harry Van Dyke (Toronto: Wedge, 1972), pp. 52-105.

교리와 일반은혜 사이에 내포된 관계를 밝히겠다.

카이퍼의 반대자들은 그의 신학에 '신칼뱅주의neo-Calvinism'라고 이름을 붙였는데, 이는 카이퍼의 저작과 칼뱅의 저작을 구별하기 위한 의도에서 붙인 이름이었다.[2] 카이퍼가 칼뱅주의의 원리를 보다 충분하게 발전시키려고 시도했고 또 이를 창조적으로 해낸 것이 사실이지만, 그렇다고 이 교리의 유산을 완전히 다른 창작물로 발전시킨 것은 아니었다. 일반은혜의 교리에 관한 카이퍼의 저작은 분명히 칼뱅이 해 놓은 것에 근거하며, 그것에 연관되고, 그것에서 확장되어 나온 것이었다고 할 수 있다.

아브라함 카이퍼, 신칼뱅주의자의 일반은혜

1) 칼뱅의 일반은혜 요약

일반은혜에 관한 카이퍼의 교리가 칼뱅에게서 벗어난 순수 창작물이 아니라는 것을 보여 주기 위해서는 칼뱅 스스로가 이 교리를 가르쳤다는 것을 보여 줄 수 있어야 한다. 헤르만 카이퍼Herman Kuiper의 저작인 *Calvin on Common Grace*『칼뱅의 일반은혜』가 우리를 안내해 줄 것이다. 이 책은 칼뱅이 쓴 *Christianae Religionis Institutio*『기독교강요』, [역주] 이하는 『기독교강요』로 표기와 성경 주해들을 속속들이 다루면서 직접 혹은 간접적으로 이 교리가 그 저작들에 나타나 있음을 보여 준다. 다음은 그 증거의 예시로서, 일반은혜의 세 가지 주요한 측면들을 보여 주기 위해 선택된 것들이다. 첫째, 하나님께서는

---

2. John Bolt, *A Free Church, a Holy Nation: Abraham Kuyper's American Public Theology* (Grand Rapids: Eerdmans, 2001), pp. 443-464를 보라. 또한 Cornelis Pronk, "Neo-Calvinism," *Reformed Theological Journal* 11 (1995): pp. 42-56을 보라.

생명과 여러 가지 축복들을 모든 인류에게 자비롭고 후하게 베푸신다. 둘째, 모든 인간은 정의justice와 미덕virtue을 행함으로써 실현되는 도덕성에 필요한 역량을 지니고 있다. 셋째, 인간에게는 추론하고reason 이해하는understand 능력이 있기 때문에, 신자와 비신자 모두에게 자연과 역사, 개인들과 사회들에 관한 연구가 가능하며 유용하다. 첫 번째로 중요하게 지적할 점은, 비록 칼뱅이 **일반은혜**라는 용어 자체를 사용한 것은 아니지만, 그는 분명 구원과 상관없이nonsalvific 모든 창조물에게 주어진 은혜에 관해 언급했다는 것이다.[3] H. 카이퍼는 이러한 형식의 은혜를, 모든 생물물리학적인 질서에 미치는 보편적인universal 은혜, 모든 인간들에게 미치는 일반적인general 은혜, 그리고 언약의 공동체 안에 있는 선택받거나 선택받지 못한 구성원들에게 미치는 언약적인covenantal 은혜로 분류한다. 지금 이 책의 범위에서는 앞의 두 가지 분류가 직접적으로 연관된다.

H. 카이퍼는 보편적인 일반은혜가 칼뱅의 저작에서 자주 가르쳐진 것은 아니지만 분명 존재한다고 말한다. 칼뱅의 『기독교강요』에서는 그 예를 제3권의 2장에서 찾을 수 있다.

악인들은 하나님의 너그러우심bounty에서 오는 크고 반복되는 혜택들benefits에 파묻혀 있지만, 그럼에도 그들은 스스로 더 무거운 심판을 초래한다는 것은 달라지지 않는다. 그들은 이러한 혜택들이 주님의 손에서 그들에게로 온 것이라고 생각하지도 인정하지도 못하기 때문이다. 혹은 설령 그들이 그것을 인정한다 할지라도 그들은 그들 자신 안에서 하나님의 선하심을 묵상하지 않는다. 그렇기 때문에 그들은, 주어진 조

---

3. Herman Kuiper, *Calvin on Common Grace* (Grand Rapids: Smitter Book Company, 1928), p. 177.

건으로 말미암아 하나님의 관대하심liberality에서 나오는 동일한 열매를 받으면서도 이를 인지하지 못하는 짐승들만큼이나 하나님의 자비의 진가를 알지 못한다.[4]

비록 **은혜**라는 용어가 사용되지는 않았지만, H. 카이퍼는 신의 자비와 관대하심이라는 언어를 은혜와 동일한 것으로 해석한다. 이 본문은 칼뱅이 하나님을 공로와 상관없이 관대하신 분이시기 때문에 생물물리학적 질서에—특히 인간과 동물들에게—자애로우신 분이라고 생각했음을 보여 준다.

또한 H. 카이퍼는 칼뱅의 성경 주해들에도 주목한다. 예를 들어, 칼뱅은 이사야서 44장 3절을 다음과 같이 주해하면서 **보편적인 은혜**universal grace라는 용어를 사용한다. "하지만 선지자의 이러한 말들은 보다 넓은 의미를 지닌다. 왜냐하면 그가 단지 거듭나게 하시는 성령님에 관해서만 말하는 것이 아니라, 모든 피조물들에게 미치는 보편적인 은혜에 관해 암시하고 있기 때문이다."[5] 이러한 인용구는 칼뱅이 보편적인 일반은혜에 관한 교리를 고수하고 있었다는 것을 보여 준다. 이와 같은 두 가지 예시는 H. 카이퍼가 근거 없이 주장하고 있지 않음을 충분히 입증해 준다.

H. 카이퍼는 칼뱅의 저작에서 보편적인universal 일반은혜가 그리 많이 등장하지는 않음을 인정하지만, 반면 일반적인general 일반은혜에 관해서는 다음과 같이 말한다.

---

4. John Calvin, *Institutes of the Christian Religion*, ed. John T. McNeill, trans. Ford Lewis Battles (Philadelphia: Westminster, 1960), III. ii .32.

5. John Calvin, *Commentary on the Book of the Prophet Isaiah*, vol. 3, trans. William Pringle (Grand Rapids: Baker, 1979), p. 360.

칼뱅이 우리에게 얼마나 자주 그리고 얼마나 강조해서, 일반적인 인류와 특수한 개별적인 인간 구성원들 하나하나를 만져 주시는 하나님의 은혜가 있다고 확언했는지 놀라울 정도다. 칼뱅은 하나님께서 인류에게 선을 행하신다는 것, 일반적인 사람들에게 부모의 관용clemency을 나타내시며 그들에게 엄청난 축복을 많이 내리신다는 것, 하나님께서 인간을 사랑하셔서 그들의 복지에 관심을 두신다는 것에 관해 말하는 데절대 지치지 않는 것처럼 보인다.[6]

H. 카이퍼는 이어서 『기독교강요』와 칼뱅의 주해들에서 발견되는 일반적인 일반은혜에 관해 언급하는 긴 목록을 제시한다. 이번 장의 목적을 위해서는 『기독교강요』와 주해들 각각에서 두 개씩 발췌한 것들만으로도 충분할 것이다.

『기독교강요』의 제1권 5장은 다음과 같은 내용을 담고 있다.

따라서 어떤 철학자들은 이미 오래 전에 아주 적절하게 사람을 소우주microcosm라고 불렀다. 이는 그가 하나님의 능력, 선하심, 그리고 지혜를 나타내는 아주 희귀한 예시example로서, 우리가 귀찮아하지 않고 그것들에게 주의를 기울일 경우, 그 안에 우리의 마음을 사로잡을 만큼 많은 기적들이 담겨 있기 때문이다. 바울은 눈이 먼 사람이 하나님을 더듬어 찾음으로써 그분을 찾을 수 있다고 말한 다음, 즉각적으로 하나님을 멀리서 찾을 것이 아니라고 덧붙인다행17:27. 왜냐하면 각 사람은 틀림없

---

6. Kuiper, *Calvin on Common Grace*, p. 82.

이 그 안에서 그에게 생기를 주시는 하늘의 은혜를 느끼기 때문이다.[7]

여기서 **은혜**라는 용어는 인간은 매순간마다 살아있도록 유지된다는 사실을 말하기 위해 사용되었다. 이는 하나님께서 생명을 보존하신다고 말하는 일반은혜의 측면과 일치한다.

특별히 주목할 대목은 『기독교강요』 제2권 3장에서 찾을 수 있다.

모든 시대마다 본성적으로 자신의 삶 전체에 걸쳐 미덕을 위해 분투했던 사람들이 있었다. 비록 그들의 도덕적 행실에서 많은 흠들을 볼 수 있지만, 나는 그들에 대해 나쁘게 말할 수 없다. 왜냐하면 그들은 정직하려고 노력함으로써 그들의 본성에 어떤 순수함purity이 있음을 입증했기 때문이다 …… 따라서 이러한 실례들은 사람의 본성이 전적으로 타락했다는 판단에 대해 우리에게 경고해주는 것처럼 보인다. 왜냐하면 어떤 사람들은 이 본성이 발휘되어 단지 훌륭한 업적들에서만 탁월한 것이 아니라 그의 삶 전반에 걸쳐 너무나도 고결하게 행동하기 때문이다. 하지만 여기서 우리는 이렇게 타락한 본성의 한복판에도 하나님의 은혜가 들어올 자리가 있다고 생각할 수 있어야만 한다. 그것은 타락한 본성을 깨끗이 씻어 버리는 은혜가 아니라 내적으로 그것을 억제하는 은혜다 …… 주님께서는 그분께서 택하신 자들 안에서는—이제 곧 설명하려는 방식으로—이런 질병들을 치료하신다. 그렇지 않은 사람들에게는 단지 그것들이 벗어날 수 없을 정도로만 굴레를 씌움으로써 그것들을 억제하신다. 그것들을 억제하시는 것이 존재하는 모든 것들

---

7. Calvin, *Institutes*, I . v .3.

을 보존하시는 데 더 합당하다고 예견하시기 때문이다. 그러므로 어떤 이들은—비록 그들 대부분이 그들의 부정함을 숨기지 않는다 해도—갖가지 상스러운 것들을 내뱉는 것에서 비롯되는 수치심으로 억제되고, 어떤 이들은 법에 대한 두려움으로 억제된다. 여전히 어떤 이들은 정직한 삶을 살아가는 것이 유익하다고 생각해서 어느 정도는 그것을 간절히 열망하기도 한다. 또 어떤 이들은 일반적인 사람의 수준을 넘어서기도 하는데, 이는 그의 탁월함 때문에 다른 사람들로 하여금 그에게 계속 순종하도록 하려는 것이다. 그래서 하나님께서는 그분의 섭리로써 이러한 왜곡된 본성에 굴레를 씌우시어 이것이 행동으로 튀어나오지 못하도록 하신다. 그러나 그것을 내부에서 완전히 씻어 버리지는 않으신다.[8]

이 본문에서 칼뱅은 **은혜**라는 용어를 인류 안에 있는 죄를 억제하는 것에 관해 말하는 데 사용한다. 이러한 억제는 내적인 기질에서부터 법의 존재에 이르기까지 다양한 방식으로 이루어진다. 이러한 억제의 형식들은 도덕성에 필요한 역량과 정의와 덕을 행할 수 있는 능력이 있음을 입증하는 것이기도 하다. 특별히 이것을 강조함으로써 아브라함 카이퍼가 더욱 더 발전시킨 일반적인 일반은혜에 접근하게 된다.

H. 카이퍼는 칼뱅의 주해들을 살피면서, 칼뱅이 민수기 16장 22절의 "하나님이여, 모든 육체의 영들spirits의 하나님이여"라는 구절을 해석할 때 **일반적인 은혜**general grace라는 용어를 쓰고 있음을 보여준다.

---

8. 위의 책, II.iii.3.

모세가 자신이 직면한 현재의 문제를 염두에 두고 하나님께 이러한 명칭을 붙였다는 것은 의심의 여지가 없다. 마치 그가, 토기장이가 자신이 만든 토기들을 보존하듯이 하나님도 자신의 작품을 보호하시도록 설득하려고 하는 것처럼 말이다. 그런데 이사야의 기도에서도 동일한 효과가 보인다. "그러나 여호와여, 이제 주는 우리 아버지시니이다 우리는 진흙이요 주는 토기장이시니 우리는 다 주의 손으로 지으신 것이니이다 너무 분노하지 마시오며,"사64:8-9 여기서 이사야 또한 하나님께 그분이 왜 분노를 누그러뜨리시고 자비를 베푸셔야 하는지 모세와 같은 식으로 간청하기 때문이다. 그러나 다른 점도 있는데, 그것은 이사야는 하나님께서 그분의 백성을 감싸셨던 그런 특별한 은혜를 언급하는 반면, 모세는 이보다 더 나아가 창조세계에 관한 일반적인 은혜를 말하고 있다는 것이다. 여기서 이 창조세계를 모든 동물들을 언급하는 것으로 설명해야 할지 아니면 그냥 인류만을 언급하는 것으로 설명해야 할지를 결정하는 것은 그리 중요한 문제가 아니다. 왜냐하면 모세는 단지 하나님께서 이 세상을 창조하고 지으신 분이시므로, 그분께서는 자신이 만드신 사람들을 파멸시키지 않으시고 오히려 그분의 작품으로서 그들을 불쌍히 여기셔야 한다고 기도할 뿐이기 때문이다.[9]

이 본문에서 **은혜**라는 용어는 모든 생명을 보호하시는 것을 가리킨다. 또 하나의 중요한 본문은 칼뱅의 요한복음 주석에서 발견된다. 요한복음

---

9. John Calvin, *Commentary on the Four Last Books of Moses Arranged in the Form of Harmony*, vol. 3, trans. Charles William Bingham (Grand Rapids: Baker, 1979), pp. 112-113. 또한 사도행전 17장 25절에서 29절까지에 관한 칼뱅의 주석을 보라. 이는 하나님께서 어떻게 인간의 삶에 보호하시는 은혜를 내려 주시는지에 관해 말한다.

1장 9절에 관해 칼뱅은 "각 사람에게 비추는" 빛에 관한 구절을 다음과 같이 해석한다.

> 내가 이미 말했던 것처럼, 바로 이 **빛**light으로부터 나온 광선들이 모든 인류를 뒤덮고 있다. 이렇게 말할 수 있는 것은, 우리가 아는 바와 같이 인간은 특별히 뛰어나서 다른 동물들을 능가하며, 이성과 지성을 타고 났고, 그들 자신의 양심에 새겨진 선과 악을 분별하는 능력을 지니고 있기 때문이다. 그러므로 이 영원한 **빛**을 어느 정도라도 인지하지 못하는 사람은 아무도 없다.[10]

여기서 칼뱅은 일반적인 일반은혜의 효과들을 묘사한다. 이 효과들은 인간의 양심으로 죄가 억제되는 것만이 아니라 이성과 지성—도덕적인 역량의 문제와 모두에게 유익하도록 자연과 역사, 사회를 연구할 수 있는 가능성에 대해 말하는 것—을 제공하는 것으로도 나타난다.[11]

비록 모든 것을 다 다룬 것은 아니지만, 위의 실례들을 통해 일반은혜라는 것이 19세기 후반에 네덜란드에서 생겨난 교리가 아니라는 것을 알 수 있다. 적어도 칼뱅은 죄를 억제하고, 생명을 존속시키며, 인간에게 특별한 선물을 제공하는 신의 은혜가 이 생물물리학적 질서에 주어져 있다고 보았던 것이다.[12]

---

10. John Calvin, *Commentary on the Gospel according to John*, trans. William Pringle (Grand Rapids: Baker, 1979), p. 38.

11. H. 카이퍼는 인간이 동물처럼 창조되지 않은 것과 하나님께서 특별히 타락 이후에, 인간에게 지성의 빛을 주신 것은 일반적인 일반은혜에서 매우 중요한 부분이라고 지적한다(Kuiper, *Calvin on Common Grace*, pp. 182-185).

12. 이것은 독특한 결론이 아니다. 다음의 예들을 보라. Heslam, *Creating a Christian Worldview*, pp. 177-178;

이제 초점을 다시 아브라함 카이퍼에게로 돌려보자. 그는 성경과 종교개혁의 기초들에서 벗어나지 않으면서도 일반은혜 교리를 칼뱅을 넘어 발전시켰다.

2) 아브라함 카이퍼의 일반은혜, 공공신학의 열쇠

카이퍼는 일반은혜 교리를 스톤 강연과 1895년부터 1901년까지 *De Heraut*『드 헤르아우트(The Herald)』[역주] 이하 『드 헤르아우트』로 표기에 연재했던 기사들을 세 권으로 묶은 *De Gemmene Gratie*『일반은혜(Common Grace)』에서 자세하게 설명했다. 카이퍼는 다음과 같이 일반은혜를 특별은혜particular grace와 구분되는 것으로 묘사했다.

> 이러한 은혜가 발현되는 것은 궁극적으로 우리를 구원하기 위한 일이 아니라 신의 영광이 드러나게 하기 위한 일이었다. 우리가 스스로 초래한 파멸로부터 우리를 구해 내는 것은 단지 이러한 목적의 결과로서 그 다음 자리에 있는 것이다. 이러한 은혜가 발현되는 것은 그렇지 않았다면 죄로 말미암아 초래되었을지도 모를 결과들을 억제하고, 차단하며, 새로운 방향으로 돌리는 것에 있었다. 그것은 죄의 해악이 자연스럽게 밖으로 손을 뻗치려는 것을 차단하며, 그 해악을 다른 방향으로 돌려 변화시키거나 맞서 싸워서 파괴한다. 그렇기 때문에 우리는 이러한 은혜가 발현되는 것에서 두 가지 차원을 구별해야만 한다. 첫째, **구원하는**saving 은혜로, 이것은 결국에 죄를 없애고 그 결과를 완전히 소

William Masselink, *General Revelation and Common Grace: A Defense of the Historic Reformed Faith* (Grand Rapids: Eerdmans, 1953), p. 187. McGoldrick, *Abraham Kuyper*, pp. 152-154. and Zuidema, "Common Grace and Christian Action in Abraham Kuyper," p. 53.

멸시키는 은혜다. 둘째, **일시적인 억제하는**temporal restraining 은혜로, 이것은 죄의 영향을 저지하고 차단한다. 첫 번째 구원하는 은혜는 본질상 **특별한**special 경우의 것으로 선택받은 자들에게 제한된다. 두 번째 **일반** common 은혜는 우리 인간의 삶의 모든 부분에 미친다.[13]

카이퍼는 스톤 강연에서 똑같은 개념을 약간 다른 뉘앙스로 설명했다.

또한 이런 점에서 그것[칼뱅주의]은, 그 자체를 하나님의 얼굴 앞에 세움으로써, 하나님의 형상image을 닮았다는 이유로 **사람**을 존중할 뿐만 아니라 **세상** 역시 하나님의 창조세계로서 존중했습니다. 그리고서 즉시 다음과 같은 위대한 원리를 전면에 내세웠는데, 그것은 구원을 이루는 **특별은혜**가 있다는 것, 또한 하나님께서 세상의 생명들을 유지시키시면서 세상에 놓인 저주를 누그러뜨리시고, 그것의 타락의 과정을 저지하시며, 그래서 우리의 삶이 구속받지 않고 발전하도록 하시고, 그 안에서 그분 스스로를 창조주로서 영화롭게 하시는 **일반은혜**가 있다는 것입니다.[14]

일반은혜에 관해 분명하게 서술된 이 두 개의 본문에서, 카이퍼는 오로지 선택받은 자들만을 향하는 은혜와 모든 창조세계에 미치는 은혜 사이에 분명한 차이가 있음을 보이는 데 집중했다. 이 두 개의 본문은 모두 죄를 억

13. Abraham Kuyper, "Common Grace," in *Abraham Kuyper: A Centennial Reader,* ed. James D. Bratt (Grand Rapids: Eerdmans, 1998), pp. 167-168. 존 브라이언트(John Vriend)가 번역한 것이다.

14. Abraham Kuyper, *Calvinism: Six Lectures Delivered in the Theological Seminary at Princeton* (New York: Revell, 1899), pp. 30-31.

제restraint한다거나 죄로 말미암은 효과들이 완성에 이르지 못하도록 완화 relaxation한다는 말을 공통으로 사용한다. 이러한 억제와 완화라는 말은 죄로 말미암아 세상이 변경되고 심하게 뒤틀어지기까지 했지만, 그렇다고 세상이 '버려진 것'—기독교인들이 창조 질서와 공공의 영역에 참여하기보다는 세상 에서 도피해야 한다는 의미에서—은 아님을 인식하도록 해 준다. 스톤 강연 에서 제시된 표현에는, 그것이 다른 세계관들에 비해 칼뱅주의가 훌륭함을 알리려는 정황에서 주어졌기 때문에, 카이퍼의 공공신학에서 중심적인 요소 가 되는 삶의 발전을 강조하는 것이 추가된다.

카이퍼가 특별은혜special grace와 일반은혜common grace의 차이를 말할 때, 그는 이 두 가지가 서로 아무런 연관이 없다고 인식하게 하려는 것이 결코 아니었다. 오히려 그는 일반은혜는 선택된 자들이 태어날 수 있게 해 줌으로 써 특별은혜를 위한 조건으로 기능한다고 주장했는데, 이것은 카이퍼의 전 반적인 신학적 기획에서 선택election이 중심을 차지한다고 볼 때 매우 중요한 지점이다.[15] 비록 죄가 세상에 들어왔지만, 그렇다고 타락에 따른 저주의 결 과들이 억제되지 않은 채로 마구 양산되는 것은 아니었다. 카이퍼에 따르면, "악에 대해 예언되었던 것이 도착하지 않는 것"에서 "우리는 구원하시며 오 래 참으시는 은혜의 출현을 보게 된다."[16] 창조세계에 주어진 이러한 은혜는 영원한 말씀이자 창조세계의 중보자이신 그리스도로 말미암아 가능하게 되 었다.[17] 카이퍼는 그리스도께서 이렇게 일하시기 때문에 그분을 일반은혜의

---

15. 카이퍼의 신학에서 선택이라는 개념의 중심성에 관해 살펴보려면 다음을 보라. Willem van der Schee, "Kuyper's Archimedes' Point: The Reverend Abraham Kuyper on Election," in *Kuyper Reconsidered: Aspects of His Life and Work*, ed. Cornelis van der Kooi and Jan de Bruijn (Amsterdam: VU Uitgeverij, 1999), pp. 102-110.

16. Kuyper, "Common Grace," p. 167.

17. 카이퍼는 창조세계의 중보자이자 영원한 말씀이신 그리스도와 구속의 중보자이자 성육신하신 말씀이신 예

근원이라고 칭했다.[18] 만일 일반은혜가 없다면, 창조세계가 파괴되거나, 아니면 적어도 인생의 환경들이 너무나 끔찍해서 "하나님의 교회가 뿌리내릴 만한 곳이 아무 데도 없을 것이다 …… 그것은 순식간에 학살당하게 될 것이다."[19] 일반은혜는 단지 삶을 유지할 뿐만 아니라 '좋은' 삶을 가능하게 해 주는 불변의 상수constant로서의 측면을 지닌다.

또한 카이퍼는 자연nature과 은혜grace 사이의 적절한 관계를 설명하는 데도 신경을 썼다. 그런 점에서 은혜를 자연에서 분리시키면, 그리스도의 의미를 영적인 영역에만 국한시키는 문제가 발생한다. 카이퍼는 이러한 딜레마를 다음과 같이 묘사했다.

만일 사람들이 예수님에 관해 묵상할 때 오로지 속죄를 위해 흘리신 피

수 그리스도를 구분한다. 다음의 논평은 매우 흥미롭다. "성경은 우리에게 반복적으로 특별은혜의 삶과 일반은혜의 삶이 서로 밀접히 얽혀 있다는 것을 보여 주면서도, 동시에 이 두 가지가 하나로 모이게 되는 지점은 베들레헴에서 일어난 그리스도의 탄생에서가 아니라 **영원한 말씀**으로 계시는 그분의 영원한 존재에서라고 보여 준다."(위의 책, 183쪽.) "그분께서는 하나님의 작정(Decree)에 **의해** 그리고 하나님의 작정을 실행하기 **위해** 부름 받으신 것이 아니라, 하나님의 작정이 바로 **그분의 것**이다. 사람들이 '영원한 평화의 협의(eternal counsel of peace)'라고 부른 것 안에서, 그분께서는 스스로를 이 하나님의 작정과 합하고 그 작정을 완성하시기 위해 자신을 내모셨다. 하지만 그분께서는 구속을 위한 작정(decree) 안에서 죄인들의 중보자로서 자신을 내물기도 하셨지만, 동시에 똑같은 작정 안에서 창조세계의 중보자이기도 하신다. 구속하시는 중보자로서 먼저 계시고, 이제 이 역할을 이루기 위해서 창조세계의 중보자라는 역할을 받아들이신 것이 아니다. 오히려 먼저 본래 창조세계의 중보자셨고 그 이후에 창조세계에 관한 작정과 그 안에 있는 모든 것들을 실행하고 이루시기 위해 구속의 중보자가 되신 것이다."(위의 책, 185쪽.) "따라서 일반은혜와 특별은혜는 서로를 형성하는 효과를 지니고 있음이 틀림없다. 이 둘을 분리하려는 시도는 있는 힘을 다해 반드시 막아야 한다. 일시적인 삶과 영원한 삶, 세상에서의 삶과 교회에서의 삶, 종교와 시민 생활, 교회와 국가, 이와 같은 것들은 반드시 손을 맞잡고 나아가야 한다. 분리될 수 없는 것들이다. 이것들이 분리되지 않도록 하기 위해서, 우리는 오히려 계속해서 이들 사이에 분명한 구분을 지어야 한다. 삶이 나아지는 것은 바로 이런 **구분**이 올바르게 되었는가에 달려 있기 때문이다."(위의 책, 185-186쪽.)

18. 위의 책, 186쪽. 비록 이런 식으로 표현하기는 했지만, 카이퍼의 책은 성령님 역시 일반은혜에서 핵심적이시라고 시사한다. 이에 대해서는 이 책의 뒤쪽에서 논증할 것이다.

19. 위의 책, 169쪽.

에 관해서만 생각하고, 육신에 대해서, 보이는 세계에 대해서, 그리고 세계 역사의 결과들에 대해서 그리스도께서 의미하시는 바에 관해서는 고려하지 않는다면, 그들은 그 반대 방향으로 편중된 상태에 빠지게 될 것이다. 주의 깊게 생각해 보자. 이 방향을 취할 경우, 당신은 위험하게 도 그리스도를 당신의 영혼을 위해 고립시키고, 세상 안에서 그리고 세 상을 위해서 살아가는 삶을 당신의 기독교에 의해서 통제되는 것이 아 니라 기독교 옆에 나란히alongside 존재하는 어떤 것으로 보는 것이다. 그 러면 '기독교'라는 단어는 오직 특정한 신앙의 문제들이나 신앙과 직접 적으로 관련된 것들—당신의 교회, 당신의 학교, 사명과 같은 것들—에 한해서만 당신에게 적절한 것으로 보이게 된다. 그러나 나머지 다른 삶 의 모든 영역들은 당신을 속여 그리스도 밖으로outside the Christ 나가게 할 것이다. 세상에서 당신은 다른 사람들과 똑같이 행동한다. 그곳은 덜 거룩하거나 거의 거룩하지 않은, 어떻게든 자율적으로 움직이는 영역 이다. 여기서 한 발짝만 살짝 더 내딛게 되면, 당신은 인간 영혼에 모든 신성한 것들이 집중되어 있다면서 내면에만 몰두하는 영성과 전체적인 삶 사이에 깊은 수렁을 파는 재세례파의 입장에 이르게 될 것이다.[20]

카이퍼는 만약 기독교인의 삶이 영혼에만 국한된다면 삶의 나머지 부분 은 어떤 은혜로부터도 분리된 채 거룩하지 않은 것이 되고 말 것이라고 했 다. 또한 그와는 정반대로 세상을 창조하신 그리스도께서는 창조자-창조세 계의 관계 때문에 자연과 연결되어 계실 뿐 아니라, 구속자이자 궁극적으로 세계를 재창조하시는 분이라는 그 역할 때문에 은혜와 연결되어 계신다고

---

20. 위의 책, 172쪽.

주장했다.[21] 카이퍼가 이러한 연결을 분명하게 표시한 것은 생물물리학적 질서와 은혜가 서로 각자 분리되어 있지 않다는 것을 입증하기 위해서였다. 만약 은혜와 자연이 완전히 분리된 것이 아니라면, 일반은혜를 이야기할 수 있게 된다.

카이퍼는 일반은혜-자연의 관계를 어떻게 묘사할까? 카이퍼는 은혜와 자연을 서로 대립되는 것으로 보기보다 창조creation와 재창조re-creation를 구분했다. '자연'은 원래의 창조original creation에 뿌리내리고 그에 따라 기능하는 모든 것을 가리킨다. 타락과 그로 말미암아 창조세계가 겪게 되는 저주에도 불구하고, 일반은혜는 이 저주로 말미암은 치명적인 결과들의 방향을 틀어 "원래의 창조에서 비롯된 모든 것들이, 비록 고통을 받더라도, 계속 존재하는 것"[22]을 가능하게 하며 나아가 보장해 준다. 반면에 재창조re-creation는 특별은혜의 영역에 속하여 상황들을 억제할 뿐만 아니라 그것들을 창조하기도 한다. 카이퍼는 이 차이를 더욱 분명하게 대비시킨다.

이것은—비록 원래의 것과 연결되어 있긴 하지만, 그것이 **재창조**re-creation이기 때문에—그 새로움newness의 측면에서 옛 것으로부터 설명될 수 없는, 완전히 **새로운 창조**a new Creation다. 우리가 중세 신학으로부터 물려받은 **자연**과 **은혜** 사이의 부정확한 대립은, 그 자체로는 저주 아래 있는 자연은 일반은혜가 작동되어야만 유지될 수 있다는 내용이 추가되어 수정될 때에만 사용할 수 있는 개념이다. 개혁파Reformed의 원리는 창조로부터 비롯된 것들과 재창조로부터 비롯된 것들을 더

21. 위의 책, 173쪽.
22. 위의 책, 174쪽.

욱 분명하게 구분한다. 이와 같이 광범위한 구분은 다음과 같다. 일반은
혜 안에는 새로운 것이 전혀 없고, 모든 것이 원래의 창조로부터 설명
될 수 있다. 반면, 특별은혜 안에서는 어느 것도 창조에서 발생하지 않
았고, 모든 것이 **새로우며**, 그것들은 새로운 창조 또는 재창조로부터만
설명될 수 있다.[23]

카이퍼는 자연과 은혜 사이의 구분을 자신의 개혁파의 원리로 수정하거
나 또는—보다 정확히 표현하자면—그것으로 대체했다. 이 앞의 본문에서 카
이퍼는 창조세계가 은혜 아래 있음을 밝히려고 그리스도를 언급함으로써 자
연과 은혜를 조화시키는 방식을 보여 주었다. 그런데 이번 인용구에서 카이
퍼는 은혜를 일반은혜와 특별은혜로 나누어 분류하는 방법으로서 개혁파의
구분법을 제안한다. 이 방식에서는 창조세계(자연)가 타락하고 새로운 것은
어떤 것도 생산할 수 없는 것처럼 보이지만, 그렇다고 발전이 불가능한 것은
아니다. 오히려, 비록—재창조에서처럼—초자연적인 의미에서 창조하거나 새
로운 것을 만드는 것은 불가능할지라도, 일반은혜의 결과로서 이 세계를 경
작하고 가꿀 수 있는 가능성은 여전히 남아 있다.

카이퍼가 일반은혜와 역사의 관계에 대해 서술한 것은 창조세계가 발전
할 수 있는 잠재력과 관련해서다. 카이퍼에 따르면, 역사는 일반은혜가 지속
되기 때문에 가능한 것이다. 역사에 관해 언급하면서 그는 창조세계의 발전
을 촉구했다. 사실 카이퍼는 이러한 발전이 필연적이며 유익한 것이라고 말
했다.

---

23. 위의 책.

일반은혜는 역사의 문을 열고, 엄청난 시공간이라는 자물쇠를 풀고, 아주 광대하고 오래 지속되는 사건들의 흐름을 출발시키고, 한마디로 말해, 연속되는 일련의 세기들centuries을 촉발시킨다. 만약 그와 같은 일련의 세기들이 똑같은 것들이 영원토록 변함없이 반복되는 식으로 진행되는 것이 아니라면, 그러한 세기들이 지나는 동안 인간의 삶에는 지속적인 변화와 개선, 변형이 있어야만 한다. 설령 깊은 어둠의 기간들을 지나더라도, 이러한 변화는 더 많은 빛을 점화시키면서 인간의 삶을 지속적으로 풍요롭게 하고 그럼으로써 보다 적은 것에서 보다 많은 것으로, 점점 더 충만하게 생명을 펼쳐 가며 끊임없이 발전해 가는 특성을 지녀야 한다. 만약 누군가 호텐토트Hottentot, [역주] 남아프리카 원주민의 삶과 유럽 사회의 매우 교양 있는 가족의 삶 사이에 존재하는 차이를 생각해 본다면, 그는 눈 깜짝할 사이에 그 과정을 가늠할 수 있을 것이다. 그리고 비록 매번 한 세기가 끝날 때쯤에는 그 세기에 이루어진 진보가 너무나 놀라워 그보다 더 나은 진보를 좀처럼 상상할 수 없을 것이라고 말하지만, 그럼에도 모든 세기들은 매번 그전에 상상했던 모든 것들을 능가하는 새로운 것들이 계속해서 나타났음을 우리에게 가르쳐 준다. 어찌 19세기라고 해서 우리 인간의 삶을 변화시키시고 풍요롭게 하시며 새로운 편의들로 축복하지 않으셨겠는가![24]

일반은혜는 진보progress를 가능하게 한다. 일반은혜에는 진보의 측면으로 이어지는 지속적이고 보존하는 측면이 있다. 진보에 관한 이러한 관점은 기

---

24. 위의 책, 174-175쪽. 이 인용구는 카이퍼가, 특히 진보에 관해 열정적인 관점을 지니고 있었다는 점에서, 그 시대에 속한 사람이었음을 보여준다.

독교인들에게 흔한 것이 아니었다. 카이퍼는 기독교인들이 사회의 구조적인 발전에 저항하는 것을 비난했다. 그는 독자들에게 "기독교인들은, 이러한 발전 과정에 참여하는 것을 거부함으로써, 이러한 발전이 도덕적으로 또한 종교적으로 잘못된 방향으로 가게 하는 원인이 되었다."[25]라는 점을 인식하도록 촉구했다. 카이퍼는 이러한 상황의 범인들로 '재세례파Anabaptist와 감리교파Methodist의 다양한 영향들'[26]을 지목했다. 기독교인들은 사회와 문화의 진보와 그것에 참여하는 것을 반대하기보다, 삶이 발전해 가는 방향에서 중심적인 역할을 함으로써, 창조세계에 심어진 하나님의 법칙들과 조화롭게 돌아가는 사회가 건설되도록 도와야 한다.

또한 카이퍼는 인류가 발전하는 것이 하나님의 계획의 일부라고 주장했다. 역사—삶의 발전—는 어떤 의미와 목적을 지니는데, 이는 하나님께서 과거, 현재, 미래라는 세기들의 수평선 안에서 그리고 그 위에서 일하시기 때문이다. 카이퍼는 만약 하나님께서 역사 속에서 일하지 않으신다면 우리는 사회 발전의 공로를 사탄이나 인간의 업적으로 돌려야 할 것이라고 말했다.[27] 그리고 그런 관점을 뒷받침하기 위해서, 그는 그것이 성경적이라고 주장했다. "성경은 '세상 끝'마13:39-40에 관해서 말한다. 그런데 이 용어는 어떤 시점에 세기들centuries이 종결될 것이라는 의미가 아니라, 이 세기들이 최종 목

---

25. 위의 책, 175쪽.
26. 여기서 카이퍼는 교파로서의 감리교가 아니라 기독교인들을 세상 속에서의 삶으로부터 멀어지도록 촉구하는 종교적인 영향력을 의미했다. 카이퍼는 경건주의의 영향력에 저항하려는 경향이 있었지만, 반면 그는 내면의 영적인 생명력을 풍성하게 하기 위해 많은 묵상문들을 쓰기도 했다. 이 점에 대해서는 리처드 마우가 쓴 "'라바디파'들이 주는 교훈(Lessons from the 'Labadists')"을 주목해 볼 만하다. 마우는 사실 개혁파와 재세례파 사이에는 생각했던 것보다 훨씬 더 많은 공통점이 있었음에도 불구하고, 개혁파가 그들의 적들을 가혹하게 부를 때 **재세례파**라는 용어를 사용하는 경향이 있었다고 언급한다. Richard Mouw, *He Shines in All That's Fair: Culture and Common Grace* (Grand Rapids: Eerdmans, 2001), pp. 20-29. [역주] 『문화와 일반은총: 하나님은 모든 아름다운 것 가운데 빛나신다』, 새물결플러스, 2012.
27. Kuyper, "Common Grace". p. 175.

표를 향해 진행되며, 그러한 세기들 속에 있는 모든 것들이 그 최종 목표에 연결된다는 것을 의미한다."[28] 하나님께서 정하신 창조세계의 역사의 목적 telos은 지금 진행 중에 있는 발전이 지향해야 하는 중요하면서도 더 큰 목적을 보여 준다.

이러한 발전의 과정은 노력이나 고통 없이 이루어지는 것이 아니다. 그 과정에는 상당한 괴로움과 비참함이 있겠지만, 그럼에도 불구하고 고통의 경험은 하나님께서 사람들을 진보로 나아가게 해 주시는 수단이다. 그래서 고통과 발전의 관계를 통해서 괴로움과 비참함 그 자체를 일반은혜의 수단이라고 생각할 수도 있지만, 꼭 그런 것만은 아니다. 오히려 카이퍼는 이러한 어려움들을 하나님의 작정divine decree으로 인식하고, 그럼으로써 그것들을 하나님의 궁극적인 목적의 한 부분으로서 긍정적으로—비록 그것들을 은혜의 수단으로 보지는 않았지만—바라보았다. 이런 어려움들과 관련해서, 카이퍼는 일종의 점진적인 일반계시를 강조함으로써 창조세계의 잠재력이라는 관점을 설명한다.

오히려 우리는 고통을 하나님께서 우리로 하여금 대항해 싸우라고 하신 그 적the enemy으로 인식해야 한다. 하지만—여기에 고통의 원인들 shoe pinches이 있는데—하나님께서는 그분만이 우리에게 보여 주실 수 있는 것, 즉 그 고통으로부터 우리를 지키고 저항할 수 있는 수단을 한꺼번에 다 드러내지는 않으신다. 그보다 하나님께서는 시간이 흐르면서 우리가 차근차근 새로운 것을 찾도록 거듭해서 영감을 주시고, 이를 통해 그러한 수단들을 점점 더 분명하게 보게 하신다. 이런 점에서 노

---

28. 위의 책.

아는 아담보다 더 멀리 나아갔고, 모세는 노아보다, 솔로몬은 모세보다, 그리고 이런 식으로 계속되어 우리는 우리의 조상보다 더 멀리 나아온 것이다. 그렇다고 무언가 아주 새로운 것이 창조되었다는 것은 아니다. 하나님께서 우리에게 드러내신 모든 것은 이미 태초부터 창조세계에 저장되어 있었다. 그러나 우리가 그것을 알지 못하고 보지 못했기 때문에, 하나님께서 수 세기들을 거치면서 한 걸음씩 차근차근 우리로 하여금 인간의 삶을 풍요롭게 할 수 있는 훨씬 더 많고 새로운 것들을 발견하도록 도우신 것이다 …… **이것이** 바로 우리의 발전이었다. 오직 여기에만 진보의 진짜 구성요소가 있다.[29]

창조세계는 하나의 씨앗에서 자라나 계속해서 꽃을 피우고 인류를 위해 보다 나은 혜택들을 산출하는 식물과도 같다. 전반적으로 인류의 삶은 일반은혜로 말미암아 비옥해진 창조세계라는 토양을 경작하는 결과로서 향상되어 간다.

카이퍼는 이러한 발전의 과정이 궁극적인 완성을 향해 나아갈 때 창조세계의 청지기직stewardship이라는 개념이 진지하게 수용되어야 한다고 촉구했다. "한 해도, 하루도, 한 시간도 허비되어서는 안 된다. 하나님께서 이 모든 세월 동안 우리 인류 안에서 그리고 이 세상의 모든 생명들 안에서 쉬지 않고 계속 일하셨기 때문이다. 목적이 없거나 쓸모가 없는 것은 아무것도 없다."[30] 교회의 벽 바깥에 있는 삶에 참여하는 것이 중요하다. 설령 그것이 신앙에 어떤 의미가 있는지 직접적으로 입증할 수 없을지라도 말이다. 카이퍼

---

29. 위의 책, 175-176쪽.
30. 위의 책, 176쪽.

는 그런 경우에라도 그것이 의미가 있다고 주장했다. 왜냐하면 그것이 "하나님께서 창조하실 때에 이 세상에 심어 놓으신 모든 것을 현실화시키고, 지속적으로 구현하고, 완전히 발전시켜 모든 생명 에너지들이 충만한 합을 이룬 채 세상의 정점consummation에서 환한 빛으로 들어가게 하시려는"[31] 하나님의 계획의 일부이기 때문이다.

만약 일반은혜가 창조세계의 잠재력이 실현되도록 세상 속에서 하나님께서 행하시는 일이라면, 그것은 어떤 식으로 일어날까? 그것은 사회 구조적인 건설을 통해, 문화적인 발전을 통해 일어난다. 이것을 보다 자세히 설명하기 위해서, 카이퍼는 창조세계의 목적telos에 관해 성찰하면서 일반은혜가 발휘되는 창조세계의 발전은 구원의 발전과는 별개로 독립적인 목적을 지닌다고 말했다.[32] 이 목적에서 핵심은 본래 집합적인corporate 하나님의 형상imago Dei에 관한 이해와 연결된다. 즉 카이퍼는, 하나님의 형상image 안에 있는 창조세계를 개인들로 제한하지 않고, 전체 인류가 집합적으로 하나님의 형상을 담아내고 있는 것이라고 주장했다. 그에 따르면, 이런 식으로 접근할 때 하나님의 형상이 보다 충만하게 반영될 수 있다. 이러한 반영에서 핵심적인 측면은 사회적 삶을 발전시키는 것이다. 자신의 입장을 뒷받침하기 위해 카이퍼는 다음과 같이 말했다.

하나님의 형상을 따라 사람이 만들어 가는 창조세계의 사회적인 측면은 구원이나 또는 하나님 앞에서 각 개인의 상태가 어떠하든지 아무 상관이 없다. 이러한 사회적인 요소는 우리에게 한 가지만 말해 주는데,

---

31. 위의 책, 175쪽.
32. 위의 책, 178쪽.

그것은 하나님께서 그분을 닮도록 인간을 창조하실 때 우리의 본성 안에 인간으로서 더 높은 수준으로 발전하도록 수많은 핵들nuclei을 심어 놓으셨다는 것, 그리고 이런 핵들은 **사람들 사이에서 사회적인 연대** social bond**를 통해서**만 발전할 수 있다는 것이다. 이런 관점에서 인류가 매우 다양하게 발전해 온 것은 그 자체로 큰 의미가 있으며, 독립적인 목적을 지니고, 구원의 문제와는 별개로 존재해야 할 이유가 있다. 만약 하나님께서 그분의 형상의 풍성함을 우리의 사회적인 다양성과 충만함에 기꺼이 반영하고자 하신다면, 그리고 그분 스스로 인간의 본성 안에 그렇게 발전할 수 있는 핵들을 심어 놓으신 것이라면, **그렇다면** 그분의 형상이 지닌 광채가 **나타나야만 한다**. 그렇다면 그 풍성함은 감추어진 채로 있을 **수 없으며**, 그러한 핵들은 말라 시들어 버릴 **수 없으며**, 그리고 인류는 인간의 잠재성이라는 핵들이 필연적으로 충만하고 풍성하게 펼쳐지기까지 이 땅 위에 **존속해야만** 할 것이다.[33]

인간의 발전은 창조세계에 반영된 하나님의 형상의 온전한 영광을 보고자 하는 하나님의 계획의 한 부분이기 때문에, 반드시 그것의 목표에 도달해야만 하는 필연적인 것이다.

인간의 발전은 일반은혜로 말미암아 가능해진다. 하나님의 형상을 점점 더 정확하게 반영해 가는 과정은 창조세계 전체가 발전하는 것에 포함된다. 이 기획은 삶의 조건들을 개선시키고자 하는 사회를 건설하는 일로도 이해될 수 있다. 다시 한 번 말하지만, 카이퍼는 이 과제를 구원의 과제와는 분리된 것으로서 이해했다. 그럼에도 불구하고 그는 하나님께서 일반은혜를 통

---

33. 위의 책.

해 직접적으로 관여하고 계신다고 주장했다.

최고의 장인이자 건축가는 그가 디자인한 모든 것이 실제로 실현되어 그 앞에 멋진 건축물로 서게 되기를 바랄 것이다. 하나님 역시 인간이 높은 수준으로 발전하는 것을 기뻐하실 것이다. 그분 스스로가 이것을 이루시고 보이게 하실 것이다. 그때 그분께서는 그것 안에서 자신의 영광을 찾으실 것이다. 문명과 계몽, 진보로, 과학과 예술로, 다양한 사업들과 산업으로 자연을 통제하고 이용하는 것은, 거룩함과 진실함 안에서 일어나는 전적으로 다른 종류의 발전과는 완전히 별개의 것이다. 사실, 이 **외부의**exterior 발전은 거룩함 안에서 일어나는 **내부의**interior 발전과 공개적으로 충돌할 수 있고 또 믿는 자에게 유혹이 될 수도 있다. 하지만 거룩함 안에서 일어나는 외부의 발전은 우리 안에서 **하나님께서 하시는 일**이 충만히 눈에 보이도록 실현되기까지 계속되고 완수되어야만 한다.[34]

---

34. 위의 책, 178-179쪽. 여기서 주목할 만한 것들 몇 가지가 있다. 첫째, 외부의 발전이 주는 유혹에 관해 카이퍼가 말한 것이 공공의 참여를 미심쩍은 일로 여기는 사람들을 상당히 주춤하게 하는 것은 아니냐고 물을 수 있다. 만약 이것이 유혹이라면, 그것이 바른 신앙을 지닌 많은 기독교인들을 너무 공적인 의제들에 몰두하게 함으로써 정작 특별은혜의 복음을 무시할 수 있게 만드는 것은 아닐까? 카이퍼는 분명하게 공공의 참여는 반드시 행해야 하는 과제라고 보았다. 물론 이것은 맑은 정신과 하나님의 영광을 우선으로 하는 관점에서 행해져야만 한다. 둘째, 카이퍼는 창조세계의 목적론에 따르면 긍정적인 발전이 필수적이면서도, 이 발전 가운데 악이 번성하는 것도 필수적이라고 보았다. 왜냐하면 이로부터 적그리스도가 나타나 모든 시대의 끝이 오기 때문이다. "인간의 세계에서 진화해 온 세상의 권력인 바벨론이 멸망할 때, 그것은 미개한 무리의 모습이나 추잡한 짐승 같은 짓들을 보이지 않을 것이다. 오히려 반대로 인간이 사는 세계가 이룰 수 있는 가장 높은 발전의 모습을 보일 것이다. 이때의 바벨론은 가장 교양 있는 모습들, 가장 장엄한 부와 영광이 펼쳐지고 삶을 빛나고 영광스럽게 하는 모든 것들의 충만한 광채를 보일 것이다. 이로부터 우리는 '일반은혜'가 끝까지 작동했음을 알게 된다. 일반은혜가 인간의 삶에 잠재하는 모든 힘들이 온전히 드러나도록 박차를 가할 때에야 '불법의 사람(the man of sin)'이 자기의 영향력을 펼치기에 평탄한 장을 찾게 될 것이다. 그때에야 비로소 종말이 가깝고 심판이 그에게 갑자기, 어느 하루 만에, 한 시간 만에 닥칠 것이다."(위의 책, 181쪽.)

카이퍼의 관점에서, 일반은혜의 목적은 완수되어야만 하는 위임받은 통치mandatory다. 사실 그는 일반은혜 덕분에 최초의 창조명령creation ordinance이 달성 가능한 목표가 되었다고 말한다. 창조 질서가 타락한 상황이기는 하지만, 일반은혜는 인간에게 자연을 통치할 수 있는 힘을 제공한다. 실제로, 일반은혜 없이는 역사를 거치면서 인간이 발전해 온 것을 좀처럼 설명하기가 어렵다.[35]

일반은혜가 사회를 건설하는 일을 격려한다면, 기독교인들은 이 과제에 어떻게 접근해야 할까? 지난 장에서 말한 것처럼, 카이퍼는 영역 주권을 존중하는 방식의 사회 참여를 지향했다. 하지만 그는 또한 교회가 사회에 영향을 끼쳐야 한다고도 믿었다. 카이퍼는 교회에게 영향력이 있어야 한다고 촉구하면서, 영역 주권의 원리에 따라 국교회national church에 대해서는 반대했다. 은혜라는 관점에서, 카이퍼는 다른 대안들에 대해 설명했다.

자, 만약 오직 **은혜**만이 저주를 막고 악마의 강한 힘을 멈출 수 있다면, 다음 두 가지 일 중 하나가 반드시 일어나야만 한다. 즉 은혜가 교회 밖에서 작동하든지, 아니면 교회 밖에 있어서 교회 안으로는 흡수될 수 없는 것들이 모두 은혜를 상실한 채 아무런 소망 없이 저주의 굴레에 놓이든지 해야만 한다. 그러면 '퇴마exorcism'가, 교회가 이런 힘을 깨뜨리고 세상의 한 부분을 저주의 굴레로부터 빼내어 은혜 아래로 데려오려고 사용하는 당연한 수단이 될 것이다. 그러면 위기에 처한 땅의 모든 구석구석이 성별되어야만 할 것이다. 왜냐하면 어디서든 세계는 두 부분으로, 즉 **성별된** 부분과 **그렇지 않은** 부분으로 나누어지기 때문이다.

---

35. 위의 책, 179쪽.

그리고 성별되지 않은 것은 모두 은혜의 영역 밖에 남겨지게 된다. 하지만 교회 밖에도 분명 작동하는 **은혜가 있다**는 것, 심지어 영원한 구원으로 인도하지 않는 곳에도 **은혜**가 있다는 것, 그리고 따라서 우리에게—설령 구원과 직결되지 않더라도—인간 시민으로서의 삶에서 죄의 저주 또는 죄 그 자체를 억제하는 하나님의 은혜가 작동한다는 것을 존중해야 할 의무가 있음을 보게 되는 순간, 이 모든 것이 끝나게 된다.[36]

일반은혜는 사회를 건설하는 일을 추구해 갈 방법과 의무를 제공한다. 교회는 특정한 신앙고백을 강요함으로써가 아니라 간접적인 방법으로 자신의 영향력을 넓혀나간다.[37] 사회의 발전은 기독교인들이 삶의 모든 영역에 존재함으로써 종교의 자유를 촉진시키고, 국가의 법과 사회정치적인 구조에 이교적인 개념이나 사상들이 도입되거나 전파되는 것에 맞서고, 사회에 보다 고상하고 순전한 생각들의 지배가 확장되게 할 때 일어난다.[38] 특별은혜의 수혜자들이 일반은혜의 영토를 가꿀 때 이런 과제가 성공할 수 있게 된다.

카이퍼는 일반은혜의 결과로서 '기독교' 국가를 만드는 것이 가능하다고 주장했다. 이러한 말을 사용할 때 카이퍼가 염두에 둔 것은 신정정치의 나라나 또는 심지어 국민들 대부분이 거듭난 사람들인 나라가 아니었다. 오히려 이런 나라는 "교회와 신자들에게 있는 특별은혜가 일반은혜가 형성되는 데 너무나 강한 영향을 미쳐서 그 때문에 일반은혜가 최고의 성취를 이루게 될"[39]때 존재하는 것이었다. 그런 나라에서는 사회의 구조에서 기독교 신앙

---

36. 위의 책, 192쪽.
37. 위의 책, 197쪽.
38. 위의 책.
39. 위의 책, 199쪽.

의 영향력이 드러나게 된다. 그 결과로 이런 나라들에서는 여성의 지위가 향상되었고, 노예제도가 폐지되었고, 공중도덕이 잘 지켜졌고, 가난한 자들에게 긍휼을 실천해 왔다.[40] 카이퍼에 따르면, 가장 좋은 사회는 일반은혜에서 나온 책임감 있고 충실한 청지기직에서 비롯될 것이다.

일반은혜는 사회정치적인 참여와 발전이 움틀 자리를 마련해 줄 뿐만 아니라, 모든 사람에게—그들의 신앙과 관계없이—재능과 소질들을 제공한다. 일반은혜는 모든 사람에게 예술적인 능력을 지닐 수 있게 해 줄 뿐만 아니라, 지난 장에서 말한 것처럼, 지성의 재능까지 제공한다. 지성에 관해서, 카이퍼는 스톤 강연에서 다음과 같이 말했다.

귀중한 보물이 오래전 이교의 문명으로부터 우리에게 전해져 왔습니다. 플라톤에게서 여러분은 빨려들 듯 탐독할 만한 글들을 발견하게 됩니다. 키케로Cicero는 여러분을 매혹시키고 그의 기품 있는 어조로 여러분을 끌어들여 여러분 안에 있는 거룩한 감성들을 자극합니다. 그리고 만일 여러분이 주위에 있는 것들, 곧 여러분에게 보도되는 것들, 그리고 여러분이 신앙 없는 자들이라고 단언한 사람들의 연구들과 문학작품들에서 얻는 것들을 생각한다면, 거기에 여러분을 매혹시키고 여러분이 공감하며 찬탄할 만한 것들이 얼마나 많습니까. 이런 불신자들의 말이나 행동에서 여러분의 기쁨을 자아내는 것은 비단 그들의 천재적인 번뜩임이나 뛰어난 재능만이 아니라, 종종 그들의 아름다운 성품, 그들의 열정, 그들의 헌신, 그들의 사랑, 그들의 공평무사함, 그들의 충실함과

---

40. 위의 책.

그들의 정직함이기도 합니다.[41]

비기독교인들에게 감탄할 만한 것들이 이렇게도 많은 것은 일반은혜 때문이다. 비록 인간 삶의 모든 측면들이 타락의 영향 아래 있다는 점에서 전적 타락Total Depravity이 존재하기는 하지만, 죄를 억제하는 은혜가 걷잡을 수 없는 죄의 영향으로부터 인류를 보호해 왔다. 어떤 의미에서, 일반은혜는 인류를 잘 길들여 왔다. 이렇게 길들여진 상태에서 인류에게 주어진 능력들은 역사의 과정에서 발전하며 번창해 왔고, 그 결과 그런 능력들 안에서 사회들은 질서가 잡히고, 끔찍하고 죄로 물든 잔혹한 행위들은 최소화되었다.[42] 카이퍼가 아주 중요하게 생각한 것은 비기독교적인 예술 및 지적인 업적들의 가치를 인식하는 것이 사실은 창조 질서의 가치를 인정하는 것이라는 점이었다. 하지만 또 한편으로 카이퍼의 대립Antithesis 교리는 그로 하여금 비기독교적인 사상이나 활동을 무비판적으로 인정하지 못하게 했다는 점에서 균형을 잡을 필요가 있다. 카이퍼는 일반은혜의 영역인 창조세계를 기독교인이 참여할 가치가 있는 곳으로 만드는 데 관심이 있었지만, 이를 아무렇게나 하라고 하지는 않았다.

지난 장에서 말한 것처럼, 카이퍼는 그의 지지자들에게 공공부문에 참여하도록 동기를 부여하고자 노력했다. 일반은혜 교리는 공공의 참여를 위한 신학적인 근거이자 이에 관해 동기를 부여하는 자극제이기도 했다. 일반은혜는 죄를 억제하고, 역사적인 발전과 진보를 가능하게 함으로써 창조세계

---

41. Kuyper, *Calvinism*, pp. 159-160.

42. 위의 책, 163-164쪽. 다시 한 번, 카이퍼는 두 번의 세계대전이 일어나기 전에 있었기에 진보에 관한 그의 관점은 매우 낙관적이었으며, 따라서 그는 사람들이 커다란 잔혹행위들을 좀처럼 저지르지 않는다고 결론 내렸다는 점은 주목할 만하다.

를 긍정적으로 바라볼 수 있게 한다. 일반은혜는 사회를 건설하는 일을 가능하게 하고 이것을 장려한다. 자이데마S. U. Zuidema는 다음과 같이 말했다,

> 일반은혜는 신자에게 문화적으로 무언가를 형성하고 문화의 세상에서 이뤄지는 주님의 전투에서 싸워야 하는 그의 소명을 성취하는 데 필요한 도구를 제공한다. 일반은혜의 영역sphere은 …… 기독교적인 학문, 기독교적인 정치, 기독교적인 사회 행동과 개인들의 기독교적인 활동이 발전되어야 하는 곳이다. 일반은혜는 이러한 문화적 과제들이 실제로 수행될 수 있는 일종의 무대를 제공한다. 일반은혜는 기독교인의 문화 활동의 **가능성을 위한 전제 조건이다.**[43]

3) 쟁점들

카이퍼는 일반은혜 교리를 기독교인—특히 개혁파—대중들에게 공공의 영역에서 활동하도록 동기를 부여하려는 의도에서 만들었지만, 이 교리는 몇 가지 우려스러운 지점들을 불러왔다. 이 책이 다루는 범위와 관련해서는 특별히 다섯 명의 사람들이 문제를 제기하였다.[44]

헨리 반틸Henry Van Til은 그의 책 *Calvinistic concept of Culture*『문화에 관한 칼뱅주의적 개념』에서, 일반은혜를 문화와 역사의 근본으로 보는 카이퍼의 교리는 지나치게 추측에 근거하며 성경적인 근거가 부족하다고 주장한다. 특히 반틸은 창조세계가 혼돈으로 빠지지 않도록 하기 위해서 일반은혜가 생겨났

---

43. Zuidema, "Common Grace and Christian Action in Abraham Kuyper", p. 57.
44. 코넬리우스 반틸(Cornelius Van Til)은 일반은혜에 관하여 저술하긴 했지만, 그의 초점은 주로 구원론적—가령 기독교인들과 비기독교인들 사이의 접점이나 구원의 보편적 수여와 선택을 조화시키는 것과 같은 것들—이었다. 따라서 그의 작업들은 여기에 포함시키지 않았다. Van Til, *Common Grace and the Gospel*을 보라.

다는 카이퍼의 견해를 비판한다. 그에 따르면, 신자들의 문화적 행동은 일반 은혜가 작동하는 것이 아니라, 단지 인류가 받은 통치 명령dominion mandate이 그리스도를 통하여 회복된 것일 뿐이다. "세계가 하나님의 일반은혜 때문에 계속해서 존재한다고 말하는 것은 마차를 말 앞에 두는 것이다. 왜냐하면 하나님께서는 세상을 그리스도 안에서 그리고 그리스도를 통해서 구속하시려는 그분의 목적에 기초해서 우리의 첫 부모들에게, 그리고 또한 노아에게 그분의 약속들을 주셨기 때문이다."[45] 반틸의 관점에 따르면, 하나님의 작정들 divine decrees은 타락과, 그리고 구속을 통하여 문화명령이 성취될 수 있게 하려는 하나님의 계획을 포함한다. 일반은혜에 독립된 목적—특별은혜와는 전혀 다른 것—이 있다고 믿는 것은 근거 없는 추측일 뿐이라는 것이다.

또 다른 비판은 야곱 클랍베이크Jacob Klapwijk에게서 비롯되었다. 그는 일반은혜와 특별은혜를 카이퍼가 대조시킨 것은 "영적으로 해석하게 만드는 이원론spiritualizing dualism, 내세와 현세로 이분화시키는 일종의 신비주의 mysticism"[46]에 힘을 실어 준다고 주장한다. 일반은혜 안에서 하나님께서 행하시는 일이 그리스도를 위한 것인지가 항상 분명한 것은 아니라는 말이다. 카이퍼의 저작을 보면, 일반은혜와 특별은혜의 목적들이 어떤 때에는 한데 모아지기도 하고, 또 어떤 때에는 분리된 채로 있기도 한다. 지난 장에서 언급한 것처럼, 이러한 긴장은 스톤 강연에서도 볼 수 있는데, 여기서 카이퍼는 그 딜레마를 해결하지 않는다. 또한 클랍베이크는—카이퍼를 공정하게 평가하려는 의도에서—이러한 갈등은 카이퍼의 개인적인 삶에서 나타나는 긴장을 반영하는 것이라고 인정한다.

---

45. Van Til, *Calvinistic Concept of Culture*, p. 231.
46. Klapwijk, "Antithesis and Common Grace," p. 173.

한편으로, 그의 책에서는 거듭난 마음의 신비와 영원한 집을 갈망하는 지친 순례자의 한숨이 공명한다. 또 한편으로, 그는 엄청난 활력으로 국가와 사회, 과학에서 하나님의 창조세계를 확장시키기 위해 전력을 다한다. 그런데 여기에서조차 그의 생각들은 서로 조화되지 않는 것처럼 보일 때가 종종 있다. 그는 어떤 때에는 창조명령을 기독교인과 비기독교인들이 나란히 서서 함께 투쟁하는 인간의 공통적인 과제라고 여긴다. 그때는 일반은혜의 영역이라는 것이 중세 스콜라 철학에서 자연이 차지하는 영역과 같은 것처럼 보인다. 그런데 다른 때에는 위대한 문화명령에 비기독교인들과 협력할 여지가 없다고 확신한다. 그는 이 명령이 전 세계에 대한 예수 그리스도의 주되심을 선포하는 것이라고, 따라서 이는 과학과 철학을 포함한 삶의 전 영역에서 기독교인들의 행동을 조직하는 프로그램으로 해석되어야 한다고 확신한다.[47]

클랍베이크의 해석은 카이퍼가 항상 일관적이지는 않았음을 보여 준다. 하지만 카이퍼가 일반은혜에 관한 학문적인 글쓰기에 주로 관심을 둔 것이 아니라는 점을 기억할 필요가 있다. 핵심적인 원리들에 대해 언급했음에도 불구하고, 그가 모든 글이나 강연에서 그의 신학적인 강조점들 사이의 균형을 맞추기 위해 늘 관심을 기울인 것은 아니었다. 그의 관심은 신학적이면서도 동시에 실천적인 것에 있었다. 그의 목적은 그의 지지자들이 직접 행동하도록 동기를 부여하는 것이었기 때문이다. 카이퍼는 경우에 따라서 목표들을 다르게 두었는데, 어떤 경우에는 창조세계에 관한 일반적인 감사를 강조하는 데 두었다가도, 또 어떤 경우에는 공공의 무대에서 기독교의 독특한 접

---

47. 위의 책, 173-174쪽.

근방식을 분명하게 표현하고 실천하는 군대들을 모으는 데 두기도 했다. 따라서 카이퍼를 읽을 때는, 그의 저작들이 당시의 상황의 특성을 반영한다는 것과 그가 속한 역사적인 상황에서는 일반은혜와 대립antithesis을 모두 강조할 필요가 있었다는 점을 기억하는 것이 유용하다.[48]

코넬리스 판 더 코이Cornelis van der Kooi는 카이퍼의 일반은혜 교리를 평가하면서 사회문화적인 발전과 기독론에 관련해 우려를 제기한다. 카이퍼의 교리가 인간의 문화 활동을 지지해준다는 것을 인정하면서도, 판 더 코이는 발전이라는 개념에 관해서는 양가적인 자세를 취한다. "두 차례의 세계대전, 갖가지 대학살의 발생, 통제되지 않은 경제성장 때문에 우리의 자연환경이 직면한 위협들은 낙관주의를 한층 수그러들게 했고, 카이퍼의 세계관에서 매우 특징적이라고 할 수 있는 진보에 대한 믿음에 불신의 불을 붙였다."[49] 발전이 지향하는 삶을 긍정하는 측면들에서 문화의 위치와 하나님의 행동이 차지하는 중심성을 긍정할 수 있다 하더라도, 이에 관해서는 신중한 태도가 필요하다. 창조세계에 있는 잠재력이 필연적으로 성취를 동반하거나 또는 성취를 요구한다는 카이퍼의 견해를 따르기보다, 판 더 코이는 우리에게 발전의 긍정적인 측면들을 하나님께서 주신 선물로 받아들이는 한편 사람과 세상의 연약함 또한 염두에 두자고 제안한다. 이와 관련해서, 가령 어떤 기술적인 발전들은 그것들이 파괴적인 방향으로 정점을 찍는 데까지 나아갈 수도 있기 때문에 그리 바람직하지 않을 수도 있음을 인식하는 것이 중요하다. 이런 관점을 따를 경우, 세상에서의 삶을 의미 있게 보면서도 무조건적인 낙관주의로 세상을 보지 않는 것 또한 가능하다.

---

48. Heslam, *Creating a Christian Worldview*, pp. 117-123을 보라.

49. Cornelis van der Kooi, "A Theology of Culture: A Critical Appraisal of Kuyper's Doctrine of Common Grace", in *Kuyper Reconsidered*, p. 100.

기독론에 관해서, 판 더 코이는 카이퍼가 영원하신 성자the eternal Son와 성육신하신 성자the incarnate Son 사이를 구분하는 것에 우려를 표명한다. 그는 이런 구분은 문화와 역사의 진보를 예수님의 존재와 사역에서 따로 분리해 생각하게 함으로써 하나님의 단일성unity에 위협이 된다고 주장한다. 이러한 구분에 반대하여 판 더 코이는 이렇게 주장한다.

> 나는 하나님께서는 분명히 성자 이상이시고, 그래서 그분의 사역은 전적으로 구원의 사역으로만 이해될 수는 없다는 주장과, 그러나 또한 예수 그리스도 안에서 그분께서 행하시는 일들 외에 그 바깥에서 이루어지는 그분의 모든 사역들로 하나님에 관하여 말할 수 있는 것은 아무것도 없다는 주장을 옹호하고 싶다. 예수님의 생애와 십자가, 부활 이후로, 이러한 역사의 바깥에서 하나님에 관해 생각하는 것은 불가능하다. 신약성경이 그리스도를 창조의 대행자agent라고 말할 때, 그것은 이 땅에서 그분께서 행하신 일들과 무관하게 생각된 것이 아니라 창조의 대행자로서 그분께서 지니신 권능exousia이 이 땅에서 그분의 삶, 그분의 십자가와 부활을 특징짓는다는 것이다.[50]

이러한 접근은 영원하신 성자와 성육신하신 성자를 연합시킴으로써 문화와 역사가 왜 시간 이전에 존재하는 영원한 작정the eternal decree 뿐만 아니라 성육신에도 그 뿌리를 내리고 있는지를 보여 준다. 이러한 비판은 카이퍼의 신학에서 일반은혜와 특별은혜 사이에 있는 갈등에 관한 클랍베이크의 관심과 공명하면서도 초점을 기독론 쪽으로 좀 더 많이 두는 것이다.

---

50. 위의 책.

이러한 우려들에 대답하는 것이 가능할까? 그것들 모두는 주로 구속에서 그리스도께서 행하시는 사역과 창조세계에 관한 일반적인 은혜를 분리시킨 것에 초점을 두고 있다. 한 가지 대답은 "아브라함 카이퍼의 일반은혜와 기독교인의 행동Common Grace and Christian Action in Abraham Kuyper"이라는 자이데마S. U. Zuidema의 논문에서 찾을 수 있다. 자이데마는 카이퍼에게 있는 갈등을 해결하는 길은 일반은혜와 관련해서 카이퍼의 특별은혜 교리를 강조하는 것이라고 주장한다. 자이데마는 카이퍼가 이 두 가지 은혜에 각기 다른 목적이 있다고 주장한 것을 인정하면서도, "만약 카이퍼의 일반은혜 교리를 그 안에서 더 이상 모순이 일어나지 않도록 복원하려면, 그리스도에 관해서, 그리고 '창조세계를 근본적으로 회복시키는' 특별은혜에 관해 카이퍼가 쓴 저작들을 더 정교하고 더 적합한 방식으로 다루어야만 한다."[51] 자이데마의 전략은 분명하다. 특별은혜에 있는 회복시키는 힘을 보다 강하게 강조한다면, 일반은혜는 더 이상 특별은혜와 분리된 목적을 지니는 것이 아니라 오히려 특별은혜의 목적을 위해 봉사하게 된다. 이런 관점에서 일반은혜는 기독교인이 행동하기 위한, 심지어 기독교인이 전투하기 위한 지역이 된다.

이제 일반은혜는 하나님의 사역의 하나라고 고백되어야 한다. 그 사역으로 하나님께서는 그분의 창조세계를 지탱하시고, 그분의 창조세계의 법칙들을 유지하시며, 그래서 괴로워할 뿐만 아니라 전투하는 교회가 이 시대 전체에 걸쳐 하나님께서 그분의 일반은혜로 교회에게 주신 무기들을 가지고 왕을 위하여pro Rege 전쟁을 수행할 수 있도록 길을 열어 주신다. 그런데 이런 무기들은 불신자들로 말미암아 만들어지기도 한

---

51. Zuidema, "Common Grace and Christian Action in Abraham Kuyper," p. 100.

다. 물론 그들이 하나님의 뜻에 따라 그렇게 하는 것은 아니다. 그럼에도 불구하고 그들은 신자들만큼이나 하나님의 일반은혜로 그들의 일들을 수행하는 데 필요한 재능과 소질들을 부여받은 자들이다. 그들이 이런 일들을 어떤 의도로, 어떤 뜻으로 수행하든지 간에 그것들은 특별은혜를 위해 봉사하게 된다.[52]

자이데마의 관점에서 보면, 카이퍼의 일반은혜 교리는 그가 의도했던 목적, 곧 창조세계를 긍정적으로 바라보도록 장려하고 또한 공공의 영역에 참여하는 것을 긍정하게 하는 것에 유용하다. 비록 카이퍼가 모든 지지자들과 비판자들을 만족시킬 만큼 그가 지닌 갈등들을 해소시켜 준 것은 아닐 수 있지만, 그가 공공의 영역에 참여하는—그것을 본질적으로 바꿀 수는 없지만 적어도 구조salvage할 수는 있는—일에 관한 신학적 근거를 제시한 것만큼은 분명했다.

카이퍼가 타락전 선택론자supralapsarian였다는 것을 고려할 경우,[53] 자이데마의 대답은 완벽하게 설득력이 있다. 선택을 작정하시는 데서 타락전 선택론자에게 중심적인 것은 하나님의 영광이기 때문에, 카이퍼에게서 일반은혜와 특별은혜의 목적을 분리시키는 경향을 찾은 사람들은 그가 일관적이지 않다는 것을 발견했을 것이다. 하지만 리처드 마우는 타락후 선택론자infralapsarian의 관점에서 카이퍼의 일반은혜에 관한 우려들에 답하는 또 다른

---

52. 위의 책, 101쪽.

53. 개혁파 신학에서 타락전 선택론자는 하나님께서 창조 이전에 먼저 구원과 유기(遺棄)에 관한 선택을 작정하셨으며, 그리고 이어서 창조, 타락, 그리스도를 통한 구원을 작정하셨다고 주장한다. 반면 개혁파 신학의 주류 입장인 타락후 선택론자는 하나님께서 창조를 먼저 작정하시고, 그런 다음 타락에 대해 그리고 그 다음에 선택, 유기, 그리스도를 통한 구원을 작정하셨다고 주장한다. 이에 대한 요약은 마우의 *He Shines in All That's Fair*, pp. 54-55에서 볼 수 있다.

길을 제시한다.

마우에 따르면, 타락후 선택론자는 스스로를 영화롭게 하시는 하나님의 계획을 다룰 때 보다 복잡하게 접근한다. 첫 번째 작정이 세상을 창조하시는 것이고, 선택election, 유기reprobation, 그리스도를 통한 구원salvation이라는 작정들은 그 뒤에 나오는 것이기 때문에, 타락후 선택론자는 이러한 작정의 '다수성manyness'을 강조한다. 타락후 선택론자는 하나의 작정을 중심으로 하고 그래서 그 뒤를 따르는 모든 것들을 위한 궁극적인 목적이 되게 하기보다, 신의 목적들에 다양성multiplicity을 허락하는 입장이다. "예를 들어, 타락후 선택론자는 하나님께서 뛰어난 운동 실력이 발휘되는 것을 기뻐하실 것이라고 생각하지 못할 이유가 없다. 왜냐하면 선택과 유기를 초래하는 목적에 종속되지 않고 오히려 그것과 나란히 함께 있는 궁극적인 목적들이 있다고 보기 때문이다."[54] 만일 하나님의 목적들에 그러한 다양성이 있다면, 타락후 선택론자의 입장은 일반은혜를 반드시 구원을 위한 특별은혜와 연결시키지 않고도 그것이 하나님을 영화롭게 하는 목적을 지니는 것으로 이해할 수 있는 길을 제공한다. 카이퍼가 충실한 타락전 선택론자였던 것은 사실이지만, 카이퍼의 접근방식이 지닌 몇 가지 충돌들에서 벗어나는 한 가지 방법은 이것을 타락후 선택론적인 관점에서 생각해 보는 것이다.

여기서 제기된 대다수의 우려들이 어떤 점에서 기독론적이라는 것이 흥미롭다. 하나님의 작정, 일반은혜와 특별은혜 사이의 긴장, 그리고 하나님의 단일성에 관해 깊이 살필 경우, 이것들은 삼위일체의 제2위격에 초점을 두게 된다. 기독론이 확실히 중심에 위치한다. 그러나 삼위일체의 제2위격께서만 일반은혜에서 활동하시는 것은 아니다. 삼위일체의 제3위격이신 성령님 또

---

54. 위의 책, 61-62쪽.

한 실제로 일반은혜에서 중심적이시며, 따라서 이제 곧 보게 될 것처럼, 카이퍼의 공공신학에서도 핵심이 되신다.

창조세계에서의 성령님의 사역: 잃어버린 연결 고리

위에서 언급한 것처럼, 카이퍼는 그리스도를 일반은혜의 근원으로 언급했다. 하지만 또한 창조세계에서의 성령님의 사역 역시 공공에 참여하도록 하기 위해 카이퍼가 제시한 신학적인 근거에서 똑같이 필수적이었다는 것을 입증할 수 있다. 카이퍼가 생물물리학적 질서에서 성령님의 활동을 묘사하기 위해 사용했던 언어는 그가 일반은혜의 작동에 관해 묘사했던 것과 겹친다.

카이퍼는 『드 헤르아우트』에 "성령의 사역The Work of the Holy Spirit"이라는 글을 연재했다. 이것이 이후 1888년에 책으로 출판되었고, 1900년에 영어로 번역되었다. 이는 일반은혜에 관한 카이퍼의 초기의 저작들보다 7년을 앞선 것이다. 흥미로운 점은 성령님에 관한 카이퍼의 저작에서 일반은혜와 관련해 사용된 언어들을 볼 수 있지만, 이후에 그가 일반은혜에 관해 논의하면서는 이 둘을 직접적으로 연결시키지는 않는다는 점이다. 그저 추측이기는 하지만, 이것은 아마도 카이퍼가 그리스도와 일반은혜의 관계에 초점을 맞추는 데 신경쓴 결과일 것이다. 그럼에도 불구하고, 위에서 보았듯이, 그러한 노력이 그를 비판으로부터 자유롭게 하지는 못했다.

카이퍼는 창조세계에서의 성령님에 관한 그의 교리를 어떻게 설명했을까? 카이퍼는 창조세계에서의 성령님의 활동에는 세 가지 측면이 있다고 보았다. 첫째, 성령님께서는 창조하시는 행위에서, 완전케 하시는 기능을 수행하신다. 카이퍼는 고린도전서 8장 6절과 로마서 11장 36절을 인용하면서 삼위일체의 위격들을 구분하는데, 곧 성부께서는 최초의 발생initial generation 또는 창조creation의 능력이시고, 성자께서는 정돈arrangement 또는 조직organization의 능력이시며, 그리고 성령께서는 완성perfection의 능력이시라는 것이다. 생물물리학적 질서에서 보자면, 성부께서는 말씀하셔서 창조세계의 물질들을 생산하셨고, 성자께서는 창조세계를 형성하시고 정돈하셨으며 ordered, 성령님의 역할은 창조세계에 있는 잠재력들이 그것들의 최고의 목적을 완성하도록 이끄시는 것이다.

카이퍼는 "피조물들은 그냥 단순히 존재하거나 조각상처럼 우주의 한 구석을 장식하기 위하여 만들어진 것이 아니다. 오히려 모든 것들은 목적 purpose과 운명destiny을 지닌 채 창조되었다. 우리의 창조세계는 우리가 하나님께서 설계하신 바로 그것이 될 때에야 완성될 것이다 …… 그리하여 피조물을 그것의 운명으로 이끌고, 그것의 본성대로 발전하게 하고, 그것을 완성에 이르도록 하는 것은 성령님의 적절한 사역이라고 할 수 있다."[55]라고 말했다. 카이퍼에게 이러한 완성의 목적은 무엇이었을까? 그것은 하나님의 영광이었다.[56] 성령님께서 행하시는 우주적 사역의 중심적인 목적은 창조세계 안에 편재하시는 것과 창조 질서가 그것의 적합한 목적telos을 향해 진보하고 발전할 수 있도록 촉진하는 것이다.

---

55. Abraham Kuyper, *The Work of the Holy Spirit*, trans. Henri De Vries (Grand Rapids: Eerdmans, 1941), p. 21. 카이퍼는 29-30쪽에서 창세기 1장 2절을 다루면서 이러한 생각을 다시 언급한다. "따라서 우주의 물질적인 힘들은 성령님께로부터 비롯되지 않았으며, 그분께서 물질 속에 잠재하는 생명의 씨앗과 싹을 심어 놓으신 것도 아니다. 그분의 특별한 과제는 물질이 그 안에 생명의 싹을 지닌 채로 창조된 후에야(after) 비로소 시작된다. 이러한 히브리어 본문은 수면 위를 운행하시는 성령님의 행위를 자기 자식들을 돌보고 보호하기 위해 날개를 활짝 펴고 그 위를 맴도는 어미 새의 움직임과 비슷한 것으로 보여 준다. 이런 모양은 이 땅이 이미 존재하고 있었을 뿐만 아니라 그 안에 있는 생명의 싹 역시도 이미 존재하고 있었다는 것을 암시한다. 그리고 성령님께서는 이 싹들을 품어 그 생명이 자기의 본래의 뜻으로 나아갈 수 있도록 이를 발아시키셨던 것이다."
56. 위의 책, 22-24쪽.

두 번째, 카이퍼는 성령님을 모든 생명에게 생기를 불어넣는animating 원리라고 보았다. 시편 104편 30절을 근거로 카이퍼는 성령님께서 선택받은 자들을 재건하실 뿐만 아니라 모든 생물물리학적 질서에 생명을 주신다는 사실을 지적했다. 이러한 사역은 눈에 보이지 않기 때문에 종종 성령님과 관련되지 않는데, 카이퍼는 이렇게 간과하는 것을 바로잡고자 하였다.

자연의 힘들은 얼마나 감지하기 힘들며, 자기 작용magnetism의 힘들은 또 얼마나 장엄한가! 그러나 생명이 모든 것의 기초가 된다. 심지어 겉보기에는 죽은 나무줄기조차 미세한 숨을 내쉬고 있다. 모든 것이 닿을 수 없는 심연에서부터 감추어진 원리가 위로, 밖으로 작용하고 있다. 그것은 자연 안에서 보인다. 그리고 사람과 천사 안에서는 더 많이 보인다. 성령님께서 이러한 활기와 생기의 원리가 아니시라면 무엇이겠는가? …… 이러한 눈에 보이지 않는 내부의 어떤 것은 하나님께서 직접적으로 손대시는 것이다. 우리와 모든 피조물 안에는 살아 계신 하나님께서 우리를 붙드시기 위해 손대시는 지점이 있다. 왜냐하면 전능하신 하나님께서 순간순간 **붙들지** 않으신다면 아무것도 존재할 수 없기 때문이다. 선택받은 자들에게 이 지점은 그들의 영적인 생명이고, 이성적인 피조물에게 그것은 그의 이성적인 의식이며, 그리고 이성적이든 아니든 모든 피조물들에게 그것은 생명의 원리다. 그리고 거룩한 삼위일체의 한 위격이신 성령님께서 행하시는 일이 바로 이러한 직접적으로 손대시는 것이며 그분의 가장 깊은 내면에서 피조물과 교제하시는 것이다. 성령님께서는 선택받은 자들의 마음속에 **거주하시며**, 모든 이성적인 존재들에게 **생기를 주시고**, 모든 피조물 안에서 **생명의 원리**를 유

지하시는 분이시다.[57]

어떠한 생명도 성령님의 개입 없이는, 이러한 하나님의 생명 부여가 없이는 지속될 수 없다. 더군다나 모든 인간의 이성적인 능력조차도 생기를 주시는 성령님의 사역 덕분에 제대로 기능할 수 있는 것이다.

성령님께서 창조세계에서 행하시는 역할의 세 번째 측면은 죄를 억제하시는 것이다. 성령님께서는 끊임없이 죄에 맞서시며 창조세계가 혼란 상태로 빠지는 것을 막으신다. 이는 성령님께서 창조세계를 하나님을 영화롭게 하는 그것의 목적으로 이끄시는 데 꼭 필요한 기능이다.[58]

성령님의 우주적인 활동에 관한 카이퍼의 관점은 일반은혜와 암묵적으로 연결되어 있다. 카이퍼는 창조세계에서 일반은혜가 하는 역할을 묘사할 때, 창조세계에서의 성령님의 역할과 관련해 말했던 진술들과 겹치는 말들을 했다. 이 지점에서 카이퍼가 스톤 강연에서 이 교리에 관해 정의한 것을 반복하는 것은 적절한 시도라 하겠다. 거기서 그는 "하나님께서 베푸시는 **일반은혜**가 있는데, 그것은 하나님께서 세상의 생명들을 유지하시면서, 세상에 놓인 저주를 누그러뜨리시고, 이 저주로 말미암은 타락의 과정을 막으시며, 그래서 우리의 삶이 자유롭게 발전하여 그분 자신을 창조주로 찬미하도록 하시는 것이다."[59]라고 말했다. 위에서 설명한 것처럼, 카이퍼는 성령님의 우주적인 역할을, 완성된 목적telos 안에서 하나님의 영광을 추구하며, 세계를 붙들고 유지하며, 창조세계가 본래 의도된 목적지를 향해 발전하고 나아갈 수 있도록 그 위에 있는 죄의 저주를 저지하는 것으로 이해했다.

---

57. 위의 책, 25-26쪽.
58. 위의 책, 24쪽.
59. Kuyper, *Calvinism*, pp. 30-31.

성령님의 역할은 이런 일들이 일어날 수 있도록 에너지를 제공하시는 것인데, 이는 일반은혜의 목적과 일맥상통하는 것이다. 사도행전 17장 25절을 근거로 카이퍼는 다음과 같이 말한다. "하나님께서 손대시고 지지하지 않으신다면, 해도, 달도, 별도, 어떠한 물질도 있을 수 없고, 식물이나 동물도, 더 높은 차원에서는 사람도, 기술과 재능과 소질도 있을 수 없다. 생물이든 무생물이든, 유기체든 무기체든, 이성을 지니고 있든 없든, 모든 피조물들을 직접적으로 접촉하시는 이러한 행위는, 하나님의 말씀의 심오한 설계에 따라, 성부도 아니시고 성자도 아니신, 성령님으로 말미암아 수행된다."[60] 이러한 말은 성령님께서 일반은혜의 역동적인 동력dynamic force이시라는 것을 보여 준다.

게다가, 위에서 언급한 것처럼, 카이퍼는 예술 및 다른 재능과 소질들도 일반은혜로 말미암아 나오는 것이라고 생각했다. 이것은 *The Work of the Holy Spirit*『성령의 사역』의 8장의 주제인데, 여기서 카이퍼는 성령님께서 그러한 재능과 소질들의 원천이시라고 썼다. 통치하는 능력, 예술을 통해 창조세계의 재료에 있는 잠재력을 발현시키는 재능, 그리고 어떤 공무나 전문직을 뛰어나게 해낼 수 있는 능력은 공공신학에서 다루는 중요한 능력들로서, 성령님께서 일반적으로 주시는 선물에서 비롯된 것들이다. 이에 대해 카이퍼는 다음과 같이 말했다.

성령님의 사역은 단지 일상의 숙련된 노동에서만 나타나는 것이 아니라, 보다 높은 차원의 영역에 있는 지식이나 정신 활동에서도 나타난다 …… 사람의 개성과 밀접하게 연관된 이러한 개인적인 천재성과 소

---

60. Kuyper, *Work of the Holy Spirit*, p. 44.

질은 분명 **선물**gift이다. 세상의 어떤 힘도 이러한 선물을 소유하지 않은 사람에게서 그것을 만들어 낼 수는 없다. 아이는 그것을 지니고 태어나거나 아니면 지니지 않은 채로 태어나는 것이다. 만약 지니지 않은 채로 태어난다면, 어떤 교육이나 혹독한 노력을 한다 해도—심지어는 패기 어린 야심으로도—이것이 생겨날 수 없다. 그러나 은혜라는 선물이 주권을 지닌 하나님께로부터 무료로 주어지듯이, 이러한 천재적인 재능이라는 선물 또한 그렇게 거저 주어지는 것이다. 그러므로 사람들이 기도할 때, 주님께 그들 중에서 예술과 공무의 영웅들, 재능을 지닌 사람들을 길러 달라고 구하는 것을 잊지 않도록 해야 한다.[61]

여기서 성령님과 일반은혜의 관계는 매우 분명하다.

이미 언급한 것처럼, 카이퍼 또한 일반은혜가 사람들이 창조세계에 책임 있게 개입하고 이를 발전시켜 가도록 하는 것이라고 이해하였다. "그래서 **이 세상에 대한** 우리의 관계는 다음과 같다. 은혜가 세상 전체에 있는 저주를 억제하고 있으며, 이 세상의 생명들은 그 자체로 고유하게 존중되어야 하며, 우리는 모든 영역에서 하나님께서 자연과 사람들의 삶 속에 감추어 두신 보물들을 발견하고 그 잠재력을 발전시켜야 한다는 것이다."[62] 이러한 표현은 창조세계에서의 성령님의 사역의 목적에 관해 카이퍼가 이해한 것과 상응한다. 이것은 생명의 발전을 촉진시키는 성령님의 사역이 역사를 진행시키는 촉매catalyst로도 이해될 수 있음을 보여 준다.

위에서 언급했듯이, 성령님의 우주적인 활동은 일반은혜가 지닌 역동적

---

61. 위의 책, 41쪽.
62. Kuyper, *Calvinism*, p. 33.

인 요소다. 위의 논의들에 따르면, 성령님께서는 분명 일반은혜의 대행자 agent이시거나 일반은혜를 위한 배경context을 제공하시는 분으로 이해될 수 있다. 카이퍼는 일반은혜를 설명하면서 이것으로 죄를 억제하고, 생물물리학적 질서에 생기를 불어넣고, 존속시키며, 창조세계를 그 목적에까지 발전하게 하신다고 말하는데, 이는 그가 성령님의 우주적인 사역을 묘사하기 위해 사용한 표현과 같은 종류의 것이다. 카이퍼가 그리스도를 일반은혜의 근원이라고 말한 것은 사실이지만, 성령님 또한 똑같이 필수적인 것이었다. 말씀 Logos이신 그리스도께서 일반은혜의 원천이시라면, 생명을 부여하고 유지하시는 성령님께서 손대시는 것은 일반은혜가 지닌 역동적인 요소다. 그런 점에서 창조세계에서의 성령님의 사역은 카이퍼의 공공신학에서 핵심적이면서도 인식되지 않는 동력으로 이해될 수 있다. 이것은 일반은혜의 대행자이신 성령님께서 세상에 참여하는 모든 것의 배후에 있는 추진력이시라는 것과, 일반은혜를 통한 성령님의 우주적인 사역은 창조 질서에 책임을 다하는 청지기직을 요구한다는 결론에 이르게 된다. 일반은혜는 창조세계에 적극적으로 개입하라고 촉구한다. 물론 창조세계를 존중하는 것에서 비롯되는 열정으로 말이다.

카이퍼의 공공신학에 관한 다수의 이해들에서, 그리고 하나님의 주권과 그리스도 안에 있는 구속을 강조하지만 성령님에 관해서는 성경을 해석하고 구속의 혜택들을 적용하는 측면에서만 언급했던 칼뱅주의자들의 관점에서, 창조세계에서의 성령님의 사역은 '잃어버린 연결 고리missing link'라고 할 수 있다. 카이퍼의 신학에서 특별은혜와 일반은혜가 지니는 관계에 관한 논의들은 많았지만, 성령님에 관한 그의 관점을 일반은혜와 관련해서 다룬 논의는, 설령 있다 하더라도 아주 적은 분량이었다. 비록 여기서 이러한 연결 관계를 분명하게 제시하기는 했지만 여전히 더 많은 과제가 남아 있다. 카이퍼는 교리를 그의 시대에 맞게 재상황화recontextualize하는 데 관심이 있었다. 그의 통찰들을 오늘날의 시대에 유용하게 사용하기 위해서는 이런 작업이 계속되어야만 한다. 다음 장에서는 창조세계에서의 성령님의 사역에 관한 논의를 진전시키고, 거기서 비롯되는 공공신학을 다루는 데 초점을 맞추도록 하겠다.

제4장
성령과 창조세계의 청지기직

창조세계에서의 성령님 교리를 진전시키기

아브라함 카이퍼는 칼뱅주의를 그냥 원상태 그대로 복원할 생각은 없었다. 그는 그가 속한 상황을 다루는 하나의 방식으로 개혁파 전통을 설명하고 이를 보다 발전시키고자 했다. 이러한 그의 정신을 따라서, 이번 장에서는 창조세계 및 공공신학과 관련된 성령 교리에 관한 성찰을 진전시켜 보겠다. 우선은 성령론과 관련해 제1장에서 제기된 쟁점들을 되풀이할 필요가 있다. 존 매킨타이어는 그의 책에서 독특한 방식으로 설명되는 성령론적 관점 또는 논리가 필요하다고 주장했다. 그러한 독특함을 강조한 것은 일원론적인 monistic 성령론을 추구하기 위한 것이 아니라 성령님에 관해 온전히 균형 잡힌 삼위일체적 관점을 추구하기 위한 것이었다. 이것은 성령님의 고유한 역할을—특히 이 경우에는 창조세계와 관련된다—조명함으로써 성령님의 사역을 기독론과 구분할 때 가능할 수 있다. 그러한 단계를 어떻게 진전시켜갈 수 있을까? 매킨타이어의 책은 일반은혜 및 비기독교인들과 관련해 성령님의 사역을 다음과 같이 이해하자고 제안한다.

> 만일 우리가, 그들이 반항할 때조차 계속해서 존재한다고, 그러면서도
> 그들의 모든 일상에서 '일반은혜'를 통해 살아간다고 말한다면, 그들이
> 은혜로우신 성령님의 영역 안에 존재하고 있는 것으로 이해하는 것이
> 바람직할 것이다. 그 안에서 그들은 그분의 주권의 표현이라고 할 수
> 있는 구조들과 법들, 원리들, 규제들, 자비, 용서, 그리고 위로 안에서 살
> 아가고 행동한다.[1]

은혜로우신 성령님의 영역 안에 존재한다는 표현은, 인간은 물론이고 모
든 생물물리학적 질서에 속한 생명들을 성령님께서 유지하시는 것으로 이해
할 수 있도록 해 주지만, 아쉽게도 매킨타이어는 이러한 이해를 넘어 그것이
사회문화적인 발전과 관련해 가지는 함의를 말하는 데까지는 나아가지 않는
다. 이에 비해 네덜란드 신학자 아놀드 판 룰러의 책은 창조세계에서의 성령
님의 사역에 관한 신학적인 이해를 발전시킬 수 있는 생산적인 논의를 제공
한다. 하지만 그 전에 판 룰러가 아브라함 카이퍼를 비판하던 사람이었다는
점을 인지할 필요가 있다. 아마도 그렇기 때문에 판 룰러의 책을 이용하는 것
이 좀 꺼림칙해 보일 수도 있을 것이다. 그러나 이것이 언뜻 보이는 것처럼
그렇게 크게 문제되지는 않는다. 왜냐하면 판 룰러의 성령론은 창조세계에
서의 성령님에 관한 카이퍼의 교리를 재상황화recontextualizing하려는 이번 장
의 목적과 상충되지 않기 때문이다.

---

1. John McIntyre, *The Shape of Pneumatology: Studies in the Doctrine of the Holy Spirit* (Edinburgh: T
& T Clark, 1997), p. 284.

1) 판 룰러와 '성령론의 범주들'

판 룰러의 에세이 모음집인 *Calvinist Trinitarianism and Theocentric Politics*『칼뱅주의 삼위일체론과 하나님 중심적 정치』의 2장과 3장은 성령론에 관한 생각을 발전시키고자 하는 이번 장과 특별히 관련이 있다. 우선 시작하기에 앞서 판 룰러의 초점은 주로 구원론적soteriological이라는 점을 인지할 필요가 있다. 따라서 이번 장의 목적을 위해서는 그의 신학 사상 가운데서 창조세계에서의 성령님의 사역과 일반은혜의 영역에 가져다 사용할 수 있는 측면들이 있는지를 살펴야만 한다. "기독론적인 관점과 성령론적인 관점 사이에 있는 구조적인 차이들"이라는 제목을 달고 있는 2장은 구원에 관해 온전히 성령론적으로 이해하려고 시도하는데, 이는 재상황화라는 이번 장의 목표를 위해 주요한 자료로 사용될 수 있다. 이러한 시도는 판 룰러에게 매우 중요한데, 그것은 구원이 성령님을 통해 사람에게 효력이 있게 되는 것이기 때문이다.[2] 그의 주장을 입증하기 위해서 판 룰러는 성령론과 기독론의 관점 사이에서 그가 발견한 몇 가지 구조적인 차이들을 기술한다. '구조적인 차이들structural differences'이라고 말할 때, 그가 의미한 것은 다음과 같은 것이었다.

어느 누구도 근거 없이 기독론의 교리로부터 성령론의 교리의 구조를 끌어와서는 안 된다. 그러나 이런 일이 4세기에는 삼위일체의 편재적인immanent 관계에 관한 논의에서, 그리고 이후로는 주로 구원과 역사의 관계에 관한 논의에서 손쉽게 행해져 왔다. 그럼에도 불구하고 '우리 안에 계신 하나님God in us'이라는 실재는, 마치 편재적인 삼위일체

---

2. Arnold A. Van Ruler, *Calivinist Trinitarianism and Theocentric Politics: Essays toward a Public Theology*, trans. John Bolt (Lewiston, N.Y.: Edwin Mellen, 1989), p. 28.

안에서 성령께서 성자와 결코 평행하지—마치 형제나 자매와 같이—않으신 것처럼, "그리스도 안에 계신 하나님God in Christ"께로부터 비롯된 실재와 매우 다르다. 성령론의 교리는 기독론의 교리와 비교해 그것만의 독특한 구조를 지닌다 …… 누구든 성령론의 관점에서 기독교의 구원에 관해, 그리고 그 구원 안에서 나타나는 하나님과 인류의 관계에 관해 깊이 생각하고자 할 때는, 이것을 기독론의 관점에서 생각할 때와는 다른 법들로 다루어야 하며, 다른 규칙들을 적용해야만 한다.[3]

구원론에서 그러한 구조적인 차이들을 포착하는 것이 가능하다면, 창조세계에서의 성령님의 사역에 있는 구조적인 독특함들을 설명하는 것 또한 가능해야만 한다. 이를 위해서는 성령님께서 인류 가운데서 하시는 사역과 창조세계에서 하시는 사역이 완전히 평행을 이룬다고 주장할 것이 아니라, 구원론에서 나타나는 구조적인 차이들에 관한 통찰을 창조세계와 일반은혜에도 적용할 수 있다는 점에 착안해야 한다. 이것은 성령님의 사역을 보다 온전하게 구분함으로써 창조세계에서의 하나님의 사역을 삼위일체적으로 보다 온전하게 이해하는 길을 열어 줄 것이다.

알다시피 판 룰러의 초점은 구원에 있다. 따라서 구조적인 차이들 중에서 어떤 것들은 창조세계에서의 성령님의 사역과 일반은혜에 적용될 수 없기 때문에 여기서 제외할 것이다. 이번 장과 관련된 첫 번째 구조적인 차이는 판 룰러가 취하심assumption이라는 기독론의 범주와 양자 삼으심adoption이라는 성령론의 범주를 대비시켜 구분한 것에서 힌트를 얻을 수 있다. 성육신에서 그리스도는 인간의 본성human nature [역주] 인성을 취하셨지만assumed, 구원의

---

3. 위의 책, 28-29쪽.

사역에서 성령님께서는 인간들의 본성을 취하시지 않고 그들을 양자로 삼으신다adopt. "취하심에서는 인성이 하나님께 더해지는데, 양자 삼으심에서는 인간이 하나님과 대비되는 관계에 놓이게 된다."[4] 판 룰러가 여기서 끌어낸 함의 중에서 창조세계에서의 성령님의 사역과 관련되는 것은, 성령님께서는 인간의 생각과 의지, 행위의 측면으로 그들 안에서 구체화되고자 하신다는 것이다. 만일 이것을 창조세계와 일반은혜라는 영역으로 가져다 사용한다면, 이로부터 성령님께서 역사 및 사회문화적인 발전과 맺으시는 관계를 설명할 길을 찾을 수 있을 것이다. 성령님께서 거듭난 사람들 안에 특정한 성품들을 형성하시기 위해서 일하시는 것과 같은 방식으로, 성령님께서 일반은혜 안에서 행하시는 활동이—특히 그것의 목적론적인teleological 측면에서—사회의 특정한 형식들을 형성하도록 이끌 수 있을까?[5]

카이퍼는 일반은혜가 역사를 가능하게 했을 뿐만 아니라 사회로 하여금

---

4. 위의 책, 33쪽.

5. 성령님의 목적론적인 측면은 콜린 건튼의 책(제1장을 보라)에서도 찾을 수 있다. 카이퍼와 건튼 사이에 있는 독특한 차이는, 건튼은 성령님께서 창조세계를 궁극적으로는 하나님께 돌아가도록 이끄신다고 제시한 반면, 카이퍼는 재창조라는 용어를 사용한다는 점이다. 카이퍼는 성령님께서 창조세계를 그 목적—하나님께서 처음부터 의도하신 것이 되는 것—으로 이끄신다고 보았지만, 이 목적을 종말론적인 의미에서 하나님께로 돌아가는 것이라고는 생각하지 않았다. 대신 그는 변화된 창조세계가 새 하늘과 새 땅의 일부분으로서 계속 존재할 것이라고 보았다. Abraham Kuyper, *The Work of the Holy Spirit*, trans. Hendrik de Vries (Grand Rapdis: Eerdmans, 1941), pp. 8-11, 19-21을 보라. 판 룰러 또한 그의 책의 3장에서 성령님께서 창조세계를 하나님께로 돌아가도록 이끈다는 생각에 의문을 제기하면서 종말에 있을 상호성(reciprocity)을 제시한다. 성령님과 삼위일체, 특별히 세상에서의 하나님의 존재와 활동 안에서 성령님의 본질과 의미에 관해 그는 다음과 같이 말한다. "성령님의 사역이란 단지 우리와 우리의 세상을 하나님께로 돌려보내시는 것이라는 주장을 완전히 자명하고 의심의 여지가 없는 것으로 생각하는 그러한 잘못된 전제에는 계속해서 이런 질문이 따르기 마련이다 …… 창조세계는 돌려보내지는 것이 아니라, 구속되며 앞으로 나아가도록 인도되고, 완성으로 이끌리는 것이다. 이 모든 것의 목표는 항상 동일하다. 종말론적으로 하나님께서 메시아와 성령님을 통해 만유 안의 만유가 되시는 것이다. 종말의 때에 남는 것은 삼위일체 하나님과 민낯으로 존재하는 피조물들이다. 삼위일체 하나님과 피조물들은 서로 주고받는 기쁨으로 마주볼 것이다."(Van Ruler, *Calivinist Trinitarianism and Theocentric Politics*, pp. 69, 71.)

삶을 점점 더 제어할 수 있도록 이끌었다고 주장했다. 성령님께서 창조세계를 그 목적telos에 이르도록 이끄시기 때문에, 일반은혜가 인간의 삶을 위한 보다 나은 사회의 건설이 가능하도록 할 수 있는 것이다. 성령님께서 창조세계의 법칙들을 발견하고 발전시키는 것을 가능하게 하시기 때문에, 새 예루살렘을 엿볼 수 있는 사회의 형식들을 생산하는 문화, 법, 정치, 환경적 가치와 정책들이 고안될 수 있는 것이다.

그렇다고 양자 삼으심adoption이라는 범주 자체가 우리의 목적에 들어맞는다는 것은 아니다. 그보다는 이러한 목적론적인 측면을 계속적인 창조creatio continua라는 측면에서 이해하는 것이 더 나을 것이다. 왜냐하면 성령님께서 일반은혜 안에서 일하시는 사역은 창조세계의 법칙들을 반영하는 사회를 형성하는 수단으로서 일하시는 것이기 때문이다. 그러면 이렇게 질문할 수 있다. 계속적인 창조가 그러한 사회를 만드는 법칙들을 발견하게 할 뿐만 아니라 그러한 사회를 건설하게도 할까? 일반은혜 안에서 일하시는 성령님의 사역이 특성상 너무나 역동적이어서 창조세계가 내재된 잠재력만이 아니라 다양한 상황들에서 일반은혜에 반응하여 나타날 수 있는 수많은 사회문화적 가능성들까지도 지니고 있다고 생각할 수 있을까? 이런 질문들에 긍정적으로 대답하는 것은 공공의 영역에 참여하는 사람들로 하여금 낙원을 회복하려는 시도에서 눈을 돌려 아직 오지 않은 땅을 지향하도록 할 것이다.

두 번째 구조적인 차이는 대속substitution이라는 기독론의 범주와 상호성reciprocity이라는 성령론의 범주 사이의 차이다. 구원론에서 대속은 그리스도께서 메시아로서 죄인들을 대신하셨다고 설명하는 범주다. 상호성은 성령님의 활동이 단순히 기독교인들과 '함께 계신다with'는 것뿐만 아니라 그들과

'서로 함께 계신다*together with*'는 것을 의미한다.[6] 성령님의 활동의 상호성은 인간들의 활동을 대신하기보다는 그들로 하여금 일하도록 이끄신다. 이는 말하자면 개별적인 기독교인들과 성령님 사이의 상호작용이다. 이 상호작용은 사람으로 하여금 그리스도가 필요하다고 인식하게 할 뿐만 아니라 그리스도께로 회심하고 그 이후 그리스도 안에서 살아가게 한다. 판 룰러는 이 차이를 다음과 같이 조명한다.

> 설교할 때, 우리는 그리스도 안에서 이미 성취된 신의 결정들decisions만 선포하는 것이 아니다. 우리는 신의 새로운 결정들에 관해서도 선포하는데, 그것은 우리 안에서 수행되는 것들이다. 만일 우리가 이러한 문제들을 기독론적인 방식으로만 생각한다면, 우리는 결국 세상에서 교회와 그것의 가르침이 완전히 독재적인 위치를 차지하는 데 이르게 될 것이다. 우리가 성령론적인 측면으로도 이것들을 생각할 때, 우리는 비로소 구원이라는 과정에는 인간이 접촉하는 지점도 있다는 것을 인식하기 시작할 것이다. 골고다에서만이 아니라 인간의 마음에서도 어떤 결정이 있어야만 한다.[7]

상호성은 구원에서 인간의 책임을 강조한다. 사회문화적인 참여와 발전을 위해서는 사람의 협조가 필수적이라는 점을 생각할 때, 창조세계의 영역에서 상호성이라는 범주는 크게 유용할 수 있다. 일반은혜가 그리스도의 명령과 성령님의 대행agnecy으로 말미암아 존재하는 것일지라도, 인간의 참여

---

6. Van Ruler, *Calivinist Trinitarianism and Theocentric Politics*, p. 34.
7. 위의 책, 35쪽.

없이는 발전이 일어나지 않는다. 다시 말해, 땅은 경작되지 않는다면 불모지로 남아 있을 것이다. 성령님께서 발전을 가능하게 하실지라도, 창조세계라는 정원을 갈고 역사를 구성하는 사회적 발전의 열매들을 생산하려면 사람의 손이 필요하다. 이것이 주고받는 관계는 아니더라도, 창조세계가 발전하는 데서 사람의 책임은 필수불가결한 요소다. 일반은혜에서 사람의 책임과 성령님의 사역 사이에 있는 상호성은—하나의 과정으로서 생각해볼 때—성화의 과정에서 나타나는 개별적인 기독교인들과 성령님 사이의 관계하고도 유사하다. 성화가 사람의 반응 없이는 진전되지 않듯이, 인간이 사회를 건설하는 일을 하지 않는다면 공공의 영역에서도 그것의 구조에 하나님의 법칙들이 영향력을 발휘하지 못할 것이다.

세 번째로 판 룰러는 그리스도의 속죄atonement의 단회성*eph hapax*과 성령님의 부어지심outpouring의 단회성*eph hapax*을 구분한다. 성령님께서 부어지신 사건은 오순절 이후에 성령님께서 이 땅에—특별히 교회 가운데—머무셨다는 점에서 중요한 의미를 지닌다.[8] 그리스도의 인격과 사역에서는 내려오심descent과 올라가심ascent이 있었지만, 성령님의 단회성은 여전히 남아 계속 지속되고, "또한 교회에서, 그것의 전통에서, 그리고 역사적이고 사도적인 선교 활동에서 나타난다."[9] 판 룰러에 따르면, 이는 구원이 시간을 채우고 정의한다는 것을 의미한다. 하나님 나라는 그리스도와 종말에만 한정되는 것이 아니라, 이미 현재하는 실재로서 이해된다. 이는 창조세계에서의 성령님의 역할에 관해 더 많이 성찰하게 하는 다음의 논평으로 이어진다.

---

8. 위의 책, 38쪽.
9. 위의 책.

우리는 순수하게 기억과 기대 속에서만 살아가지 않는다. 하나님 나라는, 일시적인 실재라는 수면에 갑자기 날아 내려와 그저 한번 훑고는 재림parousia때까지 구름 속으로 멀리 날아 올라가는 갈매기와 같은 모습이 아니다. 그 나라는 이미 현재하는 실재다. 그 나라는 메시아의 형상gestalte만 취하는 것이 아니라 성령님의 형상도 취한다. 성령님의 형상은 메시아의 형상보다 그 나라의 목적과 더 유사하다. 그 초점은 우리와 우리의 세상에 있다. 그 목적은 우리 자신들이 하나님의 형상이 되고 이 세상을 그분의 나라로 경험하는 것이다.[10]

창조세계와 일반은혜를 말하면서, 성령님께서 창조세계에 남아 계신다는 판 룰러의 초점은 유용하지만 수정이 필요하다. 판 룰러는 그의 책의 3장에서 창조세계에 그 시작부터 성령님께서 계셨다는 점에 주목하기는 하지만, 구원론적인 관심 때문에 그는 오순절 이후에 일어나는 성령님의 고유한 내주하심indwelling을 더욱 강조한다.[11] 창조세계와 일반은혜라는 목적을 위해서는, 한 걸음 물러서서 창조세계에 성령님의 편재하심immanence이 지닌 고유성uniqueness에 주목할 필요가 있다. 창조세계에서의 그리스도와 성령님의 역할에 관해 카이퍼가 묘사한 것에는 다음과 같은 요점이 숨어 있다.[12] 그리스도께서 창조세계에 질서를 부여하셨고 이에 따라 창조세계를 붙들고 계시

---

10. Ibid., 39.

11. "성령님의 내주하심(indwelling, *inhabitatio Spiritus Sancti*)은 죄가 세상에 들어옴으로써 촉발되었기 때문에, 이것은 성령 하나님께서 그와 같이 피조물 안에서 창조적으로 편재하시는(immanent) 활동과는 구분되어야 한다. 여기서의 내주하심(*inhabitatio*)은 이러한 편재적인 활동과 대조되는, 그것만의 독특한 구조를 지닌다."(위의 책, 56쪽.) 여기서 내가 시도하려는 것은 창조세계와 일반은혜에 관한 성령님의 독특한 역할을 상정하면서도, 그러한 구분을 분명히 하려는 것이다.

12. Kuyper, *Work of the Holy Spirit*, pp. 19-31, 43-47을 보라.

는 일—고유한 사건, 고유한 관계—과 반대로, 일반은혜에서 성령님께서 행하시는 대행agnecy—또는 싱클레어 퍼거슨의 표현으로는 성령님의 집행 기능executive function—은 그분의 계속적인 현존 덕분에 단회적인 성격을 수반한다.

성령님께서는 계속적으로 현존하심으로써 생명을 유지하시고, 죄를 막으시며, 창조세계를 그 목적telos으로 향하게 하신다. 판 룰러는 성령님께서 단지 수면만 훑고 가시는 것이 아니라 오순절 이후에도 계속 남아 계셔서 이 일시적인 실재를 의미 있게 만드신다고 말한다. 하지만 성령님께서는 창조세계의 시작부터 이미 현존하고 계셔서 성육신 이전의 시간과 역사까지도 긍정하도록 하신다는 점에 주목할 필요가 있다. 참으로 창조세계를 형성하시는 그리스도의 사역과는 별개로, 창조세계에서의 성령님의 사역은 그 목적론적인 편재하심 덕분에 역사를 가능하게 하는 것이라고 말할 수 있다.

카이퍼는 일반은혜가 이 세상에서의 삶에 직접적으로 관심을 가질 수 있게 할 뿐만 아니라 관심을 가져야만 하도록 만든다고도 생각했다. 일반은혜를 통해 성령님께서 계속적으로 현존하시는 것은 이 세상에 초점을 맞출 수 있도록 한다. 이런 식으로 성령님께서는 이 세상에서 구체화되시지만, 그것이 구원과 관계되는 것은 아니다. 카이퍼가 생각했던 특별은혜와 일반은혜의 관계에 관해 자이데마가 제시한 해결책에 동조하는 사람이라면, 일반은혜에 관한 카이퍼의 견해가 하나님 나라에 관한 판 룰러의 초점과 어떤 식으로 상응하는지 볼 수 있을 것이다.

판 룰러가 성령님의 부어지심이라는 구원적이면서도 특별한 도래에 초점을 맞춘다면, 창조세계에서의 성령님에 관한 카이퍼의 관점은 구원하시는 것이 아닌, 일반적인 성령님의 사역에 관해 말한다. 판 룰러에 따르면, 성령님께서는 기독교인들로 하여금 세상을 하나님 나라로 경험하게 해 주신다. 반면 카이퍼—그리고 자이데마—에 따르면, 하나님 나라는 일반은혜에 의해서 생산되는 창조세계의 가능성들에 반응함으로써 실현될 수 있다. 그 나라를 경험하고자 하는 사람은 그렇게 할 수 있다. 하지만 이를 위해서는 이 세상에, 그리고 사회를 건설하는 발전에 참여하는 데 초점을 맞추게 하는 일반은혜에 반응해야 한다. 이렇게 하나님 나라를 세우자는 관점은 후천년주의자postmillennialist들의 종말론을 붙들어야 한다는 의미가 아니다. 게다가 일반은혜에 이렇게 반응하는 것이 반드시 콘스탄티누스적인 승리주의로 이어지는 것도 아니다. 일반은혜로 가능하게 되는 하나님 나라에 관한 체험은 앞으로 다가올 이 시대의 완전한 정점consummation를 미리 맛보는 것이다. 성령님께서 단번에eph hapax 창조세계에 비구속적으로 편재하시는 것은—구원에서의 성령님의 특별한 사역은 일반은혜에 잠재적으로 더 크고 충실한 반응을 촉발시킨다는 것 외에는—오순절 사건으로 인해 변경되지 않는다.[13]

판 룰러가 성령님의 계속적인 편재하심immanence에 주목한 것은 다음의 구조적인 차이인 내주하심indwelling이라는 범주에 직접적으로 연결된다. 기독론에서는 네스토리우스주의Nestorianism와 같이 성육신에 관해 이단적으로 주장하는 견해들 때문에 내주하심이라는 개념이 들어설 여지가 없지만, 성령론의 범주에서는 하나님과 사람 사이의 친밀한 연합을 정확히 묘사해 준다. "성령 하나님, 곧 영의 형태로 나타나시는 삼위일체의 하나님께서는 우리 안에 그리고 우리와 함께 거주하신다."[14] 판 룰러는 이 범주가 하나님과 사람 사이의 차이를 유지시키고 있다는 점에서 유용하다고 생각했다. 3장에서 판

---

13. 또한 중요한 것은 일반은혜는—심지어 그것이 특별은혜를 위해 기능할 때조차도—교회가 영역 주권을 침해하고 사회를 직접적으로 형성하고 통치하려는 시도를 가능하게 하는 데 사용되지 않는다는 점이다. 특별은혜는 기독교인들이 일반은혜로 창조 질서에 있는 잠재력들을 인지하고 감사할 수 있도록 해 주며, 그래서 그들로 하여금 사회의 다양한 무대와 영역들에—그와 같이 상대적으로 독립된 영역들을 하나님의 법칙들에 입각해서 발전시킴으로써—하나님을 영화롭게 하려는 의도를 가지고 참여할 수 있도록 해 준다.

14. Van Ruler, *Calivinist Trinitarianism and Theocentric Politics*, pp. 39, 62.

룰러는 성령론에서는 내주하심이 핵심적이고[15] 근본적인 개념이라고 주장하기까지 한다. 그의 구원론적인 관점에서, 그리스도 안에서 그리고 인간들과 함께 일하시는 성령님의 사역은 상호성, 불완전함imperfection, 그리고 종말론에 대한 지향과 같은 다른 범주들을 위한 토대가 된다. 판 룰러는 다음과 같이 말한다.

완전하게 유효한 모든 성령론에서 근본적인 관념grondgedachte은 다음과 같은 제안으로 요약될 수 있다. 하나님이신 성령님께서 구원과 직접적으로 관련해서 우리 안에 내주하시는 것은 현재 성령님께서 일하시는 모든 활동의 배경이 된다. 이와 같이 특별한 공식에서, 성령론의 근본적인 관념 가운데 놀랍고 심지어 두렵기까지 한 것이 적절하고도 충분하게 표현되어 나온다. 그 놀라운 것이란 우리에 관해 말하는 것인데, 곧 우리가 하나님께서 성령님으로 거하실 처소라는 것이다엡2:22. 이 신비는 아마도 하나님께서 그리스도 안에 계신다는 신비보다도 더 큰 신비일 것이다.[16]

판 룰러의 사상에서 성령론이 중심을 차지하고 있음이 위와 같은 진술에서 강하게 드러난다. 특별히 중요한 것은 구원을 위한 내주하심이 현재에서 성령님께서 행하시는 모든 활동의 근본이라는 그의 관점이다. 분명 이것은 창조세계에서의 성령님의 사역 및 일반은혜에 관한 초점과는 대조를 이룬다. 특히 만약 이렇게 구원론적으로 조명된 내주하심의 개념이 근본적이라

---

15. 위의 책, 50쪽.
16. 위의 책, 53쪽.

는 말을, 성령님께서 창조세계에 목적론적이고 단회적으로*eph hapax* 편재하신다는 것에 뿌리를 둔 내주하심의 의미를 축소하거나 덮어 버리는 것으로 이해한다면 말이다. 이러한 구원에 이르는 내주하심이 현재에서 성령님께서 행하시는 모든 활동의 배경이라고 말하기보다는, 오히려 창조세계의 시작부터 이어지는 성령님의 계속적인 편재하심이 사실은 성령님의 모든 활동—과거든 현재든—의 전제라고 말하거나, 구원에 이르는 내주하심은 비록 그것이 창조세계가 시작된 이래 존재해 온 역사의 수평선 위에서 일어나게 되었더라도 가장 핵심적이고 중요한 것이라고 말하는 것이 더 적절할 것이다. 이런 경우에 시간의 범위 내에서, 창조세계와 역사에서 일하시는 성령님의 일반적인 사역은 성령님께서 구원을 위해 특수하게 내주하시며 구속적인 활동을 행하시는 것의 배경이 된다. 구원이 지니는 중요한 의미 때문에 구원을 위한 내주하심이 하나님의 뜻에서 핵심적인 위치를 차지하지만, 그렇다고 이것이 궁극적으로 성령님의 모든 활동의 근본이 되는 것은 아니다. 구속 때문에 일반은혜가 사소한 것이 되는 것은 아니기 때문이다.

'내주하심'은 태초부터 창조세계에 계속적으로 편재하시는 성령님에 관해 말하는 데 유용한 방식이다. 제1장에서 말한 것처럼, 내주하심이라는 용어 또는 이를 대체하는 용어들의 용례는 이 땅 위의 신의 현존을 묘사하고 세상을 더 잘 관리해야 한다고 촉구하기 위한 방법으로서, 게이코 뮐러-파렌홀츠의 임신pregnancy 은유, 위르겐 몰트만의 범재신론panentheism, 마크 월러스의 생명중심적 관점으로 인도된다. 이러한 세 가지 접근법들은 유용하기는 하지만 지구 중심적인earth-centered 것으로서, 신의 뜻destiny이 환경을 돌보는 인간의 충실성에 종속될 정도로 편재하심을 강조하게 되는 위험이 있다.

판 룰러가 말한 것처럼, 만약 하나님과 창조세계 사이를 분명하게 구분하면서 내주하심이라는 범주를 유지한다면, 하나님과 창조세계를 동일시하는 쪽으로 치우치는 위험에서 벗어나 편재하심을 강조할 수 있는 방법이 있을 것이다. 창조세계 안에 현존presence하시고 내재inherence하신다고 해서 창조세계와 동일하다는 의미는 아니다. 비록 이것이 창조세계에 충실하게 참여할 책임의 무게를 줄이는 것처럼 보일 수 있음을 인정하지만, 그렇다고 이 또한 꼭 그런 것만은 아니다. 판 룰러가 지적한 것처럼, 이런 관점은 갈등conflict이라는 요소에 주목하게 한다. 구원론적인 초점에서 그는 종말에까지 계속되는 육과 영의 갈등을 강조한다. 창조세계 및 일반은혜와 관련해서, 이런 갈등은 아마도 일반은혜에 관해 신실하거나 또는 신실하지 않은 반응의 문제로 이해될 수 있다. 갈등은 일반은혜 안에서 주어진 가능성들이 무시되거나, 기술적인 진보들을 악한 목적으로 사용하는 것에서처럼 그것들을 잘못 사용할 때 일어난다.

이런 갈등을 인식할 경우, 내주하심이라는 범주를 위에서 언급한 대안들로 사용할 때 생길 수 있는 위험에 주의하게 된다. 그럼에도 불구하고 갈등이 운명론fatalism—일반은혜를 가장 나쁘게 사용하는 것으로 간주되는—을 암시하는 것은 아니다. 내주하심이라는 상대적으로 신중한 개념을 사용해서 창조세계에서의 성령님의 현존을 묘사한다면, "세상은 하나님께 속한다."라고 인식함으로써 생물물리학적 질서를 존중하도록 할 뿐만 아니라 문화명령에 신중하게 반응하도록 충분히 촉구할 수 있다. 이러한 내주하심의 개념은 환경 위에 군림하거나 환경을 파괴하는 식의 지배로 나타나지 않도록 이끌 수 있다.

보다 흥미로운 점은, 판 룰러가 집합적인 의미에서 기독교인들을 하나님께서 거주하시는 처소라고 설명하기 위해서 내주하심이라는 범주를 사용한다는 점이다.

여기서 논의되는 '우리'란 누구일까? 이 질문에 너무 가볍게 대답해서는 안 된다. 적절한 대답은 부채꼴처럼 퍼져 나간다. 성령님께서는 교회 안에—교회의 교제 방식에만이 아니라 교회의 제도적인 구조들 안에도—거주하신다. 그러나 성령님께서는 또한 기독교인 안에도 거주하신다. 더욱이 우리의 마음뿐만 아니라 우리의 몸에도 거주하시며, 우리가 서로 맺는 관계 속에도 거주하신다. 그런데 성령님께서는 또한 국가들과 그들의 문화에도 거주하신다. 사도적인 말씀이 전파됨으로 말미암아 그것들도 이스라엘과의 언약의 일부로 들어오게 되기 때문이다. 성령님께서는 그리스도의 몸corpus Christi 안에, 기독교인들의 몸corpus Christiani 안에, 기독교인의 몸corpus Christianum 안에 거주하신다.[17]

판 룰러는 내주하심의 개념을 개별적인 기독교인들에 관한 것 이상으로 확장하면서, 성령님께서 명확하게 국가와 문화들에도 내주하실 수 있다고 언급한다. 이것은 하나님 나라가 이 땅에 이미 임했다는 그의 초기 진술에서 비롯되는 결론이다. 하지만 그는 성령님의 내주하심을 언약 아래 있는 나라와 문화들에게로 제한한다. 마치 하나님 나라가 패권hegemony을 차지한 곳에서만 성령님께서 이러한 형태로 현존하시는 것처럼 말이다. 그러나 이것을 창조세계와 일반은혜로 바꾸어 적용할 경우, 그런 식으로 범위를 제한할 필

---

17. 위의 책, 40쪽. 3장에서 판 룰러는 다음과 같이 말한다. "많은 점에서 교회는 공동체적인(communal) 실재다. 이것은 또한 전통적인(traditional) 실재이기도 하다. 여기서 전통이란 성령님의 전통을 말한다. 이 지점에서 우리는 즉시 다시 한 번 성령님(Pneuma)의 전체적인 폭넓으심과 풍성하심으로 말미암아 생각할 필요가 있다 …… 사도적인 말씀이 퍼지는 과정에서 하나님께서 이스라엘과 맺으신 언약 안으로 들어오게 될 이 땅의 많은 나라들 역시 하나님께서 성령님으로 거하시는 처소라고 말이다. 면면히 이어지는 세대들과 사회 구조, 이런 나라들의 문화, 이들에게서 나타나는 정치 형태, 이 모든 것들은 본질적으로 이 땅에서 하나님께서 거하시는 처소에 속한다."(위의 책, 54쪽.)

요가 없어진다.

성령님께서 공동체 안에 내주하시는 것에 관해 판 룰러가 이해하는 방식과는 대조적으로, 창조세계와 일반은혜의 관점은 이러한 질문으로 이어진다. 기독교인이 아니라 나라들과 문화들에서 성령님께서 일하시는 흔적은 어디에서 발견될 수 있을까? 카이퍼는 성령님께서 어떤 식으로든 언약과 연관된 나라들과 문화들에 내주하실 것이라고 분명하게 인정했을 것이지만, 또 한편으로 예술과 같은 것에 관한 그의 관점을 보면 스스로를 이스라엘의 언약과 의식적으로 연관시키지 않는 나라들과 문화들에도 성령님께서 내주하실 수 있다고 암시하는 것을 발견할 수 있다.

앞에서 말했던 것처럼, 카이퍼는 성령님께서 일반은혜의 한 부분으로서 거듭난 자들과 그렇지 않은 자들 모두에게 지성과 예술적인 재능과 소질을 나누어 주신다고 주장했다. 따라서—비록 비판적인 시각에서 보아야 하겠지만—예술과 과학, 그리고 사회문화적인 영역에서 비기독교인들이 이룬 업적들의 가치를 인정하는 것이 가능하다. 이러한 논의를 위해서는 **시민적 정의**civic righteousness라는 용어가 유용하다. 이는 비기독교인들도 시민적 선civil good을 행할 수 있다고 말하기 위해 사용된 것이었다.[18] 이러한 '정의'와 성령

---

18. 이 용어는 1924년에 기독개혁교회(Christian Reformed Church)의 회의에서 '제3의 논점(Third Point)'으로 공표한 내용에서 사용되었다. "거듭나지 않은 자들이 사용하는 소위 시민적 정의의 수행에 관해서, 본 회의는 성경과 신앙고백에 입각하여 거듭나지 않은 자들이 비록 구원에 이르는 선은 행할 수 없더라도(도르트 신조, Ⅲ/Ⅳ,3), 이러한 시민으로서의 선은 행할 수 있다고 선언한다. 이는 인용된 성경본문과 도르트 신조 Ⅲ,Ⅳ,4, 그리고 벨직 신앙고백서에서 명백하게 드러난다. 이 본문들은 하나님께서 그 마음을 새롭게 하지 않으시더라도 사람이 시민으로서의 선을 행할 수 있도록 하는 힘을 그에게 제공하신다고 가르친다. 개혁파 신학이 가장 융성하던 시기의 개혁파 저자들이 쓴 이러한 인용구들은 과거의 우리 개혁파 선조들이 이러한 관점을 옹호하였다는 것을 분명히 드러낸다." 세 가지 논점들 모두에 관한 전문은 Herman Hoeksema, *The Protestant Reformed Churches in America: Their Origin, Early History, and Doctrine* (Grand Rapids: First Protestant Reformed Church, 1936), pp. 84-85, and Cornelius Van Til, *Common Grace and the Gospel* (Phillipsburg, N.J.: Presbyterian & Reformed, 1972), pp. 19-22에서 찾을 수 있다. 추가로 이 용어

님의 사역에 관해서 존 볼트는 이렇게 묻는다.

만약 우리가 신학적으로 성령님께서 불신자들에게 생명이라는 선물을 주시며 더 나아가 그들에게 타고난 재능—지성, 음악적 재능, 건강과 운동 능력이 있는 몸과 같은—까지도 주신다고 생각한다면, 성령 하나님께서 섭리적으로 불신자의 마음과 의지에 영향을 미치시어 그가—또는 그녀가—파괴적인 행동들이 아니라 건설적이고 외적으로 덕스러운 행동들을 하게 하신다고 생각하지 못할 이유가 무엇인가? 예를 들어, 주님께서 택하신 종인 고레스가 유대인들을 자기 고향으로 돌려보내라는 칙령을 내린 것이 하나님의 성령께서 섭리적으로 영향을 끼치신 것이라고 말하는 것이 신학적으로 문제될 이유가 무엇인가? 특별히 만약 우리가, 비록 그러한 행위들이 교리문답Catechism적인 의미에서는 조금도 '선한' 것이 아니지만, 하나님의 성령께서 하시는 사역은 우리 주님께서 인간의 역사를 다스리시며 그래서 사람들에게 영향을 미치시어 그분께서 승인하시는 행위들을 하도록—'그것들이 그분께서 승인하실 뿐만 아니라 사실은 작정된 목적과 관련이 있기' 때문에—하시는 수단이라고 계속해서 주장한다고 해서 문제가 될 이유가 무엇인가?[19]

볼트의 연구는 시민적 정의라는 비기독교인들의 행위에서 일하시는 성령님의 사역을 하나님의 작정divine decrees을 성취하시기 위한 하나님의 더 큰 사역과 연결시킨다. 이로 말미암아 개인들의 행실만이 아니라 나라들과 문

를 다룬 최근의 논문은 John Bolt, "Common Grace, Theonomy, and Civic Good: The Temptations of Calvinist Politics," *Calvin Theological Journal* 33 (2000): pp. 205-237이다.

19. Bolt, "Common Grace, Theonomy, and Civic Good", p. 237.

화들의 사회적 구조 역시 성령님께서 거주하시는 것으로서 볼 수 있게 하는 길이 열린다. 많은 나라들과 문화들이 기독교화[20]되는 과정에 있는 것은 아닐지라도, 그들은—항상 쉽게 또는 분명하게 인식할 수 있는 것은 아니지만—창조세계를 위한 하나님의 목적을 성취하는 데서 역할을 담당한다. 판 룰러는 성령님의 사역이 감추어져 있다고 언급하는데, 이는 창조세계에서의 성령님의 사역에도 적용될 수 있다. 판 룰러는 "성령님의 활동은 독특하게도 인간의 평범한 일상적인 삶과 공통적인 형식들common forms 속에 **숨겨져** vehult 있다."[21]라고 말한다. 우리는 이런 진술을 확장하여, **공통적인**common 활동에서 성령님께서 일하시는 사역은 인간의 공통적인 형식들과 나라들과 문화들의 구조 속에 숨겨져 있다고 말할 수 있다.

따라서 비록 죄라는 실재가 성령님께서 그러한 사회들의 깊은 구조들 속에 계신다는 증거를 알아채기 어렵게 만들 수 있지만, 성령님께서 나라들과 문화들에 내주하신다고 말하는 것은 가능하다. 이런 방향에서 다른 사회문화적인 체계들에서 성령님의 흔적을 찾아보자고 말하는 것 역시 가능하다. 그러면 다음과 같은 질문이 따라온다. 비록 구속과는 관련이 없더라도, 문화들과 사회정치적인 체계들이 이 세상에서의 삶을 점점 더 윤택하게 하려는 접근들을 촉진시키는 곳이라면 그곳이 어디든 거기에 성령님께서 현존하신다고 말할 수 있을까?[22] 이러한 연구는 다른 체계들을 무비판적으로 수용하

---

20. 사실 판 룰러는 이러한 **기독교화**(Christianization)라는 용어를 성령님께서 국가와 문화 안에 내주하시어 형성해 가시는 것에 관해 말할 때 사용한다. 여기서 매우 흥미로운 점은 그렇게 성령님으로 말미암아 형성되는 것이 개인, 나라, 국가에 따라 다양하게 나타난다는 판 룰러의 관찰인데, 이것은 문화나 국가의 생활에는 하나의 특정한 형태만 있는 것이 아님을 시사한다. Van Ruler, *Calvinist Trinitarianism and Politics*, p. 42를 보라.

21. 위의 책, 58쪽. 이는 판 룰러가 내주하시는 성령님의 몇 가지 특징들을 제시하는 부분에서 언급된 문장이다.

22. 이와 같은 질문에 관해서는, 그러면 어떤 것이 있어야 윤택한 삶이 되는가 하는 질문이 따르기 마련이다. 이런 질문은 지금 이 책의 범위를 넘어서는 것이기는 하지만, 더 나은 삶에 대한 카이퍼의 관점은 제2장에서도

고 승인하는 식의 참여가 아니라, 사회를 건설하고 발전시키려는 비기독교인들의 시도 속에서 명백하게 나타나는 창조세계의 법칙들—아직 발견되지 않았을 수 있는—을 발견하도록 추구하는 수단을 제공한다. 이러한 방식으로 내주하심[23]이라는 범주는 창조세계에서의 성령님의 사역과 일반은혜에 적용될 수 있으며, 판 룰러의 책에서의 용례보다 더 넓은 용례를 가질 수 있다. 아래 부분에서는 문화 속에서 이러한 성령님의 사역을 '보는 것seeing'과 관련된 문제를 훨씬 자세하게 다룬다.

또 하나의 구조적인 차이는 완전함perfection 또는 무오성infallibility이라는 범주에 관한 것이다. 판 룰러에 따르면, 그리스도에 관해서는 완전주의자의 perfectionistic 방식으로 말하는 것이 마땅하지만, "성령론적으로 말할 때 완전주의perfectionism는 생명을 위협하는 이단적인 주장이다. 성령님께서는 상당히 많은 것을 행할 수 있으시며, 실제로 행하신다. 기독교인들과 교회는 신적인 실재들이다. 죄와 악마가 맹렬하게 부딪혀오고 있다. 그러나 성령님의 내주하심은 육체와의 매섭고도 목숨을 건 싸움 속에서 수행되는 것이다."[24] 성령론은 인류를 포함하기 때문에 불완전함imperfection이 들어 있다. 이는 변화

찾을 수 있다는 정도의 대답은 할 수 있다.

23. 허버트 리처드슨(Herbert Richardson)은 내주하심이라는 개념을 성령론에 연결시킨 또 하나의 인물이다. *Toward an American Theology*(『미국의 신학에 대하여』)에서 그는 성령님께서 창조세계 안에 내주하시면서 궁극적으로는 모든 것들을 하나님의 영광을 위하여 성화시키심으로써["왜 창조인가?(*Cur creatio?*)"라는 질문에 대한 대답으로서] 창조세계를 위한 하나님의 주목적을 이루신다고 주장한다. 이 역시 구원론적인 초점에서 접근한 것이긴 하지만, 내주하심이라는 범주를 핵심으로 간주한다는 점에서 주목할 만하다. Herbert W. Richardson, *Toward an American Theology* (New York: Harper & Row, 1967), pp. 141-160을 보라.

24. Van Ruler, *Calvinist Trinitarian and Theocentric Politics*, p. 43. 판 룰러는 3장에서 이처럼 강한 표현을 사용하여 "완전함이라는 개념은 기독론적으로는 명령받은 것이지만, 성령론적으로는 금지된 것이다. 그리스도 안에 있는 자라면 누구나 죄를 짓지 않고 죄책감이 없지만, 성령님께서는 육과의 치열한 전투 속에서 그분의 모든 사역을 행하신다."(*Calvinist Trinitarian and Theocentric Politics*, pp. 62-63)

가 불가능하다는 것이 아니라, 종말 때까지 육과 영의 싸움에 대한 궁극적인 해결책은 없다는 뜻이다.

불완전함에 초점을 맞추면 창조세계에서의 성령님의 사역과 일반은혜에 관해 생각할만한 흥미로운 지점이 생긴다. 이 세상의 삶에 불완전함이라는 실재가 있다는 것은 사회와 문화에 대한 다양한 접근방식들이 하나님의 법칙들에 따라 건설된 세상을 결코 완벽히 구현하거나 반영할 수 없다는 것을 의미한다. 우리가 앞에서 다룬 상호성이라는 범주와 결합해서 생각해 볼 때, 창조 질서에 개입하는 것은—아무리 충실하더라도—결코 궁극적인 사회 구조를 만들기 위해 갈등하는 일에서 완전히 초월할 수 없다고 볼 수 있다. 설령 삶을 위한 조건들이 아무리 향상된다 하더라도, 새로운 예루살렘은 결코 성취될 수 없다.[25] 이러한 불완전함의 범주는 공공부문에 참여할 의욕을 꺾는 것으로 이해되기보다, 사회를 건설하는 일을 할 때 겸손한 태도를 지니게 하는 촉매로 이해되어야 한다. 이는 공공의 참여와 사회문화적인 발전에 접근하는 방식을 계속해서 다듬어 가도록 촉구한다.

주목할 만한 가치가 있는 마지막 구조적인 차이는 판 룰러가 기독론과 성

---

25. 구원론에 초점을 맞추기 때문에 마음껏 논의를 펼치지는 않지만, 판 룰러 역시 3장에서 다수(plurality)라는 개념을 사용하여 이러한 생각에 이른다. "많은 수의 구원의 실재들이 있고, 구원이 성립되는 많은 수의 방법들이 있다. 그것들 모두를 한데 모으고 그 모든 것들의 기원을 추론할 수 있는 단일한 일원론적인 원리는 존재하지 않는다. 사실, 그것들을 높고 낮은 관계 속에서 하나로 묶을 수 있는 하나의 실제적인 위계라는 것조차도 존재하지 않는다. 여기에는 단지 복수(multiplicity)만이 있을 뿐이며, 이러한 복수 안에서 하나가 다른 하나에 붙잡히고, 연관되며, 무엇보다 전이됨으로써 참여하는 종합(synthesis)이 있을 뿐이다. 달리 표현하자면, 성령 안에는 존재(being)의 일치(unity)가 아니라 사랑(love)의 일치가 있다. 다시 말해, **성령님께서 지닌 이러한 다수(plurality)의 형식은 그 각각의 형식들을 상대화시키며, 그러한 방식으로 우리가 그것들을 절대화하거나 종말을 잘못 기대하지 못하도록 막아준다.** 요약하면, 하나님과 인류, 중재자와 성령님, 성경과 전통, 말씀 선포와 성례, 교회의 기관(ambt)과 회중(gemeente), 외부와 내부, 교회와 국가, 구속과 창조라는 것이 존재한다."(위의 책, 77-78쪽, 강조는 저자가 한 것) 판 룰러의 초점은 구원에 있지만, 상대화된 형식들에 관한 그의 논지는 그의 개념 속에 있는 교회와 국가에, 그리고 여기서 다루고 있는 일반은혜에 대한 반응으로서 사회를 건설하는 발전의 결과들에 적용해볼 때 중요한 의미를 지닌다.

령론의 지향점을 대조하는 데서 드러난다. 기독론은 그리스도와 그분께 기반한 구원에 초점을 맞추는 반면, 성령론은 영원한 왕국과 그것의 영광에 지향점이 있다.[26] 판 룰러는 성령론이 기독론의 관점보다 종말론의 관점에서 이해되어야 한다는 것과, 성령님께서는 그리스도보다 창조세계에 더 긴밀한 연관이 있으시다고 주장한다. 이런 구조적인 차이는 성령님께서 기독교인들의 삶 속에서 일하시며 그들로 하여금 영원한 미래를 지향하도록 이끄신다는 점에 근거한다. 이러한 지향은 "존재하는 모든 것들, 곧 하나님의 본래적이고 궁극적인 목적들에 따라 창조와 구속에서 발생하는 모든 것들"에 초점을 맞춘다.[27] 만약 하나님의 작정, 곧 그분의 궁극적인 목적들을 고려한다면, 이러한 지향은 기독교인들로 하여금 그리스도 안에 있는 구원에만 배타적으로 초점을 맞추는 것을 넘어 영원한 왕국을 지향할 수 있도록 해 준다. 위에서 언급한 것처럼, 영원한 왕국에 초점을 맞추게 되면, 실제로 이 세상의 삶에도 초점을 맞추게 된다. 왜냐하면 영원한 왕국은 이미 현존하기 때문이다. 판 룰러는 그의 책의 3장에서 그 왕국과 교회를 구분하면서 이에 관해 좀 더 자세하게 설명한다.

> 하나님께서 세상을 경험하시는 것처럼, 또는 우리를 통하여 세상을 경험하고자 하시는 것처럼, 우리는 세상을 경험하는 법을 배워야 한다. 그것이 하나님 나라가 실현되는 것일까? 그분의 나라가 시작되는 것일까? 어떤 경우든 간에, 하나님 나라는 그것의 형태들gestalten 중 하나인 교회에 한정되는 것이 아니다. 이 세상에서의 삶은 교회보다 하나님 나

---

26. 위의 책, 46쪽.
27. 위의 책, 46, 66-67쪽.

라로 훨씬 더 간주되어야 한다. 적어도 그것의 목적이 하나님 나라가 되는 것이어야 한다. 더욱이 창조세계, 창조된 실재, 존재하는 모든 것과 실제로 존재하는 어떤 것조차 모두 종말을 예견하는 것이다.[28]

게다가 판 룰러는 보증, 표징, 약속, 그리고 상속과 같은 용어가 성령님께서 미래를 지향하심을 입증한다고 주장한다.[29] 이러한 종말론적인 지향이라는 측면은 양자 삼으심adoption이라는 범주와 비슷한 방식에서 유용할 수 있다. 성령님의 목적론적인 측면이 사회문화적인 발전을 촉진시키기 때문에, 사회는 여러 측면에서 영원한 왕국의 흔적을 지니게 된다. 불완전함에 관한 논의에서 볼 수 있었듯이, 공공의 영역에 참여하는 것은 겸손한 태도를 가지고 접근할 것을 요구한다.

판 룰러의 책에서 3장에 해당하는 "성령론의 문법Grammar of a Pneumatology"에는 구조적인 차이들을 다룬 부분에서 제기하지 않았던 쟁점을 다루는 매우 적절한 부분이 포함되어 있다. 그는 단도직입적으로 묻는다. "순수한 인간성, 사회적인 의로움, 정치적인 정의, 선한 행실이라는 것이 무엇일까? 이 것들은 편재적이며 역사적인 고결함들일까? 아니면 종말론적인 고결함들일까? 창조세계, 곧 창조되었고 또한 되어 가는 실재를 위해 하나님의 지혜로 수놓인 구조가 있을까?"[30] 판 룰러는 이런 쟁점들에 관해 대답하는 성령론적인 관점이 있다고 말한다.

먼저, 판 룰러는 카이퍼와 비슷한 표현으로 창조세계에서의 성령님의 사역을 인정한다. 그는 성령님을 창조된 세상 안에 하나님께서 편재하시는 원

---

28. 위의 책, 67쪽.
29. 위의 책, 66-67쪽.
30. 위의 책, 84쪽.

리라고 부르면서, "봄에, 어떤 초원이나 나무도 성령님 없이는 초록색을 생성하지 못한다. 창조되었고 있는 그대로 유지되는 모든 실재들은 성령님과 분리되어 존재할 수 없다."[31]라고 말한다. 그러나 이 세상은 또한 타락하고 죄로 가득한 것으로 간주된다. 그럼에도 불구하고 그것은 여전히 하나님의 세상이고 하나님께서 더 많이 사역하실 무대로 존재한다.

다음으로, 판 룰러는 하나님께서 창조된 세상에서의 삶을 위해 의도하신 목적이 있다고 주장한다. 이 목적은 실존existence의 일상적인 형식들이 보다 높은 수준에—비록 완전함에는 아니지만—이르도록 하기 위해서 성령님께서 실존 속으로 들어오심으로써 성취된다. 이 지점에서 판 룰러의 구원론적 초점에 주목할 필요가 있다. 그에 따르면, 그와 같은 승격elevation이 일어나는 것은 구원하시는 성령님의 사역으로 말미암아서다. 그런데 위에서 논의한 것처럼, 그러한 승격은 특별은혜만큼이나 일반은혜의 가능성들 때문에도 일어난다. 판 룰러는 인류와 문화에 이미 주어진 구체적인 것들을 성령님께서 사용하시는데, 그러한 사용은 '타락하고 잃어버린 실재'[32]들에게까지 확장된다고 논의를 이어 간다.

그는 하나님께서는 그분의 손을 더럽히시는 것을 마다하지 않으신다면서, 성령님께서는 인류와 문화에 손을 뻗어 그것들을 거듭남regeneration과 회심conversion을 이용해서 원래의 합당한 존재로 돌려놓으신다고 말한다. 그런 다음 이와 같이 아주 흥미롭게 말한다. "그리스도와 성령님 없이는, 하나님 없이는, 문화와 국가는 실제로 있을 수 없다."[33] 그럼으로써 판 룰러는 제기된 질문에 관한 대답은 기독교 신앙의 전제들에 기반한다고 결론짓는다. 가

---

31. 위의 책.
32. 위의 책, 85-86쪽.
33. 위의 책, 86쪽.

장 좋은 사회가 되기 위해서는 성령님께서 인류와 문화를 비롯해 모든 실재 안에 그리스도의 모습을 새겨 놓으셔야 한다.[34] "따라서 '교리적으로 확정된' 문화적인 종합cultural synthesis이 기독교 교회를 위해 절대적으로 필요할 뿐만 아니라 문화의 지속을 위해서도 필수적인 조건이 된다."[35]

판 룰러는 성령님께서 구속 과정의 한 부분으로서만 사회와 문화를 개선하는 일을 행하실 수 있다고 보았다. 그러나 일반은혜가 하나의 실재라는 것에 동의한다면, 그와 같은 제한은 존재할 수 없다. 언약 밖의 나라들과 문화들에서조차 일반은혜 가운데 일하시는 성령님의 사역의 증거를 찾을 수 있다.

판 룰러와 영향을 주고받음으로 말미암아 우리는 창조세계에서의 성령님의 사역과 일반은혜를 이해하는 방법으로서, 계속적인 창조, 상호성, 계속적인 편재하심, 단회성, 내주하심, 불완전함, 그리고 종말론적인 지향과 같은 범주들을 사용할 수 있게 되었다. 이러한 범주들을 추구할 때, 성령님의 사역을 성령론적이라고 여길 수 있는 용어들로 설명할 수 있다. 그런 용어들은 기독론에 적용될 수도 있지만, 그보다는 그것들이 성령론적인 뉘앙스를 지니고 있으며, 보다 중요하게는 그것들이 창조세계와 역사에 초점을 맞추게 한다는 것이다. 이와 같은 성령론적인 관점을 견지할 경우 성령님의 사역을 삼위일체적인 방식으로 보다 온전하게 이해할 수 있다. 내주하심과 같은 범주에 더 많이 관심을 기울일 때, 삼위일체 하나님의 제3위께서 보다 정확하게 동등한 위격으로서 인식되실 것이다. 게다가 이런 관점은 어떤 의미에서는 제1장에서 제기된 쟁점들을 다룸으로써 성령님의 비구속적인 사역을 더 돋보이도록 해 준다. 이러한 성령론적 관점에서 도출된 공공신학에 대해 접근

---

34. 위의 책.
35. 위의 책.

하기 전에, 우리는 먼저 문화와 사회에서 성령님께서 일하시는 사역을 어떻게 찾을 수 있는지부터 살펴보아야 한다.

2) 문화와 사회에서의 성령님: 우리가 어떻게 그것을 '볼' 수 있는가?

성령님께서 계속적인 편재하심을 통해 나라들과 문화들에 내주하신다면, 문화와 사회의 삶에서 성령님의 '흔적들marks'을 어떻게 분간할 수 있을까? 일반은혜의 관점에서 이 질문을 다르게 물어보자면, 사회나 문화에서의 발전이 일반은혜의 열매라는 것을 우리가 어떻게 알 수 있을까?

이러한 연구에 유용한 성경 본문으로는 빌립보서 4장 8절이 있다.

끝으로 형제들아 무엇에든지 참되며 무엇에든지 경건하며 무엇에든지 옳으며 무엇에든지 정결하며 무엇에든지 사랑 받을 만하며 무엇에든지 칭찬 받을 만하며 무슨 덕이 있든지 무슨 기림이 있든지 이것들을 생각 하라

이 본문에서 바울은 독자들에게 비기독교적인 세상에 존재하는 좋은 것들을 인정하라고 권고한다. 그는 그들에게 빌립보인들과 구분되게 행동할 것을 촉구하기도 하지만, 또한 사회와 문화에 있는 좋은 것들을 경시하지 말라고도 촉구한다.

이번 장에서는 사회와 문화에 존재하는 좋은 것들은 창조세계에 성령님께서 계속적으로 편재하신 덕분이라고 주장해 왔다. 우리의 주제에 직접 적용해 보면, 우리는 일반은혜의 열매들을 인식하고 인정하라는 바울의 권고에 어떻게 반응할 수 있을까? 스탠리 그렌츠, 클라크 핀녹과 아모스 용 등이 이 문제를 다루었는데, 그들의 견해를 간략히 살펴보는 것이 이 문제에 대답

하는 데 유용할 것이다.

최근에 스탠리 그렌츠는 존 프랑크John R. Franke와 공저한 *Beyond Foundationalism*『근본주의를 넘어』에서 성령님과 문화의 관계를 다루었다.[36] 비록 그렌츠가 신학적인 자료로 기능하는 문화의 역할에 초점을 두고 있기는 하지만, 그가 성령님과 문화의 관계에 관해서 관찰한 것들은 우리의 연구와 직접적으로 관련된다. 특별히 그렌츠는 성령님께서 문화를 통해 말씀하시는 것은, 성령님께서 성경을 통해 말씀하시는 것이 언제나 상황적contextual이라는 사실과 관련된다고 말한다.

> 그것은 언제나 특수한 역사적-문화적인 정황 속에 있는 청자들에게 주어진다. 물론 교회의 역사 전반에 걸쳐 성령님의 지속적인 인도는 항상 있어 왔고. 지금도 계속되고 있다. 그런데 그리스도의 공동체는 특수한 상황에 있는 특수한 사람들로서 그들의 역사적-문화적인 정황의 특수성 안에서 말씀하시는 성령님의 음성을 듣는다 …… 성령님께서 특수성 안에서 말씀하시는 것은 문화 및 문화적인 정황과의 소통이 해석의 과제에서 필수적이라는 것을 의미한다. 우리는 성경을 통해 성령님의 음성을 듣고자 하는데, 이 성령님께서는 우리가 살아가는 역사적-문화적인 정황의 특수성 안에서 우리에게 말씀하시는 분이시다.[37]

해석학의 과정에서 요구되는 한 가지는 인간 학습human learning의 다양한

---

36. Stanley Graenz, and John R. Franke, *Beyond Foundationalism* (Louisville: Westminster John Knox, 2001). 그렌츠는 다음과 같은 다른 책들에서도 이러한 주제를 다룬다. *Revising Evangelical Theology: A Fresh Agenda for the Twenty-first Century* (Downers Grove, Ill.: InterVarsity, 1993); and *Renewing the Center: Evangelical Theology in a Post-theological Era* (Grand Rapids: Baker, 2000).

37. Grenz and Franke, *Beyond Foundationalism*, p. 161.

분과들에서 나오는 발견들 및 통찰들과 상호작용하는 것이다. 그렌츠는 이러한 발견들과 통찰들이 우리의 신학을 구성하는 데 중요한 정보를 제공해 준다고 주장한다. 왜냐하면 그것들이 궁극적으로는 하나님께로부터 비롯된 것이요, 따라서 진리라고 간주될 수 있기 때문이다. 좀 더 구체적으로 문화에서 성령님의 음성을 감지하기 위한 성령론적인 기초는, 모든 피조물들의 삶이 번성하는 것은 성령님께서 창조세계에 생명을 주시는 힘으로서 일하시기 때문이라는 믿음에 근거한다.

> 삶이 번성하는 모든 곳에는 생명을 주시는 창조자이신 성령님께서 계시기 때문에, 성령님의 음성은 인간 문화의 매체media를 비롯해 수많은 매체들을 통하여 울려 펴진다고 생각할 수 있다. 성령님으로 말미암은 인간의 번성은 문화적 표현으로 나타나기 때문에, 우리는 그러한 표현들에서 창조자이신 성령님의 흔적을 기대해 볼 수 있다. 따라서 우리는 성령님—모든 생명 안에 계시며, 그래서 우리보다 세상 속으로 '먼저 가시어' 인간이 만든 예술작품과 상징들을 통해 역동적으로 드러나시는 —의 음성을 아주 열심히 들어야만 한다.[38]

문화에서 성령님의 신호들signs을 '읽으려고' 노력한다고 해서, 성경과 문화가 서로 차이를 가지고 양립하는 것이라고 생각해서는 안 된다. 성경의 우위성은 여전하며, 그것은 문화 안에 있는 성령님의 신호들을 듣고 판별하는 데 필요한 규범canon으로 기능한다. 그렌츠에 따르면, 이와 같은 두 가지 형식의 말하기가 소통이라는 한 순간에서 함께 일하게 된다. "우리는 청자의

---

38. 위의 책, 162쪽.

특수한 상황 안에 있는 말씀word을 통하여 말씀the Word을 주시는, 그리고 그럼으로써 모든 것들 안에서 말씀하실 수 있는 성령님의 음성을 듣는다."[39]

그렌츠의 책이 의도한 목적을 고려해 볼 때, 그가 성령님과 문화에 관한 관점으로부터 공공신학에 필요한 함의를 끌어내지 않는 것은 놀라운 일이 아니다. 그럼에도 불구하고 그의 결론들은 성령님의 증거를 교회 밖의 세상에서도 찾을 수 있다고 생각하게끔 해 준다. 비록 그가 그런 증거는 기독교 공동체 안에서 성경을 읽고 해석하는 일과 협력할 때에만 비로소 발견될 수 있다는 입장을 취하지만 말이다.

핀녹은 다양한 세계 종교들의 주장들이 빚어내는 불협화음과 모호함 가운데서 참된 진리의 분별을 추구하는 중에 이와 같은 주제를 다룬다. 핀녹은 성령님의 보편적인 현존을 인정하지만, 성령님을 세상에 있는 모든 것들과 동일시하는 것은 거부한다. 특히 나치의 독일이나 마오쩌둥의 중국과 같은 '진보적인progressive' 사회에서 볼 수 있는 기만적이고 파괴적인 것들과 동일시하는 것을 거부한다. 그러한 사회들은 인류가 번영할 수 있도록 위대한 새로운 가능성들을 촉진시키는 것처럼 보였지만, 실제로는 억압적인 것으로 판명되었다. 그러한 기만이 잠재한다는 측면에서, 영들spirits, [역주] 정신들은 그것들이 정말로 '성령님께 속한' 것인지 시험되어야 한다.

분별discernment의 기준은 기독론과 연결된다. 그리스도의 사역과 성령님의 사역의 관계에 비추어 우리는 성육신한incarnate 진리를 살펴야 한다. 성령님께서는 성자 예수님의 말씀 및 행동과 일치하신다. 요한복음 14장 26절과 16장 13절에서 14절까지는 성령님께서 성자 예수님과 일치하시는 한에서만 말씀하심을 보여 주는데, 핀녹은 이에 의거하여 성육신한incarnate 지혜가 기

---

39. 위의 책, 163쪽.

준이 된다고 결론짓는다. "성령님께서 말씀하시고 행동하시는 것은 그리스도께로부터 나타난 계시에 반대될 수 없다. 왜냐하면 성령님께서는 하나님의 말씀에 연결되어 계시기 때문이다. 이 둘의 상호성은 매우 분명하다—성령님께서는 성자 예수님께서 마리아의 태에 잉태되게 하시고, 성자 예수님께서는 성령님의 길을 규정하신다. 무엇이 선행하는지 식별하려면, 성령님의 열매와 예수 그리스도의 길을 살펴야 한다."[40] 좀 더 구체적으로, 핀녹은 복음서 이야기에서 발견되는 양식이 성령님의 움직임을 판별하는 데 도움이 된다고 주장한다.

> 따라서 우리가 세상에서 예수님의 흔적과 사람들이 그분의 이상들ideals을 향해 마음을 여는 것을 볼 때마다, 우리는 우리가 성령님의 현존에 머물고 있음을 알 수 있다. 예를 들어 우리가 자기희생적인 사랑, 공동체에 대한 돌봄, 정의에 대한 열망을 보게 되는 모든 곳에서, 사람들이 서로를 사랑하며 아픈 자들을 돌보고 전쟁이 아니라 평화를 이루는 모든 곳에서, 아름다움과 화합, 너그러움과 용서, 냉수 한 잔이 있는 모든 곳에서, 우리는 예수님의 성령께서 현존해 계심을 안다.[41]

---

40. Clark Pinnock, *Flame of Love: A Theology of the Holy Spirit* (Downers Grove, Ill.: InterVarsity, 1997), p. 209. 핀녹이 **먼저 됨**(prevenience)이라는 표현을 쓴 것은 주목할 만하다. 이는 성령님의 일반적인 사역이 구원을 위한 잠재적인 준비라고 표현하는 아르미니우스주의적인 논조를 보이는 것이기 때문이다. 이것은 지금 이번 장이 다루고 있는 일반은혜에 대한 비구속적인(nonredemptive) 개념과는 상반되는 것이다.

41. 위의 책, 209-210쪽. 여기서 핀녹은 일반은혜의 영향에 관하여 카이퍼와 비슷한 방식으로 말한다. 차이가 있다면, 카이퍼가 좀 더 감정을 표출하면서 말한다는 것, 그리고 기술과 제도적인 발전에 관해서 말한다는 것이다. "어떤 일반은혜는 우리 존재의 **내부**를 목적으로 하고, 다른 일반은혜는 **외부**를 향한다. 전자는 국민 도덕, 가정에 대한 감수성, 자연스러운 사랑, 인간 덕성의 실천, 공공 양심의 개선, 고결성, 사람들 상호간의 의리 그리고 경건한 감정이 삶을 감화시키는 모든 곳에서 작용한다. 반면 후자는, 자연에 대한 인간의 힘이 커질 때, 계속적인 발명들로 삶이 향상될 때, 나라 간의 소통이 더 나아지고, 예술이 융성하며, 학문이 우리의 이해를 넓히고, 삶의 편의와 기쁨들이 보다 생생하게 빛나고, 삶의 양식들이 더 정교해지며, 삶이 전반적으

핀녹은 지체 없이 성령님에 관한 그러한 증거는 하나님 나라를 반영하는 행동들과 선한 일들에서 발견될 수 있다고 덧붙인다. 성령님의 열매는 명제적인 진리를 탐구하는 것으로만이 아니라 변화된 삶의 증거로도 판별되어야 한다. 후자는 다른 종교들을 통해 얻을 수 있는 진리에 관한 핀녹의 연구를 반영하는 것이기도 하지만, 기독론적인 그의 접근 역시 일반적인 문화와 사회에서 성령님에 관한 증거를 판별하는 데 도움이 될 수 있다. 그렌츠의 경우에서처럼, 핀녹 역시 그가 추구한 주된 초점이 있기 때문에 그의 관점이 공공신학에 대해 갖는 함의를 전개하지는 않는다.

아모스 용의 *Beyond the Impasse: Toward a Pneumatological Theology of Religions*『막다른 골목을 넘어: 성령론적인 종교신학을 향하여』는 특별히 세상에서의 성령님의 사역을 분별할 수 있는 방법을 제시하고자 한다. 핀녹처럼, 용 역시 세계의 종교들에 관심을 두고 있지만, 분별에 관한 쟁점을 좀 더 폭넓게 다룬다. 용은 성경이 두 가지 종류의 분별에 대해 말한다는 것을 발견한다. 하나는 영들을 분별하는 영적인 선물이고, 다른 하나는 인간의 지각능력이 연마되고 발휘되는 것을 필요로 하는 보다 넓은 의미의 분별이다. 두 가지 모두 성령님께 의존해야만 하는데, 그중 후자의 방식으로 분별하는 일은 모든 사람에게 해당되며 지금의 논의와도 크게 관련이 있다.

용에게는, 영적인 선물을 통해서 하든지 안 하든지 상관없이, 분별이라는 과제는 어떤 것들의 내밀한 부분을 발견하기 위해서 그것들의 현상적인 특징들을 연구하는 것이다. "사람들은 폭넓은 범위의 인간 감각에 현상학적으로 드러나는 것에만 집중함으로써 영적인 분별의 과제를 수행한다. 말하자

로 더 매력적인 것으로 인식될 때, 발휘됨을 알 수 있다."[Abraham Kuper, "Common Grace," in *Abraham Kuyper: A Centennial Reader*, ed. James. D. Bratt (Grand Rapids: Eerdmans, 1998), p. 181]

면, 문제가 되는 것의 행위들과 명백한 징후들을 섬세하게 관찰할 때에만, 그것의 외부의 형식들을 뚫고 들어가 그것의 내면에 있는 습관, 성향, 경향과 힘들을 간파할 수 있게 된다는 것이다."[42] 이러한 분별의 과정은 시간을 필요로 하는 역동적인 과정이며, 또한 분별의 기준은 분별하는 대상과 관련이 있어야만 한다. 이에 관해 용은 "예를 들어, 성인들이나 종교 기관들에는 도덕적이고 종교적인 기준을 적용하는 것이 적절하지만, 십대들이나 환경 단체들에 똑같은 기준을 적용하는 것은 다소 부적절하며, 아기들이나 수학자들의 작업에 이것을 적용하는 것은 완전히 부적절하다 …… 말하자면, 분별은 본성상 배타주의적인 것particularistic으로, 특수한 실상들actualities에 초점을 맞추며, 그것들에 적합한 규범들과 기준들에 따라 평가하는 것이다."[43]라고 말한다.

어떤 것이 성령님께 속한 것인지 또는 악마에게 속한 것인지를 어떻게 평가할 수 있을까? 용은 주장하기를, 그것의 목적은 문제가 되는 주체나 대상이 하나님께서 정하신 그것의 존재 이유를 이행하는지의 여부를 가려내는 것이라고 말한다. 어떤 것이 그것의 목적과 기능으로부터 완전히 멀리 떨어져 그것이 맺는 관계들에 어느 정도로 파괴적인 영향을 미치는가를 보면, 그것을 악마적이라고 분류할 수 있는지의 여부도 알게 된다. 또한 어떤 것을 평가할 때, 용은 성경적인 규범들이 필요하다고 말한다. 물론 여기서도 지혜가 필요한데, 이는 성경의 규범들을 적용하기 위해서는 성경과 세상을 정확하게 읽어 내야 하기 때문이다.

분별의 과정은 복잡한 것—심지어 우리가 충실하게 성령님께 의지하고,

---

42. Amos Yong, *Beyond the Impasse: Toward a Pneumatological Theology of Religions* (Grand Rapids: Baker Academics, 2002), p. 151.

43. 위의 책, 157쪽.

귀를 기울이고, 따르려고 시도할 때조차—으로서, 용은 우리의 모든 분별 기준들이 인간의 구성물들이며, 또한 "끊임없이 변하는 우리의 세상에서 하나님의 성령과 악마적인 것을 분별하기 위해 최선을 다하는 우리의 노력들"[44]임을 인식해야 한다고 촉구한다. 분별하는 데서 우리의 노력들은 어느 정도의 모호함을 수반할 수밖에 없다. 왜냐하면 우리는 물질적인 세계를 연구함으로써 영적인 세계를 부분적으로만 엿볼 수 있기 때문이다. 따라서 결정적으로 명확한 설명을 얻는 것은 어려운 일이다. 그렌츠와 핀녹과 같이 용 또한 공공신학의 쟁점을 다루지는 않지만, 그가 제시한 분별은 종교적인 것에서부터 예술적인 것과 정치적인 것에 이르기까지 세상의 모든 것에 적용할 수 있다.

그렌츠와 핀녹은 성령님의 사역의 증거가 문화적인 산물과 성육신한 진리 안에서 발견될 수 있다고 인정하면서, 여기서 주장하고 있는 성령님의 계속적인 편재하심이 언약 안에 있지 않은 나라들과 문화들에도 반영될 수 있다고 확언한다. 공동체 안에서 성경과 함께 문화적인 신호들을 읽는 것과 복음에 공명하는 양식들을 관찰하는 것은 분별하는 데는 유용한 도구가 되겠지만, 공공신학을 위한 함의를 찾는 데는 제한적인 도움만 줄 뿐이다. 용은 사회들과 문화들에서 발견되는 현상들을 신중하게 연구하도록 촉구함으로써 우리를 보다 멀리 나아가게 해 준다. 그의 제안은 우리로 하여금 문화들과 정부들의 목적과 기능에 대해 질문하고, 또한 질문하는 대상에 따라 특수한 기준들을 발전시키라고 촉구한다. 물론 그러는 동안 우리는 우리가 내리는 결론들이 본질적으로 잠정적인 것임을 염두에 두어야 한다. 비록 공공신학에 대해 보다 특수한 문제들이 남아 있기는 하지만, 용은 우리의 작업에 매

---

44. 위의 책, 159쪽.

우 가치 있는 도움을 준다.

이제 공공신학에 관해 어떠한 질문들이 남아 있을까? 여기서 우리는 인간의 번영을 촉진시킨 것처럼 보이지만 성경에서는 이와 관련해 분명한 유사점을 찾을 수 없는 문화적인 발전들과 사회적인 형식들에 관해 질문할 수 있을 것이다. 예를 들어, 만일 기술적인 발전들이 인간에게 자기 결정self-determination의 가능성들을 높여 준다면, 어떤 측면에서 그것들을 일반은혜의 열매라고 볼 수 있을까? 겉으로는 '중립적인' 것처럼 보이지만 그 적용에 따라 인간의 삶에 도움이 될 수도 해가 될 수도 있는 발전들을 어떻게 평가해야 할까? 지도력, 통치, 그리고 경제적 삶에 대한 접근방식들이 일반은혜로부터 온 것인지 어떻게 분별할 수 있을까? 우리가 문화와 정부의 목적 및 기능들에 관해 질문함으로써 도움을 얻기는 하겠지만, 다양한 문명들에 관해서는 그러한 질문들에 대해 어떻게 대답할 수 있을까? 모든 나라들이 같은 종류의 문화와 정부를 지향해야 하는 것일까? 구체적인 예로, 모든 나라들이 궁극적으로 예술과 음악, 건축에서 특정 형식들의 문화적 표현들을 지닌 일종의 민주주의로 기능해야만 할까?

용이 계속되는 분별의 과제에서 판단이 지닌 잠정성provisionality을 강조하고 있음을 생각할 때, 섭리 교리가 지닌 한 가지 측면이 유용할 수 있다. 섭리는 우리의 관심을 창조세계를 향한 하나님의 돌보심—하나님의 목적들을 향하도록 그것들을 보호하시고 유지하심으로써—으로 향하도록 한다.[45] 용의 주장은 우리로 하여금 어느 정도의 범위에서 문화나 정부가 하나님께서 주신 그 목적을 이행하는지에 대해서 생각하도록 이끈다. 섭리는 우리로 하여

---

45. 섭리에 관한 여러 개의 논의 중에서 다음의 세 가지가 유용하다. G. C. Berkouwer, *The Providence of God* (Grand Rapids: Eerdmans, 1952); Benjamin Wirt Farley, *The Providence of God* (Grand Rapids: Baker, 1988); and Paul Helm, *The Providence of God* (Downers Grove, Ill.: InterVarsity, 1994).

금 하나님께서 역사에 개입하신다는 것과 궁극적으로 하나님께서 모든 것들이 그분의 구원 계획을 이행하는 그 목적을 향하도록 이끄실 것이라는 사실을 기억하게 한다.

섭리로부터 이런 것을 기억할 때 우리의 초점이 더욱 날카로워질 수 있는데, 이는 우리가 어떤 것들의 목적과 기능들을 그것의 영역에 특화된 규범들에 입각해서만이 아니라 어떤 특정한 발전이 제일 중요한 하나님의 계획에 적합할 수도 있다는 관점에서 연구할 수 있기 때문이다. 이것을 염두에 둘 경우, 판단은 단지 잠정적일 수 있지만, 분별의 과정에서 수반되는 좌절들frustrations은 하나님의 섭리 활동에 기초한 소망으로 말미암아 누그러지게 된다. 계속되는 분별을 수행해 갈 때 우리는 성령님을 의지하는데, 그분께서는 일반은혜를 통해 창조세계를 섭리적으로 유지하실 뿐만 아니라 세상에서 똑같은 은혜의 열매들을 나타내는 그분의 사역을 우리로 하여금 엿볼 수 있게 하신다.

이로 보건대 우리가 있어야 할 지점은 어디일까? 적어도 우리는 일반은혜의 열매들을 위해서 문화와 사회의 현상들을 연구할 수 있고, 성경적이고 특별히 기독론적인 규범들과 분명하게 합치하는지에 따라 그것들을 판단할 수 있고, 또한 주어진 문화나 사회가 하나님의 섭리의 계획에서 감당하는 역할에 관해 질문함으로써 그것들을 판단할 수 있다. 이러한 판단은 잠정적인 것이기 때문에 우리는 특정한 문화나 정치적인 발전이 성령님으로부터 기인했다고—마치 어떤 문화적인 삶이나 정부의 양식이 메시아적일 수 있다는 것처럼—결정적으로 선언하는 것에 늘 신중해야 한다. 사실 우리는 지난 세기로부터 '진보progress'가 의학이나 통신에서 유익한 혁신들을 생산할 수 있는 만큼이나 대학살이나 세계대전들로 인도할 수도 있다는 교훈을 배웠다. 우리는 의기양양하게 발전들을 '성령님께 속한' 것으로 바로 규정하기보다, 조심스럽게 분별의 과정을 착수하고 그런 다음 겸손하게 그 발견의 결과들을 제시해야만 한다.

더욱이 문화적이고 정치적인 발전들에 관해서는 그것들이 사회의 발전에서 특정한 시기에 필요한 일반은혜의 열매일 수 있다는 점을 염두에 두고 평가해야만 한다. 어떠한 발전이든 그것을 한 사회를 위한 문화적 또는 정치적 목적telos이 궁극적으로 구현된 것이라고 생각하는 것은, 우리의 시야가 한정적일 수밖에 없다는 사실을 잊는 데서 비롯되는 성급한 판단이자 자만심을 보여 줄 뿐이다. 욥에게서 우리는 성령님의 사역을 분별하는 것이 기독교인의 삶에서 계속되는 역동적인 훈련이라는 것을 보게 된다. 이런 식으로 조심스럽게 접근할 때, 우리는 우리가 지금 일반은혜의 열매를 관찰하고 있는 것인지에 관해 잠정적으로 결정을 내릴 수 있으며, 또한 시간이 흐름에 따라 문화적이거나 정치적인 삶이 하나님의 목적에 부합하여 증가하는지 아니면 감소하는지를 보면서 우리의 판단들을 수정할 수 있을 것이다.

공공신학과 창조세계의 청지기직

창조세계에서의 성령님의 사역은 내주하심이라는 핵심적인 범주로 특징지을 수 있다. 성령님께서 창조세계에 내재inherence하시는 것은 창조세계의 시작부터 계속되었으며, 생명의 보존과 생존뿐만 아니라 생명이 문화적으로 그리고 사회적으로 발전하는 것 역시 가능하게 해 왔다. 죄가 분명한 실재이기는 하지만, 성령님의 내주하시는 현존은 이 생물물리학적 질서가 파멸되는 것을 막고 역사가 그것의 궁극적인 종말론적 목적을 향해 나아가도록 이끈다. 카이퍼가 주장한 것처럼, 성령님께서는 창조세계를 그것을 향한 하나님의 뜻인 하나님의 영광으로 이끄신다. 인간은 창조세계를 그것의 목적으로 이끄는 일에서 핵심적인 역할을 감당하며, 또한 그들이 사회 건설의 계획과 발전을 이루기 위해 애쓰는 것에서 일반은혜에 내재하는 상호성reciprocity을 볼 수 있다. 동시에 사회 건설의 결과들은 사회와 문화의 영역들에서 인간의 삶의 질을 향상시키려고 애쓰는 사람들의 한계들에서 비롯되는 불완전함imperfection을 반영해 준다. 창조세계의 법칙들이 발견되고, 정제되고, 그래서 어쩌면 재창조되기도 하겠지만, 어떠한 사회도 종말론적인 왕국에 필적할 수는 없다. 그러나 사회를 발전시키려는 다양한 시도들이 인간의 한계들로 상대화되더라도, 다양한 문화들과 나라들 안에서 일하시는 성령님의 사역의 흔적을 찾아낼 수는—잠정적으로—있다. 심지어 그것은 언약 밖에 있고 기독교화의 과정에 있지 않은 문화들과 나라들에서도 가능하다.

창조세계에서의 성령님의 사역에 관한 카이퍼의 관점을 새롭게 갱신하려는 이러한 시도는 대체 어떠한 공공신학을 출현시키게 될까? 창조세계에서의 성령님의 사역은 공공신학을 창조세계에 관한 '책임 있는responsible'[46] 청지기직stewardship으로 파악하도록 인도한다. 카이퍼에 따르면, 내주하시는 현존—그리고 이어지는 범주들—을 통해 일반은혜가 작동할 수 있게 하시는 성령님의 사역은 광범위한 형식의 청지기직을 통해 창조세계에 접근할 수 있게 한다.

이처럼 성령론에서 끌어온 창조세계의 청지기직이라는 접근방식이 오늘날의 상황에 어떻게 연결될 수 있을까? 흥미롭게도 널리 퍼져있는 합의와는 반대로, 많은 사람들이 청지기직이라는 것을 인류가 환경에 대해 파괴적으

---

46. **책임 있는**(responsible)이라는 용어는, 청지기직의 개념에 암시되어 있음에도 불구하고, 청지기직에 반드시 책임 있게 접근할 필요는 없기 때문에 이러한 경우에 필요하다고 하겠다. 책임 있는 청지기직만큼이나 나쁜 청지기직도 가능한 것이다.

로 행동할 수 있도록 허용하는 거만한patronizing 접근이라고 생각한다. 제임스 내쉬James Nash는 이러한 딜레마를 다음과 같이 잘 표현한다.

청지기직이라는 윤리적인 개념은 어떤 기독교인들에게는 사랑이나 봉사를 암시하는 긍정적인 의미로 정당하게 받아들여지기도 하지만, 상당히 많은 환경 운동가들에게는—다른 기독교인들을 포함해서—이것이 부정적인 함의를 지니기도 한다. 그들에게 청지기직은, 이번 세기에 속한 기포드 핀초트Gifford Pinchot 및 다른 사람들과의 역사적인 연관성 때문에, 생물권biosphere을 인간이 소유한 '재산'이나 '자원'으로 간주해서 인간중심적이고 도구적으로 관리하는 개념으로 다가온다.[47]

내쉬는 이 용어의 사용에 대해 양가적인 태도를 취하는데, 이는 충분히 이해할 만하다. 그렇기는 해도 청지기직이라는 개념이 잘못 남용되었다고 해서 반드시 이 용어를 사전적으로 또는 개념적으로 대체할 만한 다른 용어가 필요한 것은 아니다. 오히려 많은 진영들에서 이 개념을 풍자적으로 표현한 것과 균형을 맞추기 위해서라도 청지기직을 제대로 적용하는 것이 필요하다. 이와 관련해서 인간이 창조세계의 자원들을 관리하는 것은 풍요로운 발전보다는 무질서entropy라는 종착지로 이끌 것이라고 우려하는 것이 적절하기는 하지만, 이러한 결과는 하나님의 전적인 주권과 문화명령을 부정하는 이데올로기적인 개념들이 지배할 때 발생하는 것이다.

창조세계에서의 성령님의 사역과 일반은혜는, 성령님의 내주하시는 현존

---

47. James A. Nash, *Loving Nature: Ecological Integrity and Christian Responsibility* (Nashville: Abingdon, 1991), p. 107. [역주] 『기독교 생태윤리: 생태계 보전과 기독교의 책임』, 한국장로교출판사, 2014.

으로 말미암아 성령님과 창조세계가 친밀한 관계를 맺고 이에 따른 책임 있는 청지기직을 요청하게 된다. 일반은혜에서의 성령님의 역할 때문에, 모든 사람들은 창조세계의 청지기들이라는 위대한 책임에 부르심을 받게 된다. 특별은혜를 받은 자들은 책임 있는 청지기직으로의 부르심에 유의해야 하는 더 큰 동기를 지니지만, 일반은혜는 거듭나지 않은 사람들에게까지도 창조세계를 하나님의 영광에 이르도록 발전시킬 수 있는 역량을 제공한다.[48]

창조세계에서의 성령님의 사역과 일반은혜가 자연을 인간중심적인 지배 대상이 아니라 존중받아야 하는 것으로 바라보는 책임 있는 수준의 청지기 직에 도달하게 하는 방법은 무엇일까? 이 책은 카이퍼와 같이 세계가 인류에게 종속되었다는 의미에서 '통치dominion'의 관점을 유지하고 있지만, 또한 인류는 예수 그리스도로 말미암아 올바르게 알게 되는 하나님께 종속되었다고도 생각한다. 따라서 이러한 종속은, 결코 남용적이지 않은, 그리스도의 사랑의 주되심lordship이라는 관점으로 이해되어야 한다. 통치를 행하는 것은 하나님 아래에서 모든 세계에서, 모든 삶의 영역에서 수행되어야 하는 '거룩한 의무'다.[49] 이런 의무를 수행할 때, "일반은혜의 영역에서 행하는 기독교인의 행동은 창조세계의 구조들structures과 일반은혜의 구조들structures—모든 의도들과 목적들에서 일치하는—에 도움이 되어야만 한다. 그것들을 무너뜨리는 대신에 말이다 …… 그것의 결과들은 '자연'과 '자연적인' 것들, 즉 창조세계가 더 높은 수준으로 발전하는 것이 될 수밖에 없다."[50] 일반은혜에 대해 적절하고도 '책임 있게' 반응할 경우, 자연은 높이 들리고 존중받게 된다. 이는

48. S. U. Zuidema, "Common Grace and Christian Action in Abraham Kuyper", in *Communication and Confrontation*, ed. Gerben Groenewoud, trans. Harry van Dyke (Toronto: Wedge, 1972), p. 65.

49. Abraham Kuyper, *Calvinism: Six Lectures Delivered in the Theological Seminary at Princeton* (New York: Revell, 1899), p. 31. [역주] 『칼빈주의 강연』, CH북스, 2017.

50. Zuidema, "Common Grace and Christian Action in Abraham Kuyper," p. 72.

성령님과 협력하여 창조세계가 그것의 잠재력을 발휘할 수 있도록 도와야 한다는 열망으로 이끈다. 창조세계는 선하고, 온전하며, 책임 있게 참여할 가치가 있다고 인정될 것이며, 이 세상에서의 삶은 긍정적으로 여겨질 것이다. 정원의 은유를 잠시 되살려서 말해 보자면, 창조세계라는 정원을 가꾸는 것은 즐거운 상호성의 행위여야 한다고 말할 수 있다.

더욱이 일반은혜로 말미암아 "어떤 기독교인에게도 하나님께서 창조하시는 세상에서 물러날 수 있는 정당한 이유는 없다. 이는 가장 먼 곳에 이르기까지 창조세계 전체에 대해 유효하며, '모든 영역들'에 대해 유효하다.[51] 이는 원칙적으로 문화와 정치를 포함한 세계 전체에 대해 유효하다." 카이퍼의 성령론에는 특정 종파의 정치적인 무관심을 위한 자리도, 기술과 신학 사이의 반反창조적인 대립을 위한 자리도 없다. 그보다 학문과 정치는 하나님의 영광을 위하여 청지기적인 방식으로 변화되어 창조세계를 존중하기 위한 도구가 된다. 이런 접근은 생물물리학적 질서를 파괴적으로 지배하도록 이끄는 기계론적인mechanistic 세계관에 대한 몰트만의 우려를 불식시킬 수 있다.[52]

이처럼 성령론에서 끌어온 청지기직으로의 접근방식은 다른 대안적인 제안들에 기댈 필요 없이, 환경을 긍정적으로 바라보는 관점과 환경에 관한 사려 깊은 접근들을 도출해 낸다. 내주하심에 관한 위의 논의에서 언급한 것처럼, 이것은 건전한 생태신학과 공공 정책을 만들거나 촉진하기 위해서 범신론이나 범재신론에서 말하는 하나님-세상의 관계나 성령-세상의 관계를 개념적으로 상정할 필요가 없다. 생태학적인 의식을 함양하고 자아내기 위해서 하나님의 편재하심을 강조하는 많은 사상적인 노선들은 세상의 긍정적

---

51. 위의 책.
52. 제1장을 보라.

인 측면들뿐만 아니라 악과 불의와 같은 부정적인 측면들 역시 하나님 탓으로 돌리는 위험을 안게 된다.[53] 또한 이러한 개념적인 틀들은, 극단적으로 빠질 경우, 창조세계의 뜻을 하나님의 뜻과 연결시킴으로써 하나님을 위기에 처하게 만든다. 성경은 하나님께서 창조세계에서 인간의 행위에 반응하시고, 또한 하나님께서 죄 때문에 슬퍼하기까지 하신다고 분명하게 말하지만, 그렇다고 어떤 식으로든 인간의 결정에 의해 좌우되는 '위기에 처한 하나님God at risk'으로 묘사하지는 않는다. 카이퍼처럼 하나님을 성령님의 내주하시며 유지하시는 현존을 통해 친밀한 방식으로 창조세계와 관계 맺으시는 초월적인 삼위일체의 하나님으로 인식하는 것이 더 정확하지 않은가?

실천적인 측면에서 말하자면, 책임 있는 청지기직은 다양한 형태의 사회적인 행동을 이끄는 환경 문제에서 명백하게 표현될 수 있다. 내세적인 초점 때문에 환경을 냉담하게 무시해 버릴 수는 없다. 실제로 많은 기독교인들이 환경을 경시해 왔다. 그러나 지금 우리는 책임 있는 청지기직의 고결한 이상을 반영하는 올바른 행위orthopraxis를 발전시켜야 할 때에 직면해 있다.[54] 아무것도 하지 않는 것은 성령님을 거부하며 일반은혜를 오용하는 것이다.

창조세계에서의 성령님의 사역을 카이퍼에 기초해서 바라보는 것이 어떻게 책임 있는 생태적인 청지기직으로 이어지는지 살피는 것이 어렵지 않다 하더라도, 창조세계에 성령님의 개입하심이 책임 있는 문화적인 발전과

---

53. 어떤 사람들은 타락전 선택설의 성향을 강하게 지닌 개혁파 기독교인들에게도 이와 같이 연결하는 잘못이 있다고 주장할 수 있다. 일어나는 모든 것들은 궁극적으로 선택받은 자들의 구원과 선택받지 않은 자들의 유기를 통하여 하나님께 영광을 돌림으로써 하나님의 목적에 기여한다고 말하기 때문이다. Richard Mouw, *He Shines in All That's Fair: Culture and Common Grace* (Grand Rapids: Eerdmans, 2001), pp. 36, 58-59, 61-63을 보라.

54. 이에 대해서는 다음을 보라. Calvin B. DeWitt, *Caring for Creation: Responsible Stewardship of God's Handiwork* (Grand Rapids: Baker, 1998).

정치적인 참여로 이어지는 것은 어떻게 살필 수 있을까? 창조세계에 내주하시고, 생명을 주시고, 유지하시는 성령님의 현존이 어떻게 문화명령에 대한 반응을 불러일으킬 수 있을까? 이러한 연관성을 이해하는 좋은 방법은 문화와 정치의 기능을 연구해 보는 것이다. 만일 우리가 정치와 문화 모두를, 우리가 창조세계의 재료들을 '가지고 일하는' 혹은 창조세계에 '영향을 주는' 활동으로 이해한다면, 이 두 영역이 모두 책임 있는 청지기직을 필요로 한다는 결론에 이르게 된다. 자연을 사람이 돌볼 영역으로 끌어올 때, 자연 안에 있는 잠재력을 발전시키고 변환시키는 것은 창조세계의 청지기직이 감당해야 할 영역이 된다.

환경에서와 마찬가지로, 책임 있는 청지기직에서 비롯되는 정치적이고 문화적인 행동 양식들을 창조 질서에 적용하는 것 역시 중요하다. 우리는 청지기직이나 통치를 지배하기 위한 자격증 같은 것으로 이해해서는 안 된다. 자이데마가 말하는 것처럼, 일반은혜의 영역인 창조세계에서의 모든 활동들은 창조세계의 구조들에 도움이 되어야만 한다. 문화적으로 말하자면, 인간의 잠재력들과 사회문화적인 구조들을 결국 하나님을 영화롭게 하는 것으로 발전시켜가는 것이 목적이다. 예술과 기술 같은 재료들은 하나님께 위임 commission을 받은 양상들이다. 자이데마는 이것을 정치와 관련해서 매우 잘 표현한다. "기독교인의 정치적인 행동은 주일 성수라는 '기독교 유산'을 지키기 위한 법을 제정하라고 압력을 행사하는 것 이상이다. 그들의 행동은 정치적인 삶의 모든 측면들을 아우르는 정치 철학과 프로그램으로 표현되어야만 한다."[55]

일반은혜와 관련해서 카이퍼의 목적은 기독교인들이 어떤 특정한 부류

---

55. Zuidema, "Common Grace and Christian Action in Abraham Kuyper," p. 73.

의 시민이 되는 것이 아니라, 공적이고 사적인 삶 모두에서 최고의 것을 구현해 내는 탁월한 시민이 되는 것이다.[56] 앞에서 언급한 것처럼, 카이퍼는 주로 기독교인들을 염두에 두고 있었다. 왜냐하면 성화의 과정에 있는 자들이 일반은혜에서 좋은 청지기들이 되는 데 가장 관심을 기울일 것이기 때문이다. 하지만 그렇다고 해서 비기독교인들이 창조세계를 발전시킬 수 없다는 것은 아니다. 물론 그들은 하나님의 영광이라는 목적을 위해 일반은혜 안에서 잠재력을 개발하는 데는 신경을 덜 쓸 것이다. 하지만 비록 거듭난 자로서의 마음은 없을지라도 일반은혜의 선물들이 성령님의 흔적을 지닌 방식으로 사용되고 발전되는 것은 여전히 가능하다. 위에서 논의한 것처럼, 언약 아래 있지 않은 개인들, 나라들, 문화들 안에서조차 일반은혜에서의 성령님의 사역이 증명될 수 있다. 설령 문화적이고 정치적인 발전에 참여한 사람들이 이것을 인지하지 못할지라도 말이다.

성령님께서 생태적이고 정치적이고 문화적인 책임의 배후에 계시는 궁극적인 동력이시라는 이러한 논의는 결국 그 동력이 어떻게 나타나는지에 관한 질문으로 이어진다. 만약 가능케 하시고 유지하시며 발전시키시는 성령님의 능력과 진정한 상호성과 협력을 보인다면, 생태학적인 계획들이나 정치 철학들, 또는 문화적인 규범들과 가치들은 어떤 형식들을 취하게 될까? 이러한 협력은 무엇처럼 보일까? 카이퍼의 암스테르담을 통해 조정된 칼뱅의 제네바처럼 보일까? 지금 현시대의 정황은 이러한 두 시대와는 동일하지 않고, 그것만의 독특한 기회들과 도전들에 직면해 있다. 어떤 사람들은 이미

---

56. 위의 책. 다형성(multiformity)에 관한 카이퍼의 논의에 주목하자. 이는 교회론과 교리에 관한 언급에서 비롯된 것이었으나 국가와 문화의 영역에서 나타나는 모습들에도 적용이 가능하다. 비록 카이퍼는 무엇이 최고의 문화를 만들어내는가에 관해서 확고한 견해들을 지니고 있었지만, 그는 또한 정치와 문화에 대한 다른 입장들도 존중했다. 다음의 저작들을 보라. Kuyper, *Calvinism*, p. 78; and Abraham Kuyper, *Principles of Sacred Theology* (Grand Rapids: Eerdmans, 1954), p. 295.

지나간 시대에 있었던 가상의 사회문화적인 낙원으로 돌아가기를 원할 수도 있고, 다른 사람들은 지금의 현 상태가 영원히 지속되기를 바랄 수도 있다. 여기서 우리는 형식들의 상대화에 관해 판 룰러가 말한 것들, 잠정성에 관해 아모스 용이 강조한 것, 그리고 다음과 같이 칼뱅주의가 칭송받기 위해 갖춰야 할 자격에 관해 니콜라스 월터스토프Nicholas Wolterstorff가 말한 것에 유의할 필요가 있다. "모든 인간들 중에서 가장 참을 수 없는 부류인, 승리주의에 도취된 칼뱅주의자는, 거룩한 사회commonwealth를 발족시킨 혁명이 이미 일어났으며 이제 그의—또는 그녀의—과제는 단지 그것을 잘 유지시키는 것뿐이라고 믿는 자들이다. 미국과 네덜란드는 모두 이러한 승리주의에 도취된 칼뱅주의자들의 공헌을 받아 왔다."[57] 리처드 마우가 다음과 같이 주의 깊게 말한 것도 들어볼 필요가 있다.

> 일반은혜의 개념을 지지하는 우리와 같은 사람들은, 일반은혜의 가르침이 죄로 물든 문화가 시기에 앞서premature 변화될 수 있다는 거짓 희망을 부추겼던 승리주의적인 정신을 자꾸 조장해 온 방식들을 잘 알고 있어야 한다. 하지만 그렇다 하더라도, 일반은혜를 주장하는 신학자들이 그럼에도 불구하고 이 시대에도 그분의 수많은 목적들을 펼치시는 하나님께서 그분의 백성들을 부르시어 하나님 나라의 그러한 다양한 목적들을 대행하는 사람들이 되게 하신다고 주장하는 것은 옳은 일이었다. 이러한 어려운 시대에 문화적으로 충실하려고 노력하면서 소박함 및 겸손함과 같은 적절한 칼뱅주의적 감각을 함양하는 것이 매우 중

---

57. Nicholas Wolterstorff, *Until Justice and Peace Embrace* (Grand Rapids: Eerdmans, 1983), p. 21. [역주] 『정의와 평화가 입맞출 때까지』, 한국기독학생회출판부, 2007.

요하다. 하지만 우리는 중요한 과제—일반은혜를 주장하는 신학자들이 우리에게 올바르게 요구해 온 것—곧 깊은 상처를 입은 우리의 세상 한 가운데서 하나님의 복잡한 계획들designs을 적극적으로 분별하는 일을 포기할 수는 없다.[58]

이런 말들은 신학만이 아니라 사회에 대한 사회적이고 문화적인 접근들 역시 시대의 필요에 따라 새롭게 갱신되어야 한다고 생각했던 카이퍼의 열 망과 맥을 같이한다. 현재의 상태에 만족스러워 하는 승리주의자의 자만심과 는 반대로 책임 있는 청지기직은 겸손한 자세를 요구한다. 하나님 나라가 어 떤 특정한 사회에 임했다고 믿기보다는, 모든 사회가 여전히 궁극적인 목적 telos을 향해 움직이고 있으며, 어떤 사회도 종말의 새로운 땅을 완전하게 반 영할 수 없음을 기억해야 한다. 마우의 진술에서는 내주하시는 성령님의 목 적론적인 추진력도 볼 수 있다. 발전을 이끄는 추진력은 우리가 아직 보지 못 한 사회적이고 문화적인 세상으로 이끈다. 물론 마지막의 재창조에 이르기까 지는 모든 것이 불완전하겠지만 말이다. 이러한 의향은 진보의 열매들을 생 각할 때도 나타난다. 코넬리스 판 더 코이에 따르면, 조심하는 것도 중요하지 만, 앞으로 밀고나가는 것 역시 중요하다. 물론 맑은 정신sobriety으로 밀고 나 가야 한다. 카이퍼와 칼뱅의 동기들motives이 모방할 만한 가치가 있다는 것 은 사회를 건설하는 일을 수행하는 데서 분별하는 일에 헌신하는 것을 의미 한다. 그들처럼 우리도 우리 시대의 자연적이고 문화적인 도시들에서 책임 있는 청지기직의 사역이 어디에 자리하고 있는지 분별할 수 있어야 한다.[59]

---

58. Mouw, *He Shines in All That's Fair*, p. 50.
59. 이런 식의 분별은 문화들을 연구함으로써 이들이 일반은혜의 열매를 지니는지를 살피는 것과는 다른 것이 다. 여기에서의 분별은 일반은혜의 열매들을 맺게 하려고 청지기직을 발휘하고 창조세계를 경작할 적당한

여기서 또 다른 질문이 제기될 수 있다. 우리는 독립적인 기독교 기관들이 존재해야 한다는 카이퍼식의 정치적이고 문화적인 프로그램을 지지해야 하는 것일까? 혹은 반대로 질문할 수도 있다. 문화의 영역에는, 일반은혜가 기독교인들이 아닌 사람들과도 협력 혹은 연합까지 하라고 요구하는 부분들이 있을까? 두 경우 모두 '아마도'라고 대답할 수는 있겠지만, 부수적인 세부사항들에 관해서는 불변할 확고한 주장들을 할 수가 없다. 왜냐하면 그것들은 사회들과 문화들에 따라 다양할 수 있기 때문이다.

사회적 형태를 묻는 질문에 대한 한 가지 답변은, 비록 특수하게 기독교적이면서 동시에 보편적으로 적용 가능한 유형의 생태학, 정치, 그리고 문화를 엄밀하게 요구하는 것은 아니지만, 창조세계의 책임 있는 청지기들이 되기 위한 모든 시도들에는 어떤 공통적인 특징들이 있어야 한다는 것이다. 그러한 특징들에는 어떤 것들이 있을까? 적어도 봉사하고 보살피는 분위기, 정의로운 풍토, 겸손한 태도, 창조적인 발전에 대한 열정—이 모든 것들은 일반은혜가 촉진하는 특징들이다—이 있어야 할 것이다.

그 다음에 나오는 두 가지 질문에 관해서는, 우리가 카이퍼의 복제물들이 될 필요는 없다는 것이 분명하다. 예를 들어, 어떤 경우에는 기독교인들이 독립된 기관들을 세울 필요가 있고, 또 어떤 사회 구조들에서는 전투하는 교회까지 등장할 필요가 있다. 그러나 모든 사회들이 다 똑같은 것은 아니고, 따라서 책임 있는 청지기직에 요구되는 것들도 다양하다. 심지어 여기에는 기독교인들이 비기독교인들과 함께 일해야 할 상황까지 포함된다. 사실, 다른 믿음을 가진 사람들과 연합하지 않고 현대의 민주주의에 효과적으로 참여한다는 것은 현실적으로 거의 불가능하다. 더욱이 일반은혜라는 패러다임이

영역들을 선별하는 것과 관련된다.

가치가 있는 것은 분명하지만, 우리가 반드시 카이퍼—혹은 그의 지지자들—이 그런 패러다임을 적용했던 방식을 그대로 따라야만 하는 것은 아니다. 카이퍼의 정치적이고 문화적인 관점에 작게든 크게든 동의할 수 있겠지만, 그렇다고 그가 행한 일의 가치를 인정하고 그것을 활용하고 발전시키기 위해서 그의 입장을 그대로 취할 필요는 없다.

이런 점에서 리처드 마우가 그의 최근의 책에서 일반은혜에 관해 다른 특별한 요점을 제시할 필요가 있겠다. 자이데마가 말한 정서sentiment와 같은 맥락에서, 마우는 문화 참여에 관해 설명하기 위해 '일반은혜의 사역들common grace ministries'이라는 말을 사용한다. 정치적인 행동을 격려하면서, 마우는 카이퍼에게 영향을 받아[60] 일반은혜에 대한 반응을 삶의 모든 영역으로 확장시키는 한편, 일반은혜에 관한 논의에서는 종종 고려되지 않는 '사역들'에 관하여 말한다.

> 비기독교인 내담자에게 헌신을 귀중하게 여기라고 권고하는 기독교인 심리학자, 세속적인 대학교에서 성실과 진리를 말하는 것을 칭찬하는 소설의 주제들을 강조하는 기독교인 문학 교수, 직원들에게 봉사의 마음을 심어 주는 기독교인 회사 경영자, 창조세계의 온전함을 경외해서 특수한 농업 방식을 채택하는 기독교인 농부—이들은 모두 일반은혜와 연관된 선함goodness을 증진시킨다. 그러므로 우리는 어떻게 믿지 않는 자들이 종종 그런 일들을 다른 인간들보다 더 낫게 수행하는지에 관해 우리의 관심을 국한시켜서는 안 된다. 우리는 또한 우리 스스로가 믿지 않는 자들의 삶에 영향을 끼치는 의로운 행위들을 하면서 일반은혜의

---

60. Mouw, *He Shines in All That's Fair*, p. 81.

선물들을 촉진시킬 수 있는 방식들에 대해서도 생각해야 한다.[61]

마우의 의도는 일반은혜에 대한 반응이 얼마나 폭넓은 방식으로 관찰되고 서로 견주어질 수 있는지를 조명하는 것이다. 그가 예로 제시한 것들은 창조세계에 대한 책임 있는 청지기직을 수행하는 방식들의 전형들을 보여 준다. **사역**ministry이라는 용어는 일반은혜에 근거한 창조세계의 청지기직이라는 개념을 위해서 매우 중요하고도 전략적인 것이다. 만약 공공신학이 일종의 사역으로 이해된다면, 이것은 아마도 청지기직을 창조 질서에 대한 파괴적인 지배로 인지하는 사람들과 생산적으로 토론하게 해 줄 것이다. 게다가 이는 일반은혜에 반응할 때나 사회를 건설하는 활동에 참여할 때 마우가 권고했던 겸손의 자세에도 도움이 될 것이다.

마우가 언급한 두 번째 요점은 일반은혜에 관해 다룰 때 신학적인 혼란스러움messiness이 전혀 없지는 않다는 것이다. 그는 이렇게 말한다.

칼뱅주의자들로서 우리는, 우리가 공공의 광장에서 "악을 선하다 하며 선을 악하다 하며 흑암으로 광명을 삼으며 광명으로 흑암을 삼으며 쓴 것으로 단 것을 삼으며 단 것으로 쓴 것을 삼는"사5:20 사람들에게 둘러싸여 있다는 것을 분명히 인식하면서, 공통의 선common good을 추구해야만 한다. 우리는 바로 이런 상황에서 오래전 주님의 부르심, 곧 그분의 구원받은 백성들에게 그들이 추방되어 간 도시의 안녕을 추구하라고 하신 부르심을 다시 듣게 된다. 그러므로 이러한 혼란스러움은 우리가 제거되기를 바랄 수 있는 것이 아니다. 또한 공공의 증인을 위한 전

---

61. 위의 책, 81-82쪽.

략을 잘 세워서 그것을 최소화할 수 있는 것도 아니다. 일반은혜의 신학을 지지하는 것은 이러한 신학적인 혼란스러움과 함께 사는 법을 배우는 것이기도 하다. 이것이 칼뱅주의자들을 곤란케 해서는 안 된다. 왜 냐하면 그들에게 신학적인 혼란의 경험은 우리의 모든 신학적인 탐구들이 결국 하나님의 신비들을 겸손히 인정하는 데로 우리를 이끄는 방법들임을 건전하게 상기시키는 것이 되어야 하기 때문이다.[62]

성령론에서 불완전함의 범주가 그랬던 것처럼, 신학적인 혼란스러움은 신학과 문화적 참여라는 과제에 대한 의욕을 꺾는 것이 아니라 오히려 겸손이 필요하다고 우리에게 계속해서 상기시켜 주는 것이다. 이런 의미에서 마우는 계속해서 일반은혜를 지지하는 사람들에게 비기독교인들의 공헌들과―그리고 함축적으로―비기독교 국가들과 문화들이 지닌 사회 구조를 읽어 내는 방법에서 조심할 것을 당부한다. 마우는 그의 독자들에게 사회를 개선하기 위한 개념들과 시도들을 평가할 때, 그 관찰의 대상을 성령님의 흔적을 지닌 것으로 무비판적으로 받아들이지도 혹은 그냥 무시해 버리지도 말라고 촉구한다.[63] 일반은혜라는 실재와 씨름하는 것은, 책임 있는 청지기직을 촉진시키시는 성령님에 기초한 실재를 일관성 있게 보여 주는 것과 관련해서, 계속해서 이해를 다듬어갈 것과 계속해서 시도들을 수정할 것을 요구한다.

성령론에서 비롯된 책임 있는 청지기직은 사회에 영향을 끼치는 무수하고 복잡한 쟁점들에 참여하는 데 필요한 추동력과 이유를 제공한다. 청지기직의 패러다임에 대한 올바른 이해와 적용을 회복하는 것이 중요한데, 이를

---

62. 위의 책, 87쪽.
63. 위의 책, 93쪽.

위해서는 카이퍼에 기초한 접근이 유용할 수 있다. 창조세계에서의 성령님의 역할과 그에 따르는 필수적인 함의들에 관한 그림을 완성시키려고 할 때, 카이퍼의 접근방식이 지닌 본질을 통합하는 것보다 훨씬 더 나쁜 것을 할 수도 있다는 것에 주의해야 한다. 유지하시고 발전시키시는 성령님의 능력은 우리가 환경을 경시했던 것과 정치적이고 문화적인 발전에서 실질적인 진보를 이루지 못한 것에서부터 우리를 깨우치게 해 줄 것이다. 이러한 '성령님의 부르심'에 귀를 기울인다면, 오늘날의 쟁점들에 중대하고 혁신적으로 기여하는 일이 펼쳐질 무대가 마련된 것이라고 할 수 있다.

제5장
공공의 광장으로 나아가라

지금까지의 이야기

이 책에서 우리는 조직신학이라는 분과에서 창조세계와 역사, 우주적 성령론, 그리고 공공신학의 주제들이 만나는 지점이 있음을 볼 수 있었다. 아브라함 카이퍼는 공공신학의 화신incarnate이었다. 이는 그가 일반은혜─창조세계에서의 성령님의 사역으로 말미암은 것─로 촉진된 공공의 참여를 실천하였기 때문이다. 여기서 일반은혜와 성령론이 중심적인 초점들이기는 하지만, 카이퍼가 하나님의 주권을 강하게 강조한 것의 의미를─특히 공공신학에 필요한 궁극적인 토대에 관해 생각할 때─상기하는 것도 중요하다. 주권 교리가 없다면, 창조세계의 법칙들은 물론 사회에 있는 영역들의 주권과 같은 것들도 강조할 수 없을 것이다. 그리고 또 한 가지 중요한 것은, 카이퍼의 타락전 선택설supralapsarian의 관점이 그의 일반은혜 교리에 문제를 일으켰다는 것, 그리고 리처드 마우의 타락후 선택설infralapsarian에 대한 통찰이 일반은혜와 특별은혜로 하여금 각각 독특한 목적들을 가질 수 있도록 하는 관점을 제공해 주었다는 것을 기억하는 것이다.

창조세계와 역사에 관한 주제들은 이 책을, 창조 교리를 강조한 다른 저작들과 구별하는 데 도움을 준다. 역사를 생물물리학적 세계의 지평 위에서 일어나는 인간의 활동으로 이해함으로써, 창조세계에 관하여 인과관계causality에 우선적으로 초점을 두지 않는 신학을 이야기할 수 있게 된다. 카이퍼의 책에서, 구원과 관련 없는 하나님의 은혜인 일반은혜는 역사를 위한 전제조건으로서 기능한다. 왜냐하면 이러한 은혜가 없다면 인간이 발전하고 창조세계에 참여하는 것이 불가능하기 때문이다. 이 책이 창조 교리가 지닌 이러한 독특한 강조점을 뚜렷하게 조명한 것은 아니지만, 창조 질서와 관련된 성령님의 사역과 공공신학에 관해 보다 뚜렷하게 논의하기 위한 중요한 배경이 될 수는 있다.

특히 공공신학에서 카이퍼의 삶은 그가 단지 이론가가 아니었음을 보여준다. 그는 끊임없이 공공부문에 참여하기 위한 방법들을 강구하였는데, 이는 그가 네덜란드의 수상으로 선출되는 것에서 그 정점을 찍게 되었다. 카이퍼가 그의 정치권력의 절정기에서 어느 정도 성공했는지에 관해서는 충분히 의문을 제기할 수 있지만, 그가 창조세계의 법칙들에 입각해 국정을 운영하고 영역 주권에 관한 자신의 신념들을 구현하려고 노력하였다는 점은 부정할 수 없을 것이다.

카이퍼의 공공신학에 관해 말하자면, 그는 기독교인이 공공부문에 참여하는 것에 관해 자신이 바라보는 관점을 설명하기 오래전부터 이미 여러 가지 형식으로—특히 1880년에 자유대학교의 설립 연설에서—하나님의 법칙들과 영역 주권에 관한 자신의 관점들을 설명하였다. 카이퍼는 자신의 경력 가운데 정점에 서 있었을 때, 그의 칼뱅주의적 신념들을 재미있는 이야기와 시적인 언어로 옷 입힌 공공신학의 형식을 구성해 내었다. 이런 면에서 그의 공공신학은 수사학적 공공신학이라고 이름을 붙일 수 있다. 비록 그가 보통 사람들kleine luyden을 공공에 참여하도록 격려하는 데 성공하기는 했지만, 그의 공공신학에서는 여러 가지 갈등들이 발견된다. 그중에서 가장 큰 문제는 대립antithesis과 일반은혜common grace에 관한 것이다. 기독교의 특수성을 강조하든, 아니면 일반은혜가 주는 기회들을 강조하든, 이에 관한 카이퍼의 결정은 경우에 따라 다르게 나타난다고 말할 수 있다. 예를 들어, 과학과 예술에 관한 스톤 강연에서 볼 수 있는 것처럼 말이다.

일반은혜에 관한 카이퍼의 신학—전적으로 삼위일체적이며 성령님에 의해서 뒷받침 되는—은 그의 공공신학을 위한 궁극적인 기초로 기능한다. 제3장은 카이퍼의 일반은혜 교리가 칼뱅에게서 배운 것이라고 밝히면서 이것이 순수한 창작물이 아님을 입증하였다. 물론 칼뱅이 카이퍼처럼 자세하게 논의한 것은 아니지만 말이다. 카이퍼는 예수 그리스도를 일반은혜의 뿌리요 근원이라고 말하면서도, 창조세계에서의 성령님의 사역에 관해 그가 논의하는 것을 보면, 종종 일반은혜의 기능에 관해 묘사할 때 사용하는 언어와 동일한 언어로 표현하는 것을 볼 수 있다. 이러한 관찰에서 성령님을 일반은혜의 역동적인 측면이라고 말할 수 있으며, 또한 일반은혜에서의 하나님의 사역을 보다 온전하게 삼위일체적인 표현으로 말할 수 있게 되었다. 생명에 생기를 북돋우고, 죄를 억제하며, 창조세계를 그 목적telos에까지 이르게 하시는 성령님의 사역은 공공의 참여를 위한 신학에서 핵심적인 것이다. 카이퍼의 일반은혜 교리에는 몇 가지 우려되는 지점들이 있는데, 이는 창조와 구속의 관계에서부터 사회의 발전에 대한 과도한 낙관주의에까지 걸쳐 있다. 위에서 언급한 것처럼, 타락후 선택설의 관점은 그러한 긴장들을 해소하는 데 한 가지 유용한 방식이 될 수 있다. 자이데마는 일반은혜를 특별은혜의 영역 바로 아래에 둠으로써 이러한 우려를 해결하기도 한다.

제4장의 방향을 생각할 때, 어떤 사람들은 카이퍼의 우주적 성령론과 일반은혜 교리가 특정한 문화들이나 시대들에만 부합하며, 따라서 이를 역사적으로 다루는 것이 가장 적절하다고 주장할 수 있다. 그러나 반대로 제4장에서 분명하게 중심이 되는 것은, 단순한 과거의 복원을 피하고 오히려 신학을 발전시키며 재상황화하는 것이 카이퍼의 정신이었다는 것이다. 카이퍼는 19세기 후반에서 20세기 초반의 인물이었지만, 그의 신칼뱅주의는 앞으로의 신학이 발전하는 데 필요한 하나의 촉매가 될 수 있다. 어떤 사람들은 카이퍼의 접근방식이 모두 가치 있는 것은 아님을 발견하겠지만, 그의 우주적 성령론만큼은 전반적으로 유용할 뿐만 아니라 신학자들이 이후 성령론을 더욱 발전시키는 데 필수적인 것으로 드러날 것이다. 어떤 사람들은 성령님과 창조세계에 관해 더 많이 이해하게 되면서 카이퍼의 성령론에서 어떤 측면들을 변경하거나 다시 진술해야 한다고 말할 수도 있겠지만, 그렇다고 해서 카이퍼의 기본적인 공헌까지 무시할 수는 없을 것이다. 점차 더 많은 신학자들이 우주적 성령론에 관해 글을 쓰고 있지만, 이렇게 증가하는 저작들이 카이퍼나 그의 사상에 기초한 접근방식을 부적절하거나 쓸모없는 것으로 만들지는 못한다. 카이퍼의 저작에는 더 많은 발전을 필요로 하는 생산적인 토양이 있다. 특히 성령님께서 공공신학의 모든 측면들에 어떻게 연결되는지를 이해하고자 할 때 그러하다.

존 매킨타이어, 아놀드 판 룰러, 그리고 리처드 마우 같은 인물들의 도움을 받아, 이 책에서는 창조세계와 역사에서 일하시는 성령님의 사역에 관해 온전히 삼위일체적인 이해를 전개시키고자 하였다. 이는 성령론 특유의 뉘앙스 및 창조세계와 일반은혜에서 일하시는 성령님의 비구속적인 사역과 특별하게 연관되는 범주들을 탐색함으로써 이루어졌다. 그중에서도 내주하심 indwelling이라는 범주가 핵심적이었다. 물론 위르겐 몰트만, 게이코 뮐러-파렌홀츠, 마크 월러스의 책들에서 발견되는 범신론이나 범재신론적인 접근방식들보다 보수적이기는 했지만 말이다. 이러한 성령론적인 이해로부터 창조세계에 대한 책임 있는 청지기직으로 파악될 수 있는 신학적인 접근이 등장했다. 또한 이러한 성령론적인 공공신학은 일반은혜에 대해 반응하게 함으로써 창조세계의 구조들에 도움을 줄 뿐 아니라, 나아가 사회를 건설하는 일을 수행하는 데서 계속해서 수정해 갈 수 있는 관점을 제공한다. 왜냐하면 사회적이고 문화적인 모든 형식들은 그들의 불완전함으로 말미암아 상대적인 것으로 인식될 것이기 때문이다.

특별히 사회의 실제적인 발전과 관련해서 다음과 같은 질문들을 할 수 있다. 어떻게 모든 창조 질서가 번성하도록 촉진하는 방식으로 사회와 문화를 발전시킬 수 있을까? 어떻게 기술적인 진보들의 유용성을 적절하게 분별하고, 또 어떻게 그러한 분별을 공적으로 찬성하게 함으로써 시장의 힘이 아닌 다른 것이 최종 결정권을 갖도록 할 수 있을까? 궁극적으로는 다음과 같이 질문하게 된다. 어떻게 공통의 선을 규정하고 촉진시킬 수 있을까?—특히 포스트모던 사유가 급진화되어 여러 가지 형식의 공통commonness 개념이 공격을 받는 이 시대에서 말이다. 이에 관한 지금까지의 대답은, 우리가 신중하게 분별을 실천해야 하며, 또한 사회적이고 문화적인 발전들이 정말로 일반은혜의 열매인지를 잠정적으로 평가해야 한다는 것이다.

유산을 영구히 이어가기

21세기의 여명을 맞아 우리는 어떻게 나아갈 수 있을까? 카이퍼의 시대부터 세계는 급격하게 변해 왔다. 우리가 그의 유산에서 가장 좋은 것들을 어떻게 다원주의적인 상황에서 세계화시킬 수 있을까? 적어도 우리는, 카이퍼에게서 발견되는 공공신학은 공공의 영역에 참여하는 일을 피하게 해 주는 모든 변명거리들을 제거한다는 사실을 인식해야만 한다. 만약 실제로 창조세계의 '모든 땅every square inch'이 성령님의 능력으로 그것을 보존하시는 주권자 하나님 아래에 있는 것이라면, 기독교인들은 공공 생활의 다양한 분야들에 활기차고 용감하게 참여하여 그들의 청지기적 과제를 감당해야만 한다. 비록 타락했지만 창조세계는 선하며, 따라서 우리는 하나님께 영광을 돌리는 다양한 형태들로 인간의 번영을 이루기 위해서 그것을 경작해야만 한다. 이러한 카이퍼의 도전은 여전히 유효하다.

더 나가기 전에, 먼저 카이퍼의 시대 이후에 무슨 일들이 일어났는지 살펴야 한다. 첫째로, 카이퍼와 그의 시대의 특징이었던 진보를 지향하는 사고방식이 20세기에 들어와 무너지고 말았다. 20세기에는 '진보'가 어떻게 히틀러와 스탈린, 두 차례의 세계대전, 그리고 그보다 작은 수차례의 군사적 충돌들—몇몇은 특히 보스니아에서처럼 대학살을 목적으로 한 것이었다—을 남겼는지 보여 주었다. 유럽에서 이 책을 저술하면서, 나는 세계대전들의 여파로 먹구름처럼 유럽을 떠도는 망령에 관해 알게 되었다. 그럴 만한 이유로, 많은 유럽 사람들은 20세기에 우월했던 낙관주의를 거부하는 것처럼 보였고, 더 나은 세상을 향한 '새로운' 길이라고 주장하는 문화와 사회의 발전들에 저항했다.[1]

그에 비해 나는 미국인으로서 유럽인 친구들보다 낙관주의를 더 편안하게 생각한다. 미국이 2011년 9월 11일에 파괴적인 사건 하나를 경험했을 때, 이 비극이 미국이 천하무적이라는 허울을 깨뜨리기는 했지만, 진보에 대한

---

1. 유럽의 관점에 대해 알게 해준 조지 해링크(George Harinck)에게 감사를 전한다.

믿음까지 부순 것은 아니었다. 물론 도덕성과 교양이 쇠퇴해가는 것에 탄식하기도 하지만, 그렇다고 아예 절망하지는 않는다. 다른 한편으로, 지난 세기의 비극들을 인식함으로써 내가 지지하는 어떤 낙관주의에도 머뭇거리게 만든다. 그럼에도 불구하고 신학적으로 카이퍼에 기초하는 '영적인' 공공신학은 '더 나은' 미래를 건설할 수 있다는 조심스러운 희망을 갖게 한다. 이는 종말론이 우리로 하여금 이상적인 낙원은 모든 것들이 끝나는 때에 하나님의 직접적인 개입으로만 오게 될 것이라고 철저히 인식하게 할 때조차도 그러하다.

두 번째로 살펴야 하는 문제는 카이퍼의 '실패'다. 많은 사람들이 오늘날의 네덜란드를 보면서 카이퍼의 기획들은 돈키호테 같은quixotic 것이었다고 생각한다. 또 어떤 사람들은 카이퍼의 노력들은 불운으로 끝난 꿈이었다고 말하기까지 한다. 만약 카이퍼가 오늘날 살아 있다면, 지금의 네덜란드를 보면서 걱정스럽게 여겼을 것은 분명하지만, 지난 육칠십 년이 지나온 궤도를 가지고 그의 기획들을 최종적으로 판단하는 것은 공정하지 않다. 분명히 신칼뱅주의를 비판하는 사람들은 개혁교회Gereformeerde Kerken가 점차 사라져 가는 것, 현재 자유대학교의 상태, 지금의 정치-종교적 사회 분리 현상verzuiling을 가리키면서 카이퍼가 공공의 참여를 옹호한 것에는 늘 세속화의 경향이 따라다녔다고 말할 것이다. 그러나 내가 판단하기에, 이런 비판들은 카이퍼가 죽은 후에 그의 유산이 잘못 이용된 것을 가지고 그를 비난하는 것으로, 마치 남아공의 인종차별apartheid이 카이퍼의 영역 주권 개념에 언제나 존재해 있었다고 주장하는 것과 유사한 것—비논리적인 허위 개념—이다.

네덜란드에서 신칼뱅주의의 유산이 어려움을 겪어 온 것은 사실이지만, 그렇다고 카이퍼를 실패자로 간주하는 것은 잘못이다. 우선 첫째로, 카이퍼는 네덜란드에 있는 소수자들에게 목소리를 돌려주는 데 성공하였고, 실행 가능한 기관들을 세우는 데도 크게 기여했다. 비록 그것들이 오늘날에는 카이퍼의 전망을 거의 닮고 있지는 않지만 말이다. 더욱이 그의 영향을 받은 미국과 캐나다에서는 계속해서 번창하는 기관들이 세워지는 결실을 맺었고, 개인들 또한 포괄적으로 세계에 참여하는 기독교인이 되라는 그의 요청에 직간접적으로 영향을 받았다. 네덜란드에서 카이퍼의 실패처럼 보이는 것으로 그의 사상을 최종적으로 판단해서는 안 된다. 일반은혜, 영역 주권—수정되기는 했지만—, 그리고 대립이 지성사의 박물관에나 전시되는 신학적인 개념들인가? 이전 장들에서 살펴본 것처럼, 결코 그렇지 않다.

카이퍼의 유산이 실행 가능하다면, 우리는 그것을 어떻게 진행시켜야 할까? 먼저, 우리는 '카이퍼주의Kuyperianism'라는 개념을 재검토해야만 한다. 학자들은 종종 아브라함 카이퍼가 네덜란드에서는 서반구에서와 다르게 인식되었다고 언급해 왔다. 특히 미국과 캐나다에서 카이퍼는 종종 역사적인 인물a man of history이라기보다 사상가a man of ideas로 비춰졌다. 말하자면, 서반구에서 '카이퍼파Kuyperian'라는 것은, 많은 경우 일차적으로 일반은혜, 영역 주권, 대립과 같은 개념들에 호감을 가진 사람들을 의미한다. 이것이 그 자체로 문제가 되는 것은 아니지만, 이는 자칫 카이퍼의 위대한 사상들을 그의 시대에서 잘라 내어 우리 시대에 붙여 넣는 방식으로 그의 유산을 잘못 적용할 수 있게 만든다.

이런 접근방식이 지닌 문제는, 카이퍼라면 절대로 이런 식으로 일을 진행하지 않았을 것이라는 데 있다. 카이퍼의 반대자들이 그에게 '신칼뱅주의'라는 이름표를 붙인 이유 중 하나는 그가 개혁주의 신학을 재상황화하는 의미있는 일을 수행하였으며, 그 결과가 너무 즉흥적인—그 시대에 맞춘—것처럼 보여서 그것이 '진짜' 칼뱅주의와는 크게 다른 것으로 인식되었기 때문이다.[2] 신칼뱅주의는, 그가 속한 시대의 정황을 파악하고 그런 다음 기독교인들로 하여금 공공의 광장으로 나아가도록 강요하는, 고백적이고, 정통적이며 포괄적인 기독교를 표명한 카이퍼에게서 비롯되었다. 카이퍼의 시대에는 프랑스 혁명의 유산, 보통 사람들kleine luyden의 권리 박탈, 국교회의 세속화, 그리고 모든 것을 아우르는 국가라는 망령이 어른거리는 것과 같은 문제들이 그러한 특별한 도전들을 다루는 공공신학에 관해 명확하게 설명해 줄 것을 요구했다.

카이퍼의 신칼뱅주의는 조직신학자로서의 그의 능력보다는—조직신학자로서는 헤르만 바빙크가 더 뛰어났다—니콜라스 월터스토프의 분석을 빌리자면, 그의 직관적인 천재성[3]의 결과였다. 카이퍼는 원리는 원리에 대항하여 세워져야 한다고 명확하게 주장했으며, 또한 일관성을 강조한 것이 그를 체계적이게 보이도록 했다. 하지만 그의 신학의 특징이 그의 직관적인 천재성을 반영한 것이었음을 인식하기 위해서는, 그의 저술이 지닌 단편적인episodic 특징, 공적 연설들, 그리고 기자로서 상당히 많은 것을 저술했다는 사실 등에만 집중할 필요가 있다. 이는 카이퍼를 흠 잡는 것이 아니라 그의 저작들이 많은 사상적, 교회적, 정치적 싸움들의 한복판에서 나온 것이었음을 지적하는 것이다. 그의 주된 목적은 공공의 참여에 관해서 신학적으로 방대하고도 체계적인 글로 설명하는 것이 아니라, 그의 시대가 당면한 다양한 도전들

---

2. 다음을 보라. John Bolt, *A Free Church, a Holy Nation: Abraham Kuyper's American Public Theology* (Grand Rapids: Eerdmans, 2001), pp. 443-464.

3. 다음을 보라. Nicholas Wolterstorff, "Abraham Kuyper's Model of a Democratic Polity for Societies with a Religiously Diverse Citizenry," in *Kuyper Reconsidered: Aspects of His Life and Work*, ed. Cornelis van der Kooi and Jan de Bruijn, VU Studies on Protestant History (Amsterdam: VU Uitgeverij, 1999), p. 205.

에 맞서 공적으로 참여하기 위해 신학적으로 근거 있는 접근방식을 개발하고 제시하는 것이었다.

오늘날 카이퍼파가 되려면, 우리는 우리 시대의 도전들을 이해해야만 하고, 공공의 참여에 대해 신학적으로 근거 있는 접근방식을 개발—바라기는 카이퍼가 미래에 대해 생각했던 것의 반만이라도—해야만 한다. 이런 과제를 손에 쥐고서, 우리는 이제 카이퍼의 시대로부터 무엇을 취하고 무엇을 과거에 남겨둘지를 어떻게 판단할 수 있을까? 만일 우리가 **신카이퍼파**가 되고자 한다면, 우리는 무엇을 고려하면서 어떻게 나아가야 할까?

카이퍼파가 된다는 것은 개념 장치conceptual apparatus에 헌신하는 것만큼이나 방법론적methodological으로 접근한다는 것을 의미한다. 우리 시대의 도전적인 문제들 중에는 세계화, 기술의 발전과 영향, 보다 현실화된 다원주의, 시장의 역할, 아프리카의 에이즈와 같은 비극적인 건강 위기, 그리고 민족과 계층의 갈등 때문에 진행되는 어려움들 등이 있다. 우리가 카이퍼처럼 이런 도전들에 대응하여 강력한 공공신학을 전개하고자 한다면, 우리는 단지 카이퍼의 원리들을 발전시키는 것 이상의 일을 해야만 한다. 우리는 이런 도전들에 관해 깊고 상세한 지식들을 제공하는, 우리 진영 바깥에서 이루어지는 대화들에 뛰어들어야 한다. 최상의 시나리오대로 진행된다면, 그때 우리는 그러한 도전들을 다루면서 미래를 위해 우리를 준비시켜 주는 포괄적인 기독교를 기독교인들이 어떻게 이해하고 실천할 수 있을지 설명할 수 있을 것이다.

우리의 접근방식을 카이퍼의 접근방식과 비교할 경우 중요한 차이들이 보일 것이다. 위에서 언급한 것처럼, 최근의 역사에 관한 인식 때문에 어떤 종류든 낙관주의에는 머뭇거리게 될 것이다. 우리는 인간의 번영을 촉진시키는 문화적이고 정치적인 삶의 형태들이 발전될 수 있다는 희망을 유지하면서도 승리주의만큼은 배격해야 한다. 분명히 카이퍼를 따르는 새로운 대변인들은 훨씬 더 다문화적일 것이다. 카이퍼의 가장 좋은 것에서 비롯되는 영향력을 퍼뜨리고 그가 추진했던 가장 좋은 것들을 가장 잘 발전시키기 위해서는, 카이퍼가 생각하지도 못했던 목소리들의 참여가 필요하다. 이런 목소리들 없이는, 가령 세계화와 같은 문제에 대응하는 것은 불가능할 것이다.[4]

그러면 신카이퍼파가 된다는 것은, 카이퍼를 따라 창의적인 그의 방식대로, 개혁된 개혁신앙의 렌즈를 통해서 우리의 상황에 반응할 수 있어야 한다는 것이다. 우리는 세계화 때문에 지구라는 행성이 '수축하는shrink' 데도 오히려 갈수록 더욱 복잡해지는 이 시대에 창조세계의 책임 있는 청지기직을 실천하려면 어떻게 해야 하는지 생각해 보아야 한다. 창조세계에서의 성령님의 사역을 보다 온전히 알수록, 우리는 성령님께서 우리에게 그분의 능력으로 "공공의 광장으로 나가라"라고, 또한 동료 기독교인들에게 그들 역시 세상의 모든 영역에까지 침투하도록 부르심을 받았다는 것을 깨닫게 하라고, 충동하시는 것에 귀를 기울여야만 한다.

---

4. 여기서 나는 단지 다문화적이기 위해서 모든 개별적인 목소리들을 무비판적으로 수용해야 한다고 주장하는 것이 아니다. 오히려 나는 우리가 특정한 정황에 속해서 지니게 되는 근시안적인 특징은 다른 정황들에서 온 사람들과 대화할 때 균형을 가장 잘 맞출 수 있다는 것과, 우리가 상호 비판적인 논의에 참여함으로써 모든 진영들이 더 좋은 정보를 얻게 될 때, 그리고 우리가 포괄적인 기독교를 더 신실하게 실천할 수 있을 때, 비로소 우리는 함께 서로서로를 더 분명하게 볼 수 있도록 도울 수 있다는 말을 하는 것이다.

참고 문헌

Adams, James Luther. *On Being Human Religious: Selected Essays in Religion and Society*. Edited by Max L. Stackhouse. Boston: Beacon, 1976.

Bavinck, Herman. "Common Grace." *Calvin Theological Journal* 24 (1989): pp. 35-65.

_____. "Creation or Development." *Methodist Review* 61 (1901): pp. 849-74.

Begbie, Jeremy. *Voicing Creation's Praise: Toward a Theology of the Arts*. Edinburgh: T&T Clark, 1991.

Benne, Robert. *The Paradoxical Vision: A Public Theology for the Twenty-first Century*. Minneapolis: Fortress, 1995.

Berkhof, Hendrikus. *The Doctrine of the Holy Spirit*. Richmond: John Knox, 1964.

Berkouwer, G. C. *The Providence of God*. Grand Rapids: Eerdmans, 1952.

Bolt, John. "Abraham Kuyper as Poet: Another Look at Kuyper's Critique of the Enlightenment." In *Kuyper Reconsidered: Aspects of His Life and Work*, edited by Cornelius van der Kooi and Jan de Bruijn. Amsterdam: VU Uitgeverij, 1999.

_____. "Common Grace, Theonomy, and Civic Good: The Temptations of Calvinist Politics." *Calvin Theological Journal* 33 (2000): pp. 205-37.

_____. "The Ecumenical Shift to Cosmic Pneumatology." *Reformed Review* 51 (Spring 1998): pp. 255-70.

_____. *A Free Church, a Holy Nation: Abraham Kuyper's American Public Theology*.

Grand Rapids: Eerdmans, 2001.

Bratt, James D. "Abraham Kuyper, American History, and the Tensions of Neo-Calvinism." In *Sharing the Reformed Tradition: The Dutch-North American Exchange, 1946-1996*, edited by George Harinck and Hans Krabbendam. VU Studies on Protestant History. Amsterdam: VU Uitgeverij, 1996.

_____. ed. *Abraham Kuyper: A Centennial Reader*. Grand Rapids: Eerdmans, 1998.

Calvin, John. Commentaries on the Four Last Books of Moses Arranged in the Form of Harmony. vol. 3. Translated by Charles William Bingham. Grand Rapids: Baker, 1979.

_____. *Commentary on the Book of the Prophet Isaiah*. Vol. 3. Translated by William Pringle. Grand Rapids: Baker, 1979.

_____. *Commentary on the Gospel according to John*. Vol. 3. Translated by William Pringle. Grand Rapids: Baker, 1979.

_____. *Institutes of the Christian Religion*. Edited by John T. McNeill. Translated by Ford Lewis Battles. Philadelphia: Westminster, 1960.

Cunningham, David S. *These Three Are One: The Practice of Trinitarian Theology*. Malden, Mass.: Blackwell, 1998.

De Bruijn, Jan. "Abraham Kuyper as a Romantic." In *Kuyper Reconsidered: Aspects of His Life and Work*, edited by Cornelis van der Kooi and Jan de Bruijn. VU Studies on Protestant History. Amsterdam: VU Uitgeverij, 1999.

DeWitt, Calvin B. *Caring for Creation: Responsible Stewardship of God's Handiwork*. Grand Rapids: Baker, 1998.

Farley, Benjamin Wirt. *The Providence of God*. Grand Rapids: Baker, 1988.

Ferguson, Sinclair. *The Holy Spirit*. Downers Grove, Ill.: InterVarsity, 1996.

Geertz, Clifford. *The Interpretation of Cultures*. New York: Basic Books, 1973.

Gnanakan, Ken R. "The Holy Spirit, Creation, and New Creation." *Evangelical Review of Theology* 15 (April 1991): pp. 101-10.

Grenz, Stanley J. *Renewing the Center: Evangelical Theology in a Post-theological Era*. Grand Rapids: Baker, 2000.

_____. Revisioning *Evangelical Theology: A Fresh Agenda for the Twenty-first Century*. Downers Grove, Ill.: InterVarsity, 1993.

_____. and John R. Franke. *Beyond Foundationalism*. Louisville: Westminster John Knox, 2001.

Gunton, Colin E. *Christ and Creation*. Grand Rapids: Eerdmans, 1992.

_____. *The Doctrine of Creation*. Edinburgh: T&T Clark, 1997.

_____. *The One, the Three, and the Many*. Cambridge: Cambridge University Press, 1993.

_____. *The Promise of Trinitarian Theology*. Edinburgh: T&T Clark, 1991.

_____. *The Triune Creation: A Historical and Systematic Study*. Edinburgh: Edinburgh University Press, 1998.

Hart, Hendrik, ed. *Rationality in the Calvinian Tradition*. Lanham, Md.: University Press of America, 1983.

Hauerwas, Stanley. *The Peaceable Kingdom: A Primer in Christian Ethics*. Notre Dame: University of Notre Dame Press, 1983.

Helm, Paul. *The Providence of God*. Downers Grove, Ill.: InterVarsity, 1994.

Henderson, R. D. "How Abraham Kuyper Became a Kuyperian." *Christian Scholars Review* 22 (September 1992): pp. 22-35.

Heslam, Peter S. *Creating a Christian Worldview: Abraham Kuyper's Lectures on Calvinism*. Grand Rapids: Eerdmans, 1998.

Hoeksema, Herman. *The Protestant Reformed Churches in America: Their Origin, Early History, and Doctrine*. Grand Rapids: First Protestant Reformed Church, 1936.

Irvin, Dale T. *Christian Histories, Christian Traditioning: Rendering Accounts*. Maryknoll, N.Y.: Orbis, 1998.

Kasteel, P. *Abraham Kuyper*. Kampen: Kok, 1938.

Klapwijk, Jacob. "Antithesis and Common Grace." In *Bringing into Captivity Every Thought: Capita Selecta in the History of Christian Evaluations of Non-Christian Philosophy*, edited by Jacob Klapwijk, Sander Griffioen, and Gerben Groenewoud, 169-90. Lanham, Md.: University Press of America, 1991.

Kobes, Wayne A. "Sphere Sovereignty and the University: Theological Foundations of Abraham Kuyper's View of the University and Its Role in Society." Ph.D. diss., Florida State University, 1993.

Kooi, Cornelius van der. "A Theology of Culture. A Critical Appraisal of Kuyper's Doctrine of Common Grace." In *Kuyper Reconsidered: Aspects of His Life and Work*, edited by Cornelius van der Kooi and Jan de Bruijn. VU Studies on Protestant History. Amsterdam: VU Uitgeverij, 1999.

_____. and Jan de Bruijn, eds. *Kuyper Reconsidered: Aspects of His Life and Work*. VU Studies on Protestant History. Amsterdam: VU Uitgeverij, 1999.

Kuiper, Dirk Th. *De Voormannen: een sociaal-wetenschappelijke studie over ideolgie, konflikt en kerngroepvorming binnen de Gereformeerde wereld in Nederland tussen 1820 en 1930*. Meppel: Boom, 1972.

Kuiper, Herman. *Calvin on Common Grace*. Grand Rapids: Smitter Book Company, 1928.

Kuyper, Abraham. *Calvinism: Six Lectures Delivered in the Theological Seminary at Princeton*. New York: Revell, 1899.

_____. *De Gemeene Gratie*. 2nd ed. 3 vols. Kampen: Kok, 1931-32.

_____. *Principles of Sacred Theology*. Grand Rapids: Eerdmans, 1954.

_____. *The Problem of Poverty*. Edited and with an introduction by James W. Skillen. Grand Rapids: Baker, 1991.

_____. *Pro Rege, of Het Koningschap van Christus*. 3 vols. Kampen: Kok, 1911-12.

_____. *The Work of the Holy Spirit*. Translated by Hendrik de Vries. Grand Rapids: Eerdmans, 1900.

Langley, McKendree R. *The Practice of Political Spirituality: Episodes from the Public Career of Abraham Kuyper, 1879-1918*. Jordan Station, Ont.: Paideia, 1984.

Lindbeck, George. *The Nature of Doctrine: Religion and Theology in a Postliberal Age*. Philadelphia: Westminster, 1984.

Masselink, William. *General Revelation and Common Grace: A Defense of the Historic Reformed Faith*. Grand Rapids: Eerdmans, 1953.

McGoldrick, James E. *Abraham Kuyper: God's Renaissance Man*. Auburn, Mass.: Evangelical Press, 2000.

McIntyre, John. *The Shape of Pneumatology: Studies in the Doctrine of the Holy Spirit*. Edinburgh: T&T Clark, 1997.

Moltmann, Jürgen. *God in Creation: A New Theology of Creation and the Spirit of God*. Translated by Margaret Kohl. Minneapolis: Fortress, 1993.

_____. *The Source of Life: The Holy Spirit and the Theology of Life*. Minneapolis:

Fortress, 1997.

_____. *The Spirit of Life: A Universal Affirmation*. Translated by Margaret Kohl. Minneapolis: Fortress, 1992.

Mouw, Richard. *He Shines in All That's Fair: Culture and Common Grace*. Grand Rapids: Eerdmans, 2001.

Müller-Fahrenholz, Geiko. *God's Spirit: Transforming a World in Crisis*. Geneva: WCC Publications, 1995.

Nash, James A. *Loving Nature: Ecological Integrity and Christian Responsibility*. Nashville: Abingdon, 1991.

Pinnock, Clark. *Falme of Love: A Theology of the Holy Spirit*. Downers Grove, Ill.: InterVarsity, 1997.

_____. "The Role of the Spirit in Creation." *Asbury Theological Journal* 52 (Spring 1997): pp. 47-54.

Placher, William. *Unapologetic Theology: A Christian Voice in a Pluralistic Conversation*. Louisville: Westminster John Knox, 1989.

Praamsma, Louis. *Let Christ Be King: Reflections on the Life and Times of Abraham Kuyper*. Jordan Station, Ont.: Paideia, 1985.

Pronk, Cornelius. "Neo-Calvinism." *Reformed Theological Jounal* 11 (1995): pp. 42-56.

_____. *Abraham Kuyper: His Early Journey of Faith*. Edited by George Harinck. Translated by Simone kennedy. Amsterdam: VU University Press, 1998.

Rasker, A. J. *De Nederlandse Hervormde Kerk vanaf 1795*. Kampen: Kok, 1974.

Richardson, Herbert W. *Toward an American Theology*. New York: Harper&Row, 1967.

Ridderbos, Simon Jan. *De Theologische Cultuurbeschouwing van Abraham Kuyper*. Kampen: Kok, 1947.

Romein, Jan. "Abraham Kuyper, 1837-1920: De klokkenist der kleine luyden." In Jan and Annie Romein, *Erflaters van onze beschaving*, 747-70. Amsterdam: Querido's, 1971.

Rullmann, J. C. *Kuyper-Bibliografie*. 3 vols. Kampen: Kok, 1940.

Skillen, James W., and Stanley W. Carlson-Thies. "Religion and Political Development in Nineteenth-Century Holland." *Publius* 12 (1982): pp. 43-64.

Spykman, Gordon. *Reformational Theology: A New Paradigm for Doing Dogmatics*. Grand

Rapids: Eerdmans, 1992.

Stackhouse, Max L. "Public Theology and Ethical Judgement." *Theology Today* 54 (July 1997): pp. 165-79.

_____. *Public Theology and Political Economy: Christian Stewardship in Modern Society*. Grand Rapids: Eerdmans, 1987.

_____. "The Trinity as Public Theology: Its Truth and Justice for Free-Church, Noncredal Communities." In *Faith to Creed*, edited by S. Mark Heim. Grand Rapids: Eerdmans, 1987.

_____. Peter L. Berger, Dennis P. McCann, and M. Douglas Meeks. *Christian Social Ethics in a Global Era*. Abingdon Press Studies in Christian Ethics and Economics Life 1. Nashville: Abingdon, 1995.

Stellingwerff, Johannes. *Dr. Abraham Kuyper en de Vrije Universiteit*. Kampen: Kok, 1987.

Stoeffler, F. Ernest. "Pietism: Its Message, Early Manisfestation, and Significance." *Covenant Quarterly* 32 (February/March 1976): pp. 4-24.

Thiemann, Ronald F. *Constructing a Public Theology: The Church in a Pluralistic Culture*. Louisville: Westminster John Knox, 1991.

_____. *Religion in Public Life: A Dilemma for Democracy*. Washington, D.C.: Georgetown University Press, 1996.

Tillich, Paul. *Systematic Theology*. Chicago: University of Chicago Press, 1963.

Tinder, Glenn. *The Political Meaning of Christianity: An Interpretation*. Baton Rouge: Louisiana State University Press, 1989.

Tracy, David. *The Analogical Imagination: Christian Theology and the Culture of Pluralism*. New York: Crossroad, 1981.

Vandenberg, Frank. *Abraham Kuyper*. Grand Rapids: Eerdmans, 1960.

Van Dyke, Harry. *Review of Creating a Christian Worldview: Abraham Kuyper's Lectures on Calvinism*, by Peter S. Heslam. Calvin Theological Journal 33 (November 1998): pp. 506-7.

Vanhoozer, Kevin J., ed. *The Trinity in a Pluralistic Age: Theological Essays on Culture and Religion*. Grand Rapids: Eerdmans, 1997.

Van Ruler, Arnold A. *Calvinist Trinitarianism and Theocentric Politics: Essays toward a Public Theology*. Translated by John Bolt. Lewiston, N. Y.: Edwin Mellen, 1989.

Van Til, Cornelius. *Common Grace and the Gospel*. Phillipsburg, N.J.: Presbyterian & Reformed, 1972.

Van Til, Henry R. *The Calvinistic Concept of Culture*. 3rd ed. Philadelphia: Presbyterian & Reformed, 2001.

Veenhof, Jan. "A History of Theology and Spirituality in the Dutch Reformed Churches (1892-1992)." *Calvin Theological Journal* 28 (1993): pp. 266-97.

Velema, W. H. *De Leer van de Heilige geest bij Abraham Kuyper*. S'Gravenhage: Uitgeverij Van Keulen, 1957.

Wallace, Mark I. *Earth God: A Neopagan Christian Spirituality*. Forthcoming.

_____. *Fragments of the Spirit: Nature, Violence, and the Renewal of Creation*. New York: Continuum, 1996.

Welker, Michael. *God the Spirit*. Translated by John Hoffmeyer. Minneapolis: Fortress, 1994.

Wintle, Michael J. *Pillars of Piety: Religion in the Netherlands in the Nineteenth Century, 1813-1901*. Hull, Eng.: Hull University Press, 1987.

Wolterstorff, Nicholas. *Until Justice and Peace Embrace*. Grand Rapids: Eerdmans, 1983.

Yoder, John Howard. *For the Nations: Essays Public and Political*. Grand Rapids: Eerdmans, 1997.

Yong, Amos. *Beyond the Impasse: Toward a Pneumatological Theology of Religions*. Grand Rapids: Baker Academic, 2002.

_____. *Discerning the Spirit(s): A Pentecostal-Charismatic Contribution to Christian Theology of Religions*. Sheffield: Sheffield Academic Press, 2001.

Zizioulas, John. "Preserving God's Creation: Three Lectures on Theology and Ecology." *King's Theological Review* 12 (1989): 1-5, 41-45; and 13 (1990): pp. 1-5.

Zuidema, S. U. "Common Grace and Christian Action in Abraham Kuyper." In *Communication and Confrontation*, edited by Gerben Groenewoud. Translated by Harry Van Dyke. Toronto: Wedge, 1972.